对接营销岗位
建设特色专业

【营销与策划省级特色专业建设探索与成果】

DUIJIE YINGXIAO GANGWEI
JIANSHE TESE ZHUANYE

YINGXIAO YU CEHUA SHENGJI TESE ZHUANYE JIANSHE TANSUO YU CHENGGUO

▶ 朱华锋 郁 青 罗 江 编著

中国科学技术大学出版社

图书在版编目(CIP)数据

对接营销岗位　建设特色专业:营销与策划省级特色专业建设探索与成果/朱华锋,郁青,罗江编著.—合肥:中国科学技术大学出版社,2014.6
ISBN 978-7-312-03459-6

Ⅰ.对…　Ⅱ.①朱…②郁…③罗…　Ⅲ.高等教育—市场营销学—研究—中国
Ⅳ.①G647.5②G40-054

中国版本图书馆 CIP 数据核字(2014)第 107508 号

出版　中国科学技术大学出版社
安徽省合肥市金寨路 96 号　邮编:230026
网址:http://press.ustc.edu.cn
印刷　合肥市宏基印刷有限公司
发行　中国科学技术大学出版社
经销　全国新华书店
开本　787 mm×1092 mm　1/16
印张　13.75
字数　317 千
版次　2014 年 6 月第 1 版
印次　2014 年 6 月第 1 次印刷
定价　68.00 元

序　言

在我国高等教育从规模扩张向质量提升转型的大背景下，2008年安徽省教育厅启动了“高等学校省级教学质量与教学改革工程”（简称“教学质量工程”）建设，安徽经济管理学院营销与策划专业入选第一批省级特色专业建设点。

安徽经济管理学院“营销与策划”省级特色专业自2009年开始建设以来，以服务安徽地方经济建设为宗旨，积极顺应经济发展方式转变和产业结构调整的需要，主动按照社会市场需求和学生就业需要进行人才培养方案调整，全面改革职业教育培养模式，坚持以营销专业课程内容和营销职业岗位标准相衔接为基本要求，系统推进营销专业课程改革和教材建设，完成了8门营销专业核心职业课程的教学改革和教材改革任务，荣获2013年度省级教学成果三等奖。

在“营销与策划”省级特色专业建设过程中，建设团队坚持以“育人为本”作为专业建设和专业教育的根本要求，坚持德育为先、能力为重、全面发展，着力提高学生的社会责任感和实践行动力，着力培养学生的职业道德、职业技能和就业、创业能力；坚持“以学生为主体，以教师为主导”组织专业教学，坚持以“营销实战训练”为营销专业核心教学模式，建成了安徽省第一家营销专业教师实战培养基地，并按照行业营销和营销流程的差异性要求，分别建成了多种类型的校外营销实习实训基地，在校内投资130万元建成了一个营销全真训练基地和一个营销模拟训练机房，系统持续开展营销专业教育和专业训练，系统开展校内营销技能比赛，积极参与国家和省级营销职业技能竞赛，并连续多年在竞赛中取得优异的成绩。在建设过程中形成的教学成果“营销实战演练”教学模式亦于2010年荣获省级教学成果二等奖。

“营销与策划”省级特色专业建设点在我院教学质量工程建设中的示范带动作用非常明显，尤其是带动了我院商贸专业群的整体建设。因此，在“营销与策划”省级特色专业建设期满顺利结项之际，我乐于为这本汇聚特色专业建设成果的图书——《对接营销岗位　建设特色专业》作序，祝贺这本凝集着建设团队心血的专业建设探索与专业建设成果正式出版。

应该看到，“营销与策划”省级特色专业建设在取得良好成果的同时，可能还存在着一些不足，无论其形成的原因是什么，希望建设团队的成员们能够继续进行修正和改进。而这本建设成果图书《对接营销岗位　建设特色专业》的出版和发行，会在更广泛的范围内检验“营销与策划”省级特色专业建设的成效，希望建设团队成员能够更广泛地汲取多方面的意见，进一步完善专业建设方法和专业建设成果。

希望“营销与策划”省级特色专业建设团队不以项目结项为专业建设的终点，而是作为专业建设的新起点，以对接职业建设专业为理念，不断根据经济建设和市场营销的发展，动态调整人才培养方案，丰富和完善专业建设模式，为培养适应经济建设需要的人才做出不懈的努力。

借此机会，向关心、支持和帮助我院“营销与策划”省级特色专业建设的各级领导、兄弟院校的专家教授、实习实训基地的营销职业经理们表示衷心的感谢，并希望继续关心和支持我们，以便我们能够更好地做好专业建设和人才培养工作。

安徽经济管理学院

党委书记　常务副院长

吴良仁

2014 年 6 月

建设团队介绍

安徽经济管理学院营销与策划省级特色专业建设团队组建于2009年初，团队成员主要来自于本院贸易经济系（2012年9月整合重组更名为国际贸易系）营销教研室专职教师和归口教师，以及在学院其他部门工作的营销专业相关课程高级职称教师。

专业建设负责人：朱华锋，双师型营销专业教师，2009年获全国优秀中青年教师、全省模范教师荣誉称号，2010年晋升教授、入选省级专业带头人，2013年入选省级教学名师。

专业建设团队主要成员：郁青副教授，院级教学名师；倪东辉副教授，院级教学名师，2009年入选省级专业带头人，2013年晋升教授；朱启保副教授，院级教学名师；孙刚副教授，院级教学名师；罗江副教授，院级专业带头人；朱学平副教授，院级教学名师；章军副教授（2011年），院级教学名师（2013年），汪利平副教授（2010年），江又明副教授，江俊副教授（2012年）。

项目建设团队的主力青年教师包括潘松、程妤、黄静和邹孟荪等老师，院学生处李方遒副处长、贸易经济系党总支胡跃副书记、黄勇军和沈巍巍老师等，他们在专业建设和学生工作中给予了大力支持。

2011年建设团队所在的贸易经济系荣获学院首届优秀教学管理单位、营销教研室荣获学院首届优秀教研室，2013年国际贸易系再获学院优秀教学管理单位。

目　录

成果一览

项目总结/49

课改教材/96

学术专著/154

学生作品/168

第1部分

谋划篇

1 营销与策划省级特色专业建设方案

安徽经济管理学院
营销与策划省级特色专业建设方案

目 录

1.1 安徽营销人才需求调研

1.1.1 安徽市场对高校营销人才需求的行业分布
1.1.2 安徽市场对高校营销人才需求的岗位分布
1.1.3 安徽市场对高校营销人才需求的企业规模分布
1.1.4 安徽市场对高校营销岗位的素质能力要求

1.1.1 安徽市场对高校营销人才需求的行业分布

新安人才网是省内外企业在安徽市场面向高校大学生招聘营销人才最专业、最权威的人力资源机构。以下数据来自新安人才网（2010年3月）。

对高校营销人才需求的企业类型

企业类型	数量	比例
生产制造类企业	303	38%
商业流通类企业	225	28%
营销咨询类企业	116	15%
广告公关类企业	147	19%
合计	791	100%

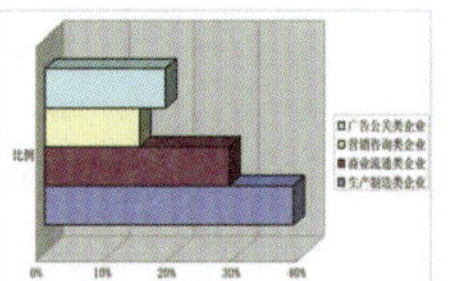

1.1.2 安徽市场对高校营销人才需求的岗位分布

企业面向高校营销人才的招聘岗位

招聘岗位	招聘岗位	比例
销售业务类	4 883	55%
营销策划类	1 589	18%
销售服务类	2 350	27%
合计	8 822	100%

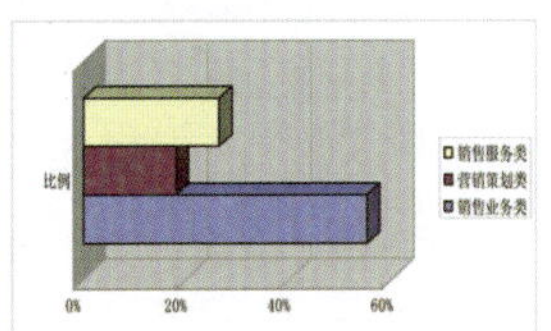

1.1.3 安徽市场对高校营销人才需求的企业规模分布

企业规模与营销岗位需求

招聘岗位	大型企业	中型企业	小型企业
销售业务类	50%	60%	80%
营销策划类	20%	15%	20%
销售服务类	30%	25%	

注：小型企业对销售业务岗位有较明确的需求，
但是对营销策划和销售服务岗位的需求常常不明确。

大型制造企业营销机构与岗位设置
——以TCL多媒体为例

营销策划部门（市场部门）	市场信息部	市场调研经理专员、市场信息专员
	产品规划部/品牌部/产品部	产品经理、品牌经理、产品规划专员、产品培训专员
	广告部/公关部	广告经理、公关经理、媒介经理专员
	市场推广部/策划部/企划部	市场经理、策划专员、市场培训专员
销售业务部门	销售计划部	销售计划经理、计划员
	销售业务部（公司、分公司）	总经理、大区经理、省区经理、片区经理、销售业务员
	大客户部/直销部	客户经理、客户主管
销售支持部门	财务部	经理、成本费用核算、出纳、财务往来
	物流部	经理、制单员、跟单员
	售后服务部/用户服务部	经理、接线员、服务工程技术人员/工程师
	人力资源部	经理、招聘专员、劳资专员、培训专员
	行政事务部	经理、行政事务、法律事务

1.1.4 营销岗位的素质能力要求

企业对营销新人的素质能力要求

企业规模类型	意志品德	专业知识	职业技能	体能	从业经历
优秀领先企业	综合要求高	要求很高	对职业潜能要求高	有体检要求	不要求从业经历
安徽中型企业	能吃苦耐劳	一般要求	对现实能力要求高	不一定体检	要求实践经历和从业经历
安徽小型企业	能吃苦耐劳	较少要求	对现实能力要求高	一般不体检	要求从业经历和客户资源

重点营销岗位任职资格核心能力要求

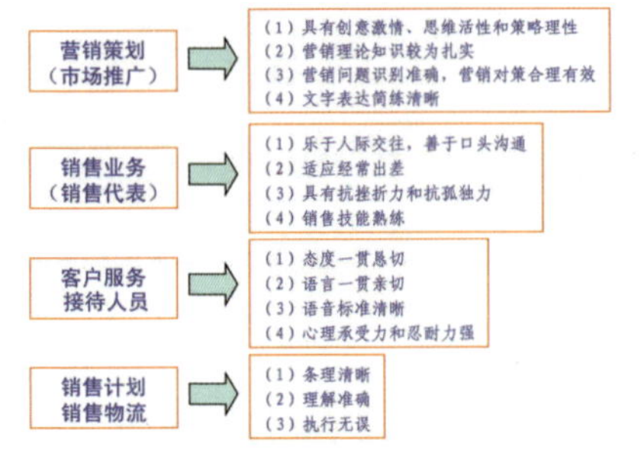

优秀企业营销人才培养模式
——以TCL为例

培养模式	雏鹰工程	飞鹰工程	精鹰工程	雄鹰工程
培养对象	新入职大学生	新任职基层经理	企业中层管理者	企业高层管理者
培养内容	企业文化与管理制度	从业务能手向基层管理者的角色转换	综合管理能力	战略管理能力
	产品知识与市场知识	从业务能手向基层管理者的能力转换	成本控制能力	企业领导力
	行业营销与企业业务流程	基本管理能力和团队管理能力	商业盈利能力	行业影响力
培养方式	企业培训课堂	企业培训课堂	企业MBA课程	企业领导力培训
	生产和市场一线实习	中层管理者传授	国内名校MBA教育	国际名校MBA培训
	新老员工一带一辅导	带岗训练	在岗训练	高管岗位演练

各类型企业对营销专业大学生的招聘与培养方式比较
——以TCL和安徽中小型企业为例

企业类型	招聘渠道	招聘方式	培训方式	培训周期
TCL集团总部	较少招聘应届大学毕业生	企业内部招聘	岗位培训	一周左右
TCL事业本部	较多招聘应届大学毕业生	大学校园招聘	正规系统培训	3个月～半年
TCL区域机构				1周～1个月
安徽中型企业	较多招聘本科、高职学生	人才市场招聘	基本没有正规系统培训，主要是老板交代要点，或经理口头叮嘱	基本无正常培训时间计划，要求学生按照企业用工时间需要来工作，而不管学生是否毕业或有无毕业证书
安徽小型企业	较多招聘高职、中职学生	人才市场招聘		
		劳动力市场招聘		
		地缘招聘		
		人脉招聘		

发达地区企业对营销人才的能力要求

序号	能力项目	认同人数	比重
1	策划能力	236	85.8%
2	商务谈判能力	198	72.1%
3	市场调查与预测能力	183	66.6%
4	营销心理能力	162	58.9%
5	销售管理能力	140	50.7%
6	商品鉴别能力	131	47.6%
7	公共关系能力	114	41.3%
8	客户管理能力	114	41.3%
9	电子商务应用技术能力	103	37.3%
10	人力资源管理能力	52	18.9%
11	进出口业务能力	37	13.4%
12	会计、单证能力	21	7.6%

[资料来源：广东农工商职业技术学院2003年在广州、深圳等地对企业总经理、市场总监、HR经理、营销经理、销售人员的问卷调查。]

注：随着时代的发展“电子商务应用技术能力”比之前调查时更为重要。

营销专业毕业生职业成长路径

内部纵向成长	入职见习岗位	转正工作岗位	首次成长岗位	再次成长岗位	顶级营销岗位
成长理想时间	3～6个月	1～3年	3～5年	5～10年	10～20年
岗位类型变化	市场信息跟踪	市调专员	市调经理	市场总监	营销副总
	营销策划执行	策划专员	策划经理	营销总监	
	销售业务跟班	销售主管	销售经理	销售总监	销售副总
	销售计划文员	计划专员	计划经理	计划部长	供应链副总
	销售物流跟踪	物流专员	物流经理	物流部长	
	客户服务文员	服务专员	服务经理	服务总监	行政副总
内部横向调整	适应性调整	内部调动	内部调动	内部调动	较少调整
外部成长突破	自我调整性跳槽	雇主调整型跳槽	职业成长性流动（经理人市场流动）		

1.2　安徽营销人才供应调研

1.2.1　硕博层次人才供应

1.2.2　本科及高职层次人才供应

1.2.1　硕博层次人才供应

1）市场营销硕士点：

① 安徽财经大学

② 安徽大学：企业管理专业下市场营销方向。

③ 安徽农业大学：农业经济管理专业下营销战略与管理方向（专业学位：农产品营销与贸易）。

④ 安徽工业大学：企业管理专业下市场营销理论与应用方向。

注：全省年毕业生不足100人。

2）市场营销博士点：

安徽高校几乎空白，仅合肥工业大学有电子商务专业下设的网络营销方向。

1.2.2　本科及高职层次人才供应

1）市场营销专业招生院校与规模

2010年31所本科院校招收市场营销专业，

占省属40所本科院校的77.5%；

招收计划约3200人，约占全省2.4%。

市场营销专业分院校招生规模（2010年招生计划）

序号	招生院校	招生规模
1	安徽大学	60
2	安徽工业大学	60
3	安徽理工大学	120
4	安徽农业大学	60
5	安徽师范大学	80
6	安徽财经大学	150
7	安徽工程大学	72
8	淮北师范大学	70
9	安徽建筑工业学院	90
10	安庆师范学院	195
11	淮南师范学院	120
12	安徽科技学院	130
13	皖西学院	220
14	黄山学院	90
15	巢湖学院	180
16	铜陵学院	150
17	滁州学院	110
18	宿州学院	70
19	安徽新华学院	70
20	合肥师范学院	130
21	蚌埠学院	105
22	池州学院	60
23	安徽三联学院	40
24	安徽大学江淮学院	90
25	安徽工业大学工商学院	90
26	安徽工程大学机电学院	92
27	安徽农业大学经济技术学院	100
28	安徽建筑工业学院城市建设学院	90
29	安徽师范大学皖江学院	150
30	淮北师范大学信息学院	50
31	安徽财经大学商学院	120
	本科合计	3214

注：安徽大学招生为估计值

2）营销与策划专业设置的背景

① 企业对市场营销人才出现了新需求——
从需求一般销售人员到需求营销策划人才。

② 教育主管部门对企业营销人才的响应——
从设置市场营销专业到增设营销与策划专业。

③ 高等职业教育发展对企业营销人才的响应——
从对动手能力人才的培养到对动脑能力人才的培养。

④ 高等职业院校生存与发展的专业出路探索——
家长和学生对市场营销专业的不解与误解；
就业市场对市场营销人才的大量且持续的需求。

⑤ 市场营销专业群建设的发展与深化——
从市场营销专业的一门课程发展为一个课程体系，
从而形成一个专业：营销策划。

⑥ 发达地区本科院校已经开始探索营销策划专业建设，如浙江财经学院市场营销专业（营销策划与市场推广方向）

3）安徽省高职（专科）营销与策划专业近三年招生情况

(1) 2010年
省内招生院校：13所
占全省高职院校：19.4%
省内招生计划：1 560人
占全省高职（专科）招生计划的：0.8%

(2) 2009年
省内招生院校12所，省内招生计划1 361人

(3) 2008年
省内招生院校12所，省内招生计划1 480人

（1）安徽省2010年高职（专科）营销与策划专业
招生院校及计划

序号	招生院校	招生计划
1	安徽财贸职业学院	240
2	安徽商贸职业技术学院	205
3	安徽职业技术学院	170
4	合肥财经职业学院	135
5	安徽工业经济职业技术学院	130
6	安徽涉外经济职业学院	120
7	合肥信息技术职业学院	120
8	安徽经济管理干部学院	110
9	芜湖信息技术职业学院	75
10	安徽文达信息技术职业学院	70
11	合肥经济技术职业学院	70
12	徽商职业学院	60
13	亳州职业技术学院	55
	高职合计	1 560

（2）安徽省2009年高职（专科）营销与策划专业
招生院校与计划

序号	院校招生	招生计划
1	安徽财贸职业学院	240
2	安徽商贸职业技术学院	195
3	安徽职业技术学院	150
4	安徽经济管理干部学院	125
5	安徽工业经济职业技术学院	120
6	安徽涉外经济职业学院	110
7	合肥财经职业学院	110
8	安徽文达信息技术职业学院	70
9	合肥经济技术职业学院	70
10	徽商职业学院	70
11	亳州职业技术学院	51
12	芜湖信息技术职业学院	50
	高职合计	1 361

（3）安徽省2008年高职（专科）营销与策划专业
招生院校与计划

序号	招生院校	招生计划
1	安徽财贸职业学院	260
2	合肥财经职业学院	200
3	安徽涉外经济职业学院	140
4	芜湖信息技术职业学院	140
5	安徽商贸职业技术学院	130
6	安徽工业经济职业技术学院	130
7	安徽工商职业学院	100
8	安徽职业技术学院	90
9	安徽文达信息技术职业学院	90
10	合肥经济技术职业学院	70
11	亳州职业技术学院	70
12	安徽经济管理干部学院	60
	高职合计	1480

4）安徽省高职（专科）市场营销专业近三年招生情况

(1) 2010年
省内招生院校：40所（比策划专业多27所）
占全省高职院校：59.7%（比策划专业高40%）
省内招生计划：3 436人
（占全省高职专科招生计划的2. 05%）

(2) 2009年
省内招生院校39所（含5所本科高职层次）
省内招生计划2983人

(3) 2008年
省内招生院校39所（含6所本科高职层次）
省内招生计划3436人

安徽省2010年高职（专科）市场营销专业招生院校和计划

序号	招生院校	招生计划
1	安徽商贸职业技术学院	260
2	安徽经济管理干部学院	160
3	安庆职业技术学院	150
4	安徽工商职业学院	140
5	安徽国际商务职业学院	135
6	滁州城市职业学院	120
7	安徽审计职业学院	110
8	马鞍山职业技术学院	105
9	阜阳职业技术学院	100
10	宿州职业技术学院	100
11	蚌埠经济技术职业学院	100
12	滁州学院（专科）	90
13	三联学院（专科）	90
14	芜湖职业技术学院	90
15	安徽邮电职业技术学院	90
16	合肥滨湖职业技术学院	90
17	铜陵职业技术学院	80
18	安徽机电职业技术学院	80
19	安徽城市管理职业学院	80
20	淮北职业技术学院	70
21	合肥通用职业技术学院	70
22	六安职业技术学院	70
23	安徽电子信息职业技术学院	70
24	安徽国防科技职业学院	70
25	安徽工业职业技术学院	70
26	万博科技职业学院	70
27	合肥经济技术职业学院	70
28	马鞍山师范高等专科学校	60
29	淮南联合大学	60
30	滁州职业技术学院	60
31	宣城职业技术学院	60
32	安徽冶金科技职业学院	60
33	徽商职业学院	60
34	安徽外国语职业技术学院	60
35	安徽林业职业技术学院	56
36	安徽绿海商务职业学院	55
37	安徽中澳科技职业学院	50
38	阜阳科技职业学院	50
39	淮南职业技术学院	40
40	亳州职业技术学院	35
	高职合计	3 436

5）设置市场营销、营销与策划两个专业的院校及 2010年招生计划

序号	招生院校	市场营销	营销与策划
1	安徽商贸职业技术学院	260	205
2	安徽经济管理干部学院	160	110
3	合肥经济技术职业学院	70	70
4	徽商职业学院	60	60
5	亳州职业技术学院	35	55
	高职合计	585	500

6）相近专业的开设情况

（1）向行业营销拓展，如开设：
汽车技术服务与营销专业（工业经济等10多所）
医药营销专业（中医学院、巢湖职院）
传媒策划与管理专业（安徽广电、阜阳职院）

（2）向营销细分岗位拓展，如开设：
市场开发与营销专业（电气工程、巢湖职院）

（3）由电子商务专业向网络营销专业转型
（如安徽财贸职院）

1.3 我院营销与策划专业定位

1.3.1 定位方向分析
1.3.2 定位方向论证
1.3.3 定位表述
1.3.4 定位图谱
1.3.5 营销与策划、市场营销专业定位图谱

1.3.1 定位方向分析

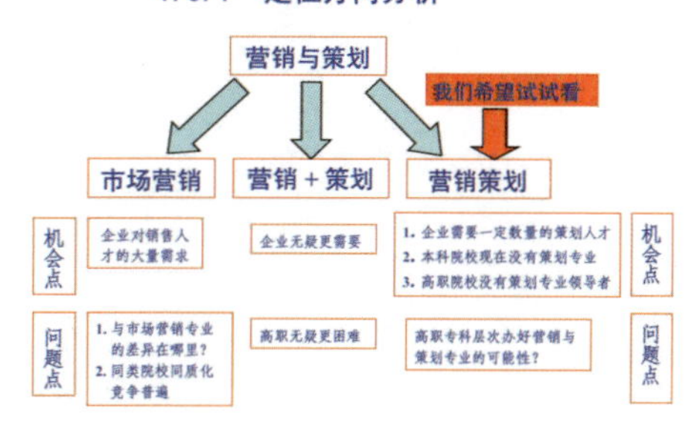

1.3.2 定位方向论证

<table>
<tr><td rowspan="3">机会把握</td><td rowspan="3">企业有需求</td><td rowspan="2"></td><td>0</td><td>硕博无供应</td><td rowspan="3">用中再培养
如有可塑性
好用又忠诚</td></tr>
<tr><td>0</td><td>本科无供应</td></tr>
<tr><td colspan="2"></td><td>专科将就用</td></tr>
<tr><td rowspan="9">定位支撑</td><td rowspan="3">立体师资队伍</td><td>专职教师</td><td colspan="3">近10位副高职称营销教研团队</td></tr>
<tr><td>兼职教师</td><td colspan="3">徐建国、王守明、熊周虎等策划精英</td></tr>
<tr><td>顾问团队</td><td colspan="3">晁钢令、王俊豪、刘志迎等校外博导</td></tr>
<tr><td rowspan="2">策划实战案例</td><td colspan="4">荣事达、TCL等国内著名企业营销策划实践</td></tr>
<tr><td colspan="4">口子酒业、高炉家酒、圣泉啤酒等省内名企策划实践</td></tr>
<tr><td rowspan="4">策划理论成果</td><td colspan="2">《营销策划一线体验》（编著）</td><td>6 000</td><td rowspan="3">12 000</td></tr>
<tr><td colspan="2">《营销策划理论与实践》（省规划）</td><td>3 700</td></tr>
<tr><td colspan="2">《中国市场营销策划》（专著）</td><td>2 300</td></tr>
<tr><td colspan="2">《营销策划》（本科教材主编）</td><td colspan="2">在编，即出</td></tr>
</table>

1.3.3 定位表述

1）服务安徽地方
2）瞄准主流行业
3）服务中型（以上）企业
4）聚焦策划岗位
5）培养优秀人才
6）形成本院特色
7）错位竞争同行
8）共同服务市场

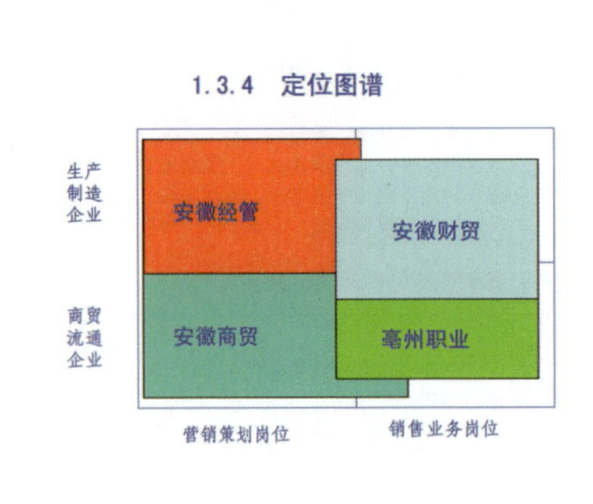

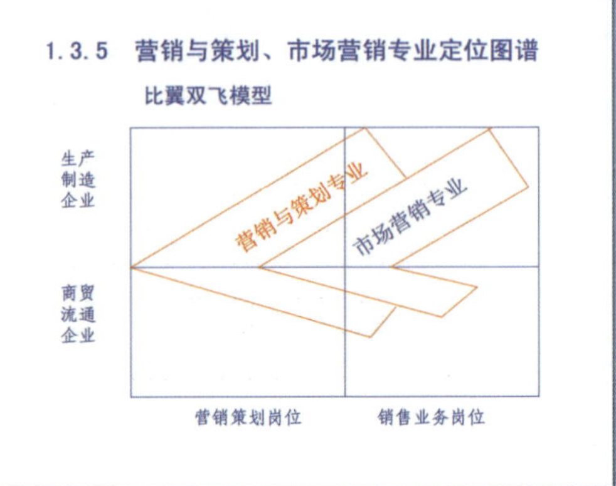

1.4 专业课程体系设计

1.4.1 人才培养理念

1.4.2 专业课程设计理念

1.4.3 专业课程模块体系

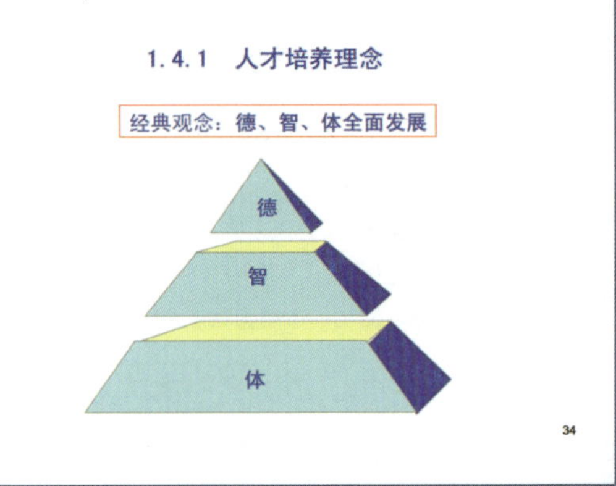

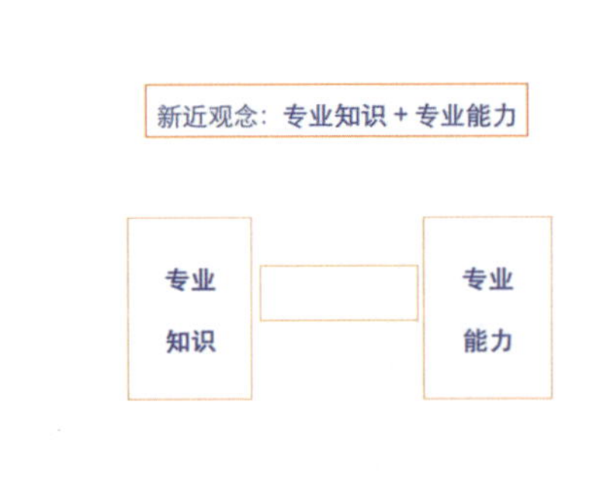

我们观念："德智技体、四项全能"

职业精神	热爱营销事业 具备拼搏精神
专业知识	熟悉营销理论 掌握营销策略
职业技能	善抓营销机会 擅长营销沟通
健康体能	静能挑灯夜战 动能长途奔袭

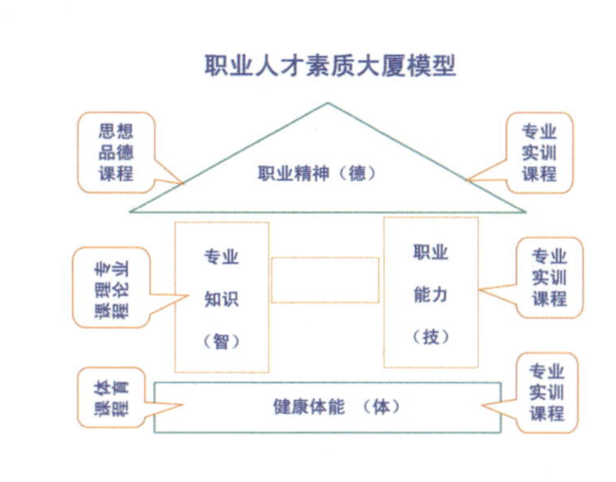

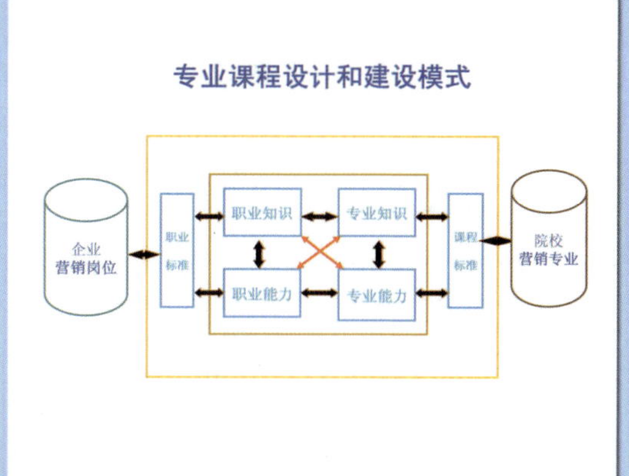

1.4.2 专业课程设计理念——“二个坚持、二个兼顾”

1）时间—内容设计理念

坚持现实适应性，兼顾未来发展性

2）空间—内容设计理念

坚持专业标准性，兼顾专业适应性

1.4.3 专业课程模块体系

1）营销与策划专业课程模块体系

模块			
M1 营销专业基础课程	市场营销原理		
M2 营销岗位基础课程	营销策划（理论与实践）		
	品牌原理与策划	广告原理与策划	公共原理与策划
	价格原理与策划	分销与物流策划	促销原理与策划
M3 营销岗位通用课程	市场调查与预测	消费心理与行为	商务谈判与沟通
	销售业务技能	网络营销与电子商务	
M4 营销岗位提升课程	营销管理实务		
M5 行业营销选修课程	工业品营销	农产品营销	房地产营销
	政府与非营利组织营销		汽车营销
	餐饮服务营销	金融保险营销	医药营销

与2009年版课程设计的差异

（1）删除“新产品开发与上市策划”课程，调整为“销售业务技能”课程。

调整理由：

① 降低难度。“新产品开发与上市策划”课程确实是营销策划的重要任务，但对高职学生有难度。

② 适应就业。营销与策划专业毕业生第一次就业有一定比例在销售岗位。

（2）增加了选修课程“政府与非营利组织营销”。

调整理由：

① 部分学生有考公务员和在事业单位就业的意愿。

② 发挥安徽经济管理学院专业优势，体现安徽经济管理学院特点。

2）市场营销专业课程模块体系

模块			
M1 营销专业基础课程	市场营销原理		
M2 营销岗位基础课程	营销策划（理论与实践）		
	品牌原理	广告原理	公共关系
	价格原理	分销与物流	实效促销
M3 营销岗位通用课程	市场调查与预测	消费心理与行为	商务谈判与沟通
	销售业务技能	网络营销与电子商务	
M4 营销岗位提升课程	营销管理实务		
M5 行业营销选修课程	工业品营销	农产品营销	房地产营销
	政府与非营利组织营销		汽车营销
	餐饮服务营销	金融保险营销	医药营销

与2009年版课程设计的差异

（1）将课程“推销原理与实务”更名为“销售业务技能”。
调整理由：
① 营销观念更新。
“推销原理与实务”课程原本是“人员推销”，该课程从理论上讲是推销观念而非营销观念的反映。
② 适应企业营销实际。
现代企业已经将推销员岗位更名为销售业务人员或者销售代表，强调顾问式销售而非硬性推销，对于销售业务技能的要求比较高。
（2）删除“商品学”课程，将其相关内容放在“行业营销”课程里。
调整理由：
① 商品类型复杂多样，36学时难以讲好。
② 商品学的主体内容是商品养护和鉴定，与商品的营销关联不大，在行业营销中讲更合适。
③ 商品学专业毕业生大多改行，专业停招，教师难找。

1.5 专业课程建设与教材建设

1.5.1 已经完成的课改教材

《市场营销原理》、《营销策划理论与实践》、
《营销管理实务》、《市场调查与预测》、《商务谈判与沟通》、
《消费心理与行为》（同类院校主编）

1.5.2 计划课改的教材建设

《品牌原理与策划》、《公关原理与策划》、
《广告原理与策划》、《促销原理与策划》、
《销售业务技能》（这五门本院主编）；
《分销与物流策划》、《价格原理与策划》
（这两门协调同类院校主编）

1.6 专业师资队伍建设

专业教师课程分工

助教：
M1+1/M3

讲师：
M1+1/M3+1/M2

副教授
M1+1/M3+1/M2
+1/(M4,M5)

教授：
M1+1/M3+1/M2
+M4+1/M5

<table>
<tr><td>M1 营销专业基础课程</td><td colspan="4">市场营销原理</td></tr>
<tr><td rowspan="3">M2 营销岗位基础课程</td><td colspan="4">营销策划（理论与实践）</td></tr>
<tr><td>品牌原理与策划</td><td>广告原理与策划</td><td colspan="2">公共原理与策划</td></tr>
<tr><td>价格原理与策划</td><td>分销与物流策划</td><td colspan="2">促销原理与策划</td></tr>
<tr><td rowspan="2">M3 营销岗位通用课程</td><td>市场调查与预测</td><td>消费心理与行为</td><td colspan="2">商务谈判与沟通</td></tr>
<tr><td>销售业务技能</td><td colspan="3">网络营销与电子商务</td></tr>
<tr><td>M4 营销岗位提升课程</td><td colspan="4">营销管理实务</td></tr>
<tr><td rowspan="3">M5 行业营销选修课程</td><td>工业品营销</td><td colspan="2">农产品营销</td><td>房地产营销</td></tr>
<tr><td colspan="3">政府与非营利组织营销</td><td>汽车营销</td></tr>
<tr><td>餐饮服务营销</td><td colspan="2">金融保险营销</td><td>医药营销</td></tr>
</table>

精通营销实践和教学的优秀兼职教师

安徽广电集团总经理助理
安徽电视台金鹏广告原总经理
中国广告节评委
中国艾菲（营销）奖评委
东南大学硕士
曾任合肥教育学院讲师

徐建国

安徽电视台金鹏广告创意总监
中国广告节评委
安徽师范大学美学学士
曾任安徽广播电视大学讲师

王守明

1.7 专业实训基地建设

1.7.1 按照营销流程建设实习实训基地

1）市场需求调研
2）市场规划与营销策划
3）产品研发与生产
4）产品销售
5）广告与公关
6）实效促销
7）客户（售后）服务

1.7.2 按照市场领域建设实习实训基地

1）快速消费品营销
2）耐用消费品营销
3）房地产营销
4）医药保健品营销
5）餐饮酒店服务行业营销
6）农产品营销
7）生产资料产品营销

1.7.3 综合营销实验室建设

目的：方便基础性实践教学
地点：安徽经济管理学院西校区

1）一期工程：
满足小组访谈、分组讨论、商务谈判等实践教学的需要。

2）二期工程：
满足电脑辅助电话访谈、新产品概念测试、广告测试、网络营销与电子商务等实践教学的需要。

3）三期工程：
满足模拟公关新闻发布会、内部营销会议、商业客户会议、商业路演和终端陈列等实践教学的需要。

一期工程：
小组访谈、分组讨论、商务谈判

二期工程：
电脑辅助电话访谈、新产品概念测试、广告测试

二期工程：网络营销与电子商务

三期工程：
模拟内部营销会议、商业客户会议

三期工程：
模拟公关新闻发布会

三期工程：
模拟终端陈列

三期工程：
模拟商业路演（一）

三期工程：
模拟商业路演（二）

1.8 专业教学方法与手段

1.8.1 常规的教学方法与手段

1）理论教学
2）案例教学
3）实训教学
4）多媒体教学
5）互动教学

1.8.2 特色的教学方法与手段

1）营销实战演练教学模式

（1）一个根本转变的教学指导思想

实现教学指导思想从学科知识传授向职业能力培训转变。

（2）两项教学内容的改革重点

一是以营销实战演练贯穿专业课程内容的总体改革，构建营销与策划专业学生职业能力的主体培养架构；
二是以营销实战演练充实核心课程内容单体改革，构建营销与策划专业学生职业能力的关键培养环节。

2）"三位一体"的教学组织方式

通过课堂教学、实训教学和竞赛教学三种教学组织形式，实现营销实战演练式教学"教"、"学"、"做"三位一体，形成学生营销与策划职业能力阶梯性立体化培养模式。

（1）课堂教学主要是教师教知识教原理。
（2）实训教学主要是学生学实践学方法。
（3）竞赛教学主要是学生做策划做执行。

1.9 专业教学考核与管理

1.9.1 四个"1+1"的教学考核模式

为强化营销实战演练教学模式的实际效果，变革传统的授课教师考核、理论知识考核等方式，实施四个"1+1"考核模式。

1）考核主体"1+1"：
校内主讲教师考核 + 实训基地指导老师考核
2）考核对象"1+1"：
考核学生个人 + 考核学生作业团队
3）考核内容"1+1"：
考核理论知识 + 考核职业能力
4）考核方式"1+1"：
期中、期末考试 + 实训竞赛考核

1.9.2 目标展望

1）安徽经济管理学院营销与策划省级特色专业建设的总体目标

从2009年开始，计划用五年的时间，到2013年，将该专业建设成为符合社会发展与企业市场营销需要的、在全省同等同类高校中具有领先优势的、在全国同等同类高校也有一定影响力的特色专业。

2）安徽经济管理学院营销与策划省级特色专业建设的具体目标

（1）打造出一支营销理论知识丰富、营销策划实战能力优秀的特色专业专、兼职师资队伍；
（2）培养出四届营销基本理论知识扎实、营销策划能力优秀、深受企业欢迎的特色专业毕业生；
（3）基本构建一套既有专业理论基础又有实战运用价值的特色专业课程体系；
（4）基本探索出一套具有专业特色的教学方法；
（5）建成8～10个营销与策划专业实践教学实习基地；
（6）建成一个多功能集成化综合性营销实验室；
（7）基本构建具有推广价值的特色专业人才培养模式。

对接营销策划岗位
建设省级特色专业

汇报到此，感谢阅读

2 数字移动课堂省级教研项目研究方案

2.1 项目基本情况

教学研究项目"基于 Web 2.0 的数字移动课堂创新与应用"是将新媒体技术应用到高等教育上的一种探索性研究，该项目于 2012 年 7 月被确定为院级教学研究项目，2012 年 12 月被批准为省级教学研究项目。

研究项目的社会及基础背景主要是：

① 网络的普及和移动互联网的快速发展为创建数字移动课堂奠定了通信平台

根据中国互联网信息中心(CNNIC)数据，截至 2012 年 6 月底，中国网民达到 5.38 亿，数量居世界第一，互联网普及率为 39.9%。移动互联网近年来的发展速度明显加快。

② 智能手机和学生电脑的快速应用为创建数字移动课堂提供了硬件支持

手机早已成为大学新生入学行装的标配之一，随着智能手机价格的下降，购买率已大幅上升，笔记本电脑也已成为大二及大二以上年级学生的标配。中国手机上网比例达到 72.7%，是网民上网的第一终端，更是学生网民上网的第一终端。

③ 大学生网民普遍化及上网习惯化为创建数字移动课堂奠定了客观基础

学生网民占网民总数的 28.6%，是中国第一大网民群体。大专及大专以上院校学生几乎个个都是网民。

④ Web 2.0 技术的推出及其应用为数字移动课堂奠定了技术基础

随着 Web 2.0 技术的推出，网民成为网络信息内容的创作者和提供者，网络互动性加强，微博的推出顺应了这一趋势，网民之间的开放性互动蔚然成风。

⑤ 数字媒体传播的理论研究与实践运用为数字移动课堂提供了丰富内容

数字媒体传播技术已经成熟，微博自媒体传播方式等得到了广泛运用，政务微博、企业微博和个人微博发展迅速，能够随时产生文字精练、图文并茂、并与音频或视频链接的海量资讯。

本项目研究团队的前期探索尝试为创建数字移动课堂积累了以下几条基本经验：

① 新浪微博应用尝试

本项目研究团队成员全部注册了行业影响力较大的新浪微博，主要用于与学生间的互动教学，并于 2012 年 6 月份分别与新浪安徽总经理、新浪微博安徽区域经理开展了合作研究和技术交流。本项目主要研究者的实名微博 3 月份获得了新浪微博实名认证，开始应用于教学沟通，截至 2012 年底，关注人数超过 10 000 人，其中在校学生 300 余名，已经毕业的学生 150 余名，新闻媒体界、企业营销界和广告界 300 余名，省内外同行教师 80 余名，很好地连接了营销教育界和企业界、教师和学生，引起了安徽电视台、新浪乐居等媒体的关注和上门采访。

② 腾讯 QQ 应用基础

研究团队成员全部能够运用 QQ 软件即时通讯，通过班级 QQ 群、QQ 共享和 QQ 邮箱等为学生提供指导。该项目的主要研究者朱华锋的 QQ 好友达到 458 人，并发表了主要反应教学研究进展和成果的空间日志 100 多篇，空间访问量超过 4 000 人次。

③ 系部网站应用基础

研究团队所在的系部在校园网站中建有子网站，设置了系部介绍、系部新闻、专业建设、质量工程、党团建设、师资队伍、教学管理、学科研究、招生就业、领导信箱等板块，主要反映系部教学基本情况，满足学生对系部及专业学习的基本信息需求。

2.2 项目研究团队

项目负责人：朱华锋。

项目组成员：章军、罗江、江又明、潘松、陈江、朱芳菲、胡静（新浪安徽总经理）、郑虎（微博经理人）、胡伟。

2.3 项目建设目标

通过本教学研究项目的实践探索和成果总结，期望达到以下几个目标：

1 创建新的互动教学模式

受传统文化影响，长期以来中国学生当众提问和当众请教的积极性与主动性不够，网络时代的学生更是喜欢虚拟的生活方式。因此，本研究项目试图通过数字移动课堂的运营，接受和回答学生的匿名提问，与“戴着面具”的学生分享最新的行业资讯和教学资源，从而创建一种新的适合网络时代学生沟通方式的互动教学模式。

(1) 用数字移动课堂跨越师生空间距离

现在很多高校的新校区远离市区、远离教师居住区，使得以前教师课后深入教室和寝室当面指导学生学习的优良传统难以坚持，但数字移动课堂利用互联网络和数字传播技术，就可以解决师生难以普遍化持续性当面交流的问题。

(2) 用数字移动课堂链接行业直通教学

数字媒体传播在新闻界和企业界的应用最为直接和广泛，通过数字媒体可以建立起连接着行业资讯与专业教育的数字媒体课堂，可以大大缩短专业教育与行业实践的距离，大大加强专业教育与行业实践的联系。

2 探索新的人才培养方式

在目前相对成熟的“理论教学课堂”、“实训教学课堂”等人才培养方式的基础上，创建一种新型的数字移动课堂，成为人才培养方式中的第三课堂。在目前相对成熟的“教”、“学”、“做”人才培养方式三个环节的基础上，通过数字网络随时随地互动分享式教学，嵌入中国传统教育中非常重视的“问”和“悟”，在“教”、“学”、“做”人才培养过程中植入以受教育者为主体的“学”、“问”、“悟”环节，使受教育者更加主动地学习、更深体验地学习、更具领悟性地学习、更具建设性地学习，实现中国传统教育经典方法与现代先进教育创新手段的有机结合。

(1) 用数字移动课堂引领学生网络生活

目前，高校90后大学生大多都是上网高手，但是他们的时间主要耗费在网络游戏、社交聊天和娱乐消遣等方面，数字移动课堂引导学生通过网络开展专业学习，避免沉溺于网络游戏，有利于优化学生的网络生活，提高学生网络生活的价值。

(2) 用数字移动课堂快速更新教学资源

教材和教案等教学资源需要反映基础知识和基本技能，因此需要相对稳定化，教材建设的周期至少要以学年为单位，更新周期需要一年以上，教案课件的系统建设和更新至少要以学期为单位，更新周期需要一学期以上。但在人才培养和教学过程中，还需要及时反映行业变化，更新行业动态。为此，需要建立新的快速更新的教学资源类型，而数字移动课堂正好符合这一特性。

2.4 项目建设方案

本教学研究项目计划通过项目建设、运营探索和经验总结等工作流程，进而构成完整的项目建设和研究方案。

① 搭建数字移动课堂的立体平台

以系部网站和营销策划省级精品课程网站为基础课堂（简称网站基础课堂），以新浪微博为主体课堂（简称微博主体课堂），以腾讯QQ为辅助课堂（简称QQ辅助课堂），从而建立起由网站基础课堂、微博主体课堂和QQ辅助课堂构成的数字移动课堂体系。

目前，系部网站由于学校机构调整，新的系部网站正在改建之中。营销策划省级精品课程网站已经完成网站设计、主题内容资料的收集整理，等待学校网站质量工程子网站建成后即可上网。预计项目实施一年内可以完成网站基础课堂的构建。本教研项目主要研究人员的新浪微博账号都已开通使用，学生微博经过同名院级教研项目的实施，已经在国际贸易系营销与策划、市场营销两个专业10级和11级同学中开通使用。在项目启动的三个月内，可以完成微博主题课堂的搭建。QQ辅助课堂已经建成，将在项目建设期内进一步扩充成员和内容。

② 探索数字移动课堂的运营方法

探索数字移动课堂的运营方法，即探索数字移动课堂建设和运营的总体规律、基本规律，以及网站基础课堂、微博主体课堂和QQ辅助课堂建设与运营的各自规律和应用技巧。由于系部网站、精品课程网站已有基本成功的运营模式，且更新速度比较慢，QQ应用模式也较清晰，因此，探索的重点是微博主体课堂。在建设和研究期间内，主要从教师的微博和学生的微博这两个方面推动微博在教学上的应用，并推动学生利用微博自媒体经营学生个人品牌，亲身体验低成本的微博营销方式，为专业学生的工作就业、职业发展创建一个低成本、高效率的自媒体营销途径。

③ 总结数字移动课堂的建设成效

通过挖掘第三方数据，分析数字移动课堂建设的工作总量和运营成果及其对学生学习和人才培养质量提高的直接收益、对丰富教学资源和形式的作用、对进一步深化教学改革、推进教学创新和优化人才模式的意义和作用，撰写一二篇有价值的教研论文和一份教研项目总结报告，并通过网络在线、讲座报告、座谈交流等形式，在全省高校进行展示、交流和推广。

2.5 项目建设进度

第一阶段:2012.3～2012.8,研究项目方案设计、前期准备、初步尝试;
第二阶段:2012.9～2013.8,研究项目启动实施、项目年度检查总结;
第三阶段:2013.9～2013.12,研究项目方案修改完善,项目再实施;
第四阶段:2014.1～2014.8,研究项目结项验收,经验总结,成果上报或发表共享。

2.6 项目预期成果

1 预期效果

(1) 形成一种人才培养的创新方式

在理论教学课堂、实训教学课堂的基础上,利用互联网络和数字技术构建一种创新的课堂形式——数字移动课堂。

(2) 搭建一个通连社会的教学平台

利用行业和企业,甚至是政府在电子商务、电子政务、企业微博、政务微博等方面的先行应用,搭建一个连通企业和政府自媒体的数字移动课堂,可以快速跟踪政府政策、行业动态和企业实践,有利于按照政府政策的指导,按照社会、行业和企业的需要来组织教学工作,从而更好地服务地方经济建设。

(3) 创建一种教师进修的便利途径

在教师脱产学习、在职进修、企业任职、企业挂职和参观学习等进修提高形式之外,创建一种低成本的、可长期坚持的、具有全面推广意义的实践学习途径。

(4) 培养一种随时随地学习的精神

在移动互联网和智能手机快速发展并趋于普及的背景下,可以随时随地登录网络,而微博短小精悍的形式又方便用户随时随地利用碎片化的点滴时间浏览信息。因此,以新浪微博为主体课堂的数字移动课堂,能够培养学生随时随地充分利用时间学习的精神,养成随时随地学习的良好习惯。

(5) 积累一批数字形态的教学资源

利用网络搜索引擎和微博标签、转发、收藏等功能,搜索、积累和分享理论发展动态、行业发展动态、企业实践案例等教学资源,同时,为编写符合行业发展需要的教材、制作丰富的多媒体课件积累数字化资源。

(6) 形成一套数字课堂的建设经验

通过研究项目的实施，探索数字移动课堂建设的经验，并形成研究项目总结报告，争取在教育类期刊上公开发表，以分享建设成果和经验，扩大项目研究成果的应用价值。

2 主要特色

(1) 科学性

数字移动课堂利用新兴的互联网技术和数字媒体传播技术，将教师与学生、高校与企业连接成一个自由开放的、多向互动的、动态更新与充实的交流沟通系统，既具有技术上的科学性与先进性，也具有内涵上的科学性与先进性。

(2) 创新性

运用数字媒体技术建设数字移动课堂是高校教学方式创新的有益尝试，此前在安徽省内同类高校中没有与此名称与内涵相同或相似的项目研究计划与系统性应用。

(3) 整合性

数字移动课堂将最近两三年发展起来的微博、过往十多年发展起来的网站和即时通讯方式整合在一起，将文字、图片、视频和音频整合在一起，形成了一个内容丰富多彩、手段形式互相补充相得益彰的互动平台，打破了原来教学网站和即时通讯相分割局面。

(4) 经济性

数字移动课堂主要依托互联网络技术和数字媒体技术，无需建设单位和个人投入大量资金和设备，见效速度快，具有低投入、高收益的特性。

(5) 增值性

数字移动课堂建设最大的投入是主要建设者(教师)的时间和精力的投入，但是教师投入时间和精力的过程，不仅是培养人才的过程，还是教师了解行业最新资讯、实现自身行业知识更新和实践能力提升的过程，因而具有良好的增值性。

(6) 复制性

数字移动课堂建设门槛低、障碍少，建设的成功经验可以迅速在高校同行中分享，具有良好的可推广性。

3 顶岗实习与就业直通省级教研项目研究方案

3.1 项目基本情况

① 项目提出背景

顶岗实习是减少学生就业成本的有效举措，是实现用人单位、学校和学生三方共赢的良方，是修复“专业与岗位脱节”的强效黏合剂，更是高职教育实现内涵发展的重要一环。然而，高职商贸类专业自从推行“以就业为导向”的人才培养模式以来，其实践教学环节——顶岗实习面临过程管理难、质量监控难、安全掌握难、分类指导难、成果评价难、顶岗实习单位落实困难、顶岗实习单位分散等一系列难题。同时，由于目前国内外关于顶岗实习直通就业的研究较少，高职商贸类专业的顶岗实习无法高效运用已有的理论来指导。鉴于此，有必要从顶岗实习的最终目的——提升学生就业能力这一角度，对高职的顶岗实习进行系统地研究。安徽经济管理学院 2012 年 7 月将“高职商贸类专业顶岗实习与就业直通研究——以安徽经济管理干部学院为例”作为院级教学研究项目开展研究，同期项目入选省级教学研究项目。

② 项目研究内容

(1) 调查分析高职商贸类专业顶岗实习直通就业的现状和制约因素

① 高职商贸类专业顶岗实习的现状分析。

② 高职商贸类专业顶岗实习直通就业的制约因素分析。

(2) 高职商贸类专业顶岗实习与就业直通的建设路径

① 顶岗实习前学生“内功”的磨炼。

② 顶岗实习过程中学生心理问题的防控。

③ 顶岗实习指导教师队伍的建设。

④ 顶岗实习基地的分层建设。

⑤ 顶岗实习效果的综合评价体系的构建。

(3) 高职院校商贸类专业直通就业之顶岗实习的运行机制建设建议

① “2＋2”的联动机制。

② 稳健的管理机制。

③ 有效的激励机制。

上述内容在对高职院校顶岗实习直通就业的现状和制约因素进行实证分析的基础上，重点研究高职商贸类专业顶岗实习与就业直通的建设路径和运行机制。

3.2 项目研究团队

项目负责人：汪利平。

项目主要成员：朱启保、陈江、章军、何桃花、胡薇、孟欣。

3.3 项目建设目标

1 项目建设的微观目标

力争在项目建设过程中解决以下问题：

① 高职商贸类专业顶岗实习过程中管理不到位的问题。

② 高职商贸类专业顶岗实习与就业如何对接的问题。

③ 高职商贸类专业顶岗实习的实习时间、实习内容、实习指导、实习效果考核评价问题。

④ 适应市场环境下的高职商贸类专业顶岗实习设计方案，提高顶岗实习阶段的学习质量和培养效果以形成完整的、成熟的理论体系和实践框架，为其他高等院校顶岗实习提供理论指导和借鉴。

2 项目建设的中观目标

本研究从学生、学校、企业三个维度着手，以直通就业、提升学生就业质量为目标，构建实现顶岗实习这一动态的实践教学环节的稳健的管理机制、高效的运行机制以及合理的考核评价体系，优化高职商贸类专业顶岗实习与就业无缝对接的多方共赢的人才培养模式。

3 项目建设的宏观目标

本项目旨在为以后高职院校顶岗实习的研究提供理论性指导，为安徽省高职院校开展学生的实践实习及有效促使学生就业等问题提供建设性意见；同时，为顶岗实习困难专业、亚困难专业的实训教学提供借鉴。

3.4　项目建设方案

①构建高职商贸类专业顶岗实习的运行模式

(1) 做好学生顶岗实习的前期准备

① 改进人才培养模式，依托高职商贸类专业在人才培养模式改革、课程体系建设、优质核心课程建设、专兼职结合的“双师型”教学团队建设，来完善“以就业为导向”的人才培养模式，使学生具备顶岗实习的能力。

② 落实顶岗实习指导教师的梯队建设，使学生的顶岗实习过程顺利、高效，提升学生的职业技能。

③ 推进校、企深度合作，构建稳定的校外实训实习基地，使顶岗实习的场地得到保证。

(2) 完善顶岗实习的内容，探索适应市场环境的高职商贸类专业顶岗实习运行方案

②构建高职商贸类专业顶岗实习的管理模式

① 对学生的管理。

② 对顶岗实习指导教师的管理。

③ 对实训实习基地的管理。

③构建高职商贸类专业顶岗实习的考核评价体系

① 对学生的考核评价体系。

② 对指导教师的考核评价体系。

④项目试验和推广建设

本项目在探求高职商贸类专业顶岗实习运行机制、管理机制和评价机制的过程中，以安徽经济管理干部学院市场营销、营销策划、国际贸易以及物流等专业的顶岗实习建设为依托，在此基础上，将项目建设经验在安徽经济管理干部学院的商贸专业群中推广，进而在安徽省同类高职院校中推广。

⑤项目建设进度安排

① 顶岗实习运行模式构建阶段:2012.12～2013.9。

② 顶岗实习管理模式构建阶段:2012.12～2013.9。

③ 顶岗实习考核评价体系构建阶段:2012.12～2013.9。

④ 顶岗实习运行模式、管理模式以及考核评价体系完善阶段:2013.9～2014.7。

⑤ 项目试验阶段:2013.2～2013.9。

⑥ 项目成果推广建设阶段:2014.2～2014.8。

⑦ 项目结项阶段:2014.9～2014.12。

6 预期成果

本项目将利用同类高职院校已有的资源,以高职商贸类专业的顶岗实习为主线,打通“以就业为导向”的人才培养方案的最后一环,形成具有实践意义的高职商贸类专业顶岗实习的运行机制、管理机制和考核评价机制。具体的预期成果如下:

① 公开发表学术论文(2篇以上)。

② 形成适合高职商贸类专业顶岗实习需求的人才培养方案(3份以上)。

③ 构建校际共享的实训实习基地(1家以上)。

④ 创建顶岗实习指导教师培训基地(1家以上)。

⑤ 形成成果报告(1份)。

第2部分

建设篇

1 省级特色专业建设启动仪式隆重举行

2009年3月12日15时，安徽经济管理学院营销与策划省级特色专业揭牌启动仪式在西区B楼报告厅举行。该专业是安徽省高等学校教学质量工程第一批省级特色专业建设点，也是安徽经济管理学院目前唯一的省级特色专业建设点。营销与策划省级特色专业建设项目的启动对于安徽经济管理学院整体教学质量工程建设起到了良好的推动作用。

莅临揭牌启动仪式现场的院领导有教学副院长、学院教学质量工程领导小组副组长袁维海教授。营销与策划特色专业建设顾问许跃辉教授、王效昭教授、陈宁教授，教务处、科研处、西区五个教学系部、西区管理处、基础教学部和后勤集团等单位领导与贸易经济系教师、特色专业建设项目成员和学生共同参加了这次启动仪式。图2.1为领导嘉宾入场签到。

图2.1　领导嘉宾签到

仪式伊始，在庄重激扬的音乐声中，袁院长和王教授与特色专业的学生代表一起为营销与策划省级特色专业建设点揭牌，全场爆发出热烈的掌声，见图2.2。

作为启动仪式的主要流程之一，安徽经济管理学院营销与策划特色专业建设项目负责人朱华锋副教授向大家汇报了特色专业建设规划，其内容包括特色专业建设的背景、目标、措施和期望，使得大家对特色专业建设的基本情况有了清晰的了解。

启动仪式上，贸经系朱启保副主任代表特色专业建设项目组向莅临现场的四位项目顾问呈送了聘书。朱华锋副教授向特色专业建设项目成员颁发了项目任务书和图书资料。项目顾问王效昭教授发表了热情洋溢的讲话，祝愿特色专业建设在成功启动的基础上继续努力，作为原贸易经济系主任也希望兄弟系部和学院有关部门多多关心和扶持营销与策划特色专业。学生代表时豪在发言中表达了作为首届特色专业学生的自豪感以及努力学习为学校为特色专业争光的强烈意愿。见图 2.3。

图 2.2　袁院长、王教授和特色专业学生共同揭牌

图 2.3　会场场景

仪式最后，袁院长发表了热情洋溢的讲话，并代表汪青松院长对营销与策划省级特色专业建设揭牌启动表示热烈祝贺。袁院长希望学院各有关部门、相关系部都关心和支持营销与策划特色专业建设，号召贸易经济系领导和老师、特色专业项目成员和学生积极投身于项

目建设工作。袁院长指出，特色专业建设揭牌启动之日正值植树节，相信我们今天栽下的树苗在大家的精心培育下一定能够长成参天大树。

在大型励志创业节目《赢在中国》主题曲《在路上》激越动人的旋律声中，安徽经济管理学院营销与策划省级特色专业的揭牌启动仪式圆满结束。

整个仪式是由安徽经济管理学院营销与策划专业首届学生全程策划并执行的，仪式前奏也是由学生主持的，正式仪式由贸易经济系郁青主任主持。这一安排体现了营销与策划专业建设的一个思路与一个特色，即给学生提供策划实践机会，鼓励学生动脑策划创意，鼓励学生动手执行，让学生在老师的指导下尽快成长，让学生在校园里就接触策划实践、增长策划能力，而启动仪式的顺利举行证明了同学们的表现是出色的。图 2.4 为参与活动的师生集体合影。

图 2.4 特色专业建设启动仪式师生合影

2 省级特色专业 2010 年建设进展报告

2.1 项目建设基本情况

2010 年是安徽经济管理学院营销与策划省级特色专业建设的第二年，在安徽省教育厅的正确领导下，在学院领导的具体指导下，在相关职能部门的支持下，经过建设团队全体成员的共同努力，基本完成了项目建设的年度任务，取得了良好的建设成果。

2010 年我院营销与策划专业首届学生毕业，72 名毕业生 100%得到及时就业。其中，在合肥就业的 38 人、在省内其他地区就业的 18 人、在省外发达地区就业的 16 人，就业质量较高。除 1 名同学参军入伍和 2 名同学专升本以外，其余同学均在生产制造企业、流通服务企业和金融服务行业从事营销工作，专业对口率较高。

2010 年我院营销与策划专业计划招生 110 人，实际报到学生 105 人，报到率达到 95.5%，报到率名列学院各专业前茅。

一年来，我们开展了 3 门专业核心课程的教学改革，出版和修订出版了课改教材 3 部，出版学术专著 1 部，参编了相关院校专业教材 1 部，启动了 2 门课程的课改教材编写，发表科研、教研论文 9 篇；在 2010 年省级质量工程建设中，荣获省级教学成果奖 1 项，省级教研项目 1 项；1 名教师晋升教授职称、1 名教师晋升副教授职称，1 名教师被批准为“安徽省高职高专院校营销与策划专业省级带头人”，1 名教师被中国市场学会授予“全国优秀中青年教师”光荣称号；在 2010 年全国高校市场营销大赛中，营销与策划专业选手再度荣获全国总决赛二等奖，继续保持着安徽省本、专科院校在该比赛中的最高奖项。营销与策划专业 080705 班荣获院级“平安班级”光荣称号，同年，全系唯一的国家奖学金获得者也是营销与策划专业的学生。

经过两年的建设，我们基本形成了以省级专业带头人、省级精品课程、省级规划教材（或特色教材）、省级教学成果奖为支撑的省级特色专业“四轮驱动”建设模式，希望在此基础上，进一步更快、更好地推动省级特色专业建设。

2.2 项目建设主要方法

2.2.1 以服务企业为目标，修订专业定位

经过一年的特色专业建设探索，并结合首届毕业生的就业情况，我们在2010年下半年进行了营销与策划专业定位和人才培养方案的调研和修订工作。通过国内(重点是省内)同类院校营销与策划专业定位与人才培养方案的调研分析，通过对企业(重点是对实训基地)营销人才需求的调查分析，通过营销专业毕业生的回访分析，我们重新进行了营销与策划专业定位，修订了人才培养方案。新的专业定位和人才培养方案，既较为全面地考虑到了企业对营销人才的需要，又坚持了我们学院的特色，为安徽经济管理学院营销与策划省级特色专业的建设明确了更加清晰的方向、确定了更加精准的定位。

2.2.2 以队伍建设为根本，提升教学水平

师资队伍是特色专业建设的核心力量。2010年，我们通过教学改革研究，教材建设，科研课题研究，专业带头人示范教学，参与教育主管部门或者相关协会的专业建设和课程改革研讨活动、教学比赛活动，深入企业和实训基地进行调研学习等多种形式，更新了教师营销理论与实践知识，提高了教师专业教学水平，取得了良好的效果。其中，团队建设成员汪利平老师，在教育部高职高专工商管理教学指导委员会组织的课件设计大赛中荣获二等奖，并晋升副教授职称；团队建设负责人朱华锋老师，被中国市场学会推选为全国优秀中青年教师，被全国高校市场营销大赛组委会聘任为评委，被安徽省职业与成人教育协会聘任为高职高专院校营销策划联赛专家组成员，被安徽三联学院聘请为客座教授，被省教育厅批准为高职高专省级专业带头人，并晋升为教授职称。

2.2.3 以教材建设为重点，更新教学内容

教材是教学组织的主要依据。我们将教材内容更新和教材建设列为特色专业建设的重点工作。在课程改革和教材建设过程中，我们不是为改革而改革，为建设而建设，而是立足于营销与策划专业的岗位需要，以岗位知识和能力需求为依据来开展教材建设工作。根据营销与策划专业教材建设的系统安排，在2009年课程改革和教材建设的基础上，我们结合营销策划省级精品课程建设工作，在省级“十一五”规划教材《营销策划理论与实践》的基础上，于2010年2月修订出版了《营销策划理论与实践》第2版，并以该教材建设为核心，对上游基础课程《营销原理》进行了联动研究，于2010年3月推出了课改教材《市场营销原理》，

该教材一经推出，立即受到广泛好评，并于12月份进行了重印；对下游职业操作性课程《销售业务》进行了系统研究，联合相关院校对《推销学》进行课程改革，将终端销售业务、商业客户销售业务和工业客户销售业务等销售工作的主要岗位职业能力培养纳入新教学内容体系，以岗位职业能力为导向和依据展开《销售业务技能》课程改革和教材建设。目前，该教材的编写已经进入实施阶段，中国科学技术大学出版社已经将其列入了出版计划，预计2011年上半年出版，供2011年秋季教学使用；项目建设主要成员、高职高专院校市场营销专业带头人倪东辉副教授主持的公关策划课程改革和教材建设已经取得重要的阶段性成果，已经列入中国科学技术大学出版社的出版计划。至此，我们已经形成了以《市场调查与预测》、《市场营销原理》、《营销策划理论与实践》、《营销管理实务》、《销售业务技能》和《公共关系策划》等课改教材为主要内容的营销与策划省级特色专业教材体系，初步实现了课程改革和教材建设的系列化。

在《营销策划理论与实践》基础上，我们还实现了教材层次的提升和读者对象的扩展，建设项目负责人朱华锋老师受邀主编的安徽省本科院校模块化任务型课改教材《市场营销策划》即将由北京师范大学出版集团出版，将特色专业和精品课程的教学内容和教材上升到本科院校层次；以企业营销策划经理人和营销策划研究专家为读者对象的专著《中国市场营销策划》2009年6月正式出版，切实提升了研究和成果的层次，2010年在图书市场销售中表现良好，在实践中得到了良好的检验和评价。朱华锋老师的专著《政府营销论纲》于2010年8月出版，拓展了特色专业课程改革的领域，为《政府与非营利组织营销》课程建设奠定了良好的基础。

2.2.4 以实训基地为基础，做实专业实训

我们在实训教学方面，不满足于签订协议和挂匾、挂牌等庆典形式，而是有组织、有计划地开展实实在在的实训教学，将实训教学纳入省级特色专业建设之中，取得了丰硕的人才培养成果。

首先，与安徽电视台金鹏国际广告公司、TCL集团合肥公司、合肥皖仪科技公司、小刘食品股份有限公司、合肥瀚友商贸有限公司、安徽盛虹烟花爆竹有限公司和安徽天宇磁业有限公司签订了实训基地建设协议。这些实习基地硬件设施良好、营销业绩突出、行业布点合理，包括著名营销策划机构、中国著名家电企业、高科技企业、民营快速消费品企业、内贸流通企业、外贸生产和流通企业，为特色专业学生实习实训奠定了良好的基础。

其次，实现了实训教学安排和管理的优化。第一，按照学年度教学计划组织学生到实训基地进行阶段性实训，时间一般为7～10天；第二，要求学生自行到社会上、到企业里寻找双休日和节假日实训机会，训练学生的市场意识、自身营销意识与营销能力；第三，按照专业整体培养方案组织学生到企业进行毕业实习实训，时间一般为半年左右，较为全面地锻炼学生的职业技能，为就业打下基础。在实施实训教学过程中，专业教师全程跟踪学生实训进程，提供专业指导，并与实训单位一起落实学生身心健康和安全方面的保障措施，评定学生实训

成绩和效果。

再次，非常重视学生实训教学的经验交流和成果分享。例如，在营销与策划专业08级学生TCL实训教学活动以后，我们组织了一场实训交流汇报会，七名学生代表登上讲台分享了为期十多天的辛苦而充实的实训心得体会，其中还有部分同学对实训单位营销活动的策划和执行提出了一些建议，收到了实训单位的好评。在学院2010年实训基地评选过程中，营销策划实训基地被认定为院级示范实训基地。

2.2.5 以各类竞赛为抓手，锻炼学习能力

竞争和比赛是磨砺意志、激励斗志、激发潜能、激活睿智的良好形式。在营销与策划省级特色专业建设过程中，我们也采用各种具有竞争意味的专业比赛来激励学生意志，激发学生学习热情，锻炼并提升学生学习能力。我们结合学生工作，持续开展的竞赛活动有院级及系部市场营销大赛、职业规划大赛、主持人大赛、才艺比赛等，营销与策划专业的学生在上述比赛中经常囊括系部一二等奖，并常常在院级竞赛中名列前茅。在2010年全国高校市场营销大赛中，我院营销与策划专业选手再次荣获总决赛二等奖，保持了我省本专科院校在该项比赛中的最好奖项。

2.2.6 以资格认证为引力，培养职业能力

资格证书是很多行业的从业任职门槛。在营销与策划省级特色专业建设过程中，我们同样注重学生职业能力的培养和职业资格的认证工作，并以双证作为人才培养成果的重要标准之一。在原来营销师资格认证指导和培训的基础上，我们今年又增加了营销策划师职业资格认证的指导和培训，使得37名同学全部通过了该项认证，认证通过率达到了100%，这在全国也是极为罕见的。

2.2.7 以校友交流为手段，培养职业精神

学长的经验对于学生的榜样示范作用是十分明显的。在营销与策划专业建设过程中，我们注重发挥学长、校友对在校学生的影响和引导作用，邀请以前的毕业生回校与同学们进行交流。今年11月举行的校友就业、创业交流会，邀请的是我院1998级和2000级市场营销专业的4名校友，他们中既有自主创业的优秀典型，也有敬职敬业的优秀经理人，他们在校时既有优秀学生干部方面的典型，也有刻苦学习成绩优异的典型，他们以其成功的就业和创业经历，与同学们进行了一场生动的富有成效的就业、创业交流，有两位创业成功的校友还为母校同学带来了一些就业岗位，并进行了现场招聘。活动得到了同学们的一致好评。

2.2.8 以人才培养为宗旨，创新教学方法

在教学改革中，我们以培养社会需要的人才为宗旨，实现了教学指导思想从学科知识传授向职业能力培训的转变，贯彻了以“服务为宗旨、以就业为导向”的职业教育办学方针。

在教学改革中，我们坚持了两项教学内容的改革重点。一是以营销实战演练贯穿专业课程内容的总体改革，构建营销与策划专业学生职业能力的主体培养架构；二是以营销实战演练充实核心课程内容单体改革，构建营销与策划专业学生职业能力的关键培养环节。

在教学改革过程中，我们创建了三位一体的教学组织方式。通过课堂教学、实训教学和竞赛教学三种教学组织形式，实现营销实战演练式教学“教”、“学”、“做”三位一体，形成了学生营销与策划职业能力阶梯性立体化培养模式。其中，课堂教学以专业教师为主线，使学生掌握从事营销工作的基础知识与基本原理；实训教学以实训基地为依托，让学生在实训教学中学习营销实战方法；竞赛教学以学生为主体，让学生结合企业的实际营销问题自主开展营销策划，并以竞赛的形式演练营销方案。三位一体的教学方式，避免了传统课堂理论教学与实训教学在时间上和内容上的脱节现象，形成了学生营销与策划职业能力阶梯性立体化培养模式。

为强化营销实战演练教学模式的实际效果，我们实行变革传统的授课教师考核、理论知识考核等方式，实施四个“1＋1”考核模式。① 考核主体“1＋1”：校内主讲教师考核＋实训基地指导老师考核；② 考核对象“1＋1”：考核学生个人＋考核学生作业团队；③ 考核内容“1＋1”：考核理论知识＋考核职业能力；④ 考核方式“1＋1”：期中期末考试＋实训竞赛考核。

根据上述内容，我们提炼出以“一个根本转变的教学指导思想、两项教学内容的改革重点、三位一体的教学组织方式、四个‘1＋1’的教学考核模式”为主要内涵的营销与策划省级特色专业实战演练教学模式，该教学模式的创新与应用在 2010 年省级质量工程建设中荣获安徽省教育厅省级教学成果二等奖。

2.3 存在问题与改进设想

由于学院硬件条件限制，而且全院实验实训室需要统一建设和设备统一采购以及招投标制度要求，营销与策划省级特色专业建设当中的校内营销实训室建设未能如期进行。

希望借学院“十一五”工作总结和“十二五”规划编制、效能建设和创优争先活动的东风，借学院教学质量工程检查与推进的良机，在本项目下一建设年度的上半年解决该问题。

3 省级特色专业暨精品课程2011年建设进展报告

安徽经济管理学院营销与策划省级特色专业2011年进入建设期的第三年，营销策划省级精品课程进入建设期的第二年，两个省级质量工程项目同为一个建设团队，项目之间具有高度的关联性，因此一并总结项目建设进展。

2011年，营销与策划专业第二届学生毕业，毕业学生53人，就业时间及时，就业质量较高，专业对口率和工作适应性较好。本年度营销与策划专业招生计划100人，实际报到98人，报到率达到98%，位居各专业前列。

3.1 课程改革和教材建设深入推进，实践检验得到好评

3.1.1 出版课改教材3部

在前两年省级特色专业建设课改和教材编写的基础上，本年度出版了三部课改教材。一部为朱华锋教授主编的本科院校模块化任务型课改教材《市场营销策划》，将特色专业和精品课程建设成果成功提升到了应用型本科层次；二是倪东辉副教授的专著《公共关系策划》，将课程改革和教材建设提升到了著作级水平；三是朱华锋教授主编的《销售业务技能》，将《推销学》和《人员推销》等内容落后于现代营销实践的课程成功与企业销售岗位对接起来，实现了教学内容的及时更新和完善。

3.1.2 立项课改教材3部

本年度立项开展《品牌原理与策划》、《广告原理与策划》和《促销活动策划与执行》三门课程的教学改革和教材建设工作，项目负责人积极支持罗江副教授独立编著《品牌原理和策划》，大胆启用年轻教师担任“广告策划”和“促销活动策划”两门课程的教材主编，并在启动经费、编写方法以及编写出版组织等方面给予了多方面的支持。目前，编写正在按照计划进度正常推进。

已经出版的特色专业教材和已经立项建设的课改教材形成了较为完整的营销与策划专业对接企业营销岗位的知识与能力体系，得到了同行高校和企业实践专家的高度评价，教材使用面广，连续采用率高，重印和再版更新快。徐建国等国家级著名营销策划实战专家认为该教材体系完整且内容贴近企业营销实践要求，强烈建议以营销与策划省级特色专业教材为基础与我们联合创办一所面向企业营销人员的营销培训学院。

营销策划省级精品课程教材《营销策划理论与实践》得到了更广泛与更深度的认同，除原来使用的本省本科和高职院校外，上海、浙江、湖南和陕西等省外院校也自行采用并作为课程大纲或课程标准。经网络搜索，上海立信会计学院工商管理学院市场营销专业“营销策划”课程的教学大纲就是依据《营销策划理论与实践》的内容制定的，首选教材也是这本教材（资料来源：上海立信会计学院网站工商管理学院网页 http://soba.lixin.edu.cn/news_show.php? cpnw_id=113）。湖南电子科技职业学院在 2011 年高等职业院校人才培养工作评估专题网上公布了“营销策划”课程标准，从内容上看，完全与《营销策划理论与实践》一致，推荐教材也是《营销策划理论与实践》，只是教师用书和学生用书采用的版次不同（资料来源：http://www.hndzkj.net/Pinggu/ShowArticle.asp? ArticleID=3988）。

3.2 教学团队建设稳步推进，团队整体成长进步显著

3.2.1 院级质量工程申报，立项面广量多

在今年上半年开展的 2011～2012 院级质量工程申报工作中，省级特色专业和省级精品课程建设团队成员全面发动，获得全面丰收，获得院级教研项目 3 项，教学名师、专业带头人和骨干教师各 1 名，精品课程和教学成果奖各 1 项，合计 8 项，基本涵盖了大部分质量工程项目。同时，促进了国际贸易专业建设，国际贸易专业入选院级特色专业和教学团队。

3.2.2 “三优”评选连中三元，名列全院之首

在学院上半年开展的优秀教学单位、优秀教学管理个人和优秀教研室（简称“三优”）评选中，基于营销与策划省级特色专业和营销策划省级精品课程建设工作的开展和成效的取得，加上系部教学管理工作和教研室工作的全面开展，贸易经济系、朱启保副主任（处级个人）和营销教研室在“三优”评选中分列三项第一，营销策划省级精品课程建设成员朱盛毅在科级优秀教学管理个人中也名列第一。

3.2.3 青年教师集体发力，团队整体成长

在省级特色专业建设和省级精品课程建设工作中，2011年的一个突出亮点是青年教师的工作积极性和能动性被充分调动起来，积极投身到专业建设、课程改革、教材编写、实训指导、营销赛事指导、营销职业资格证书培训辅导和质量工程项目申报与建设等工作中来，并取得了良好的成绩，章军、程好、潘松等青年教师共同发力，实现整体成长，提升了省级建设团队和我院营销师资队伍的整体实力。其中，章军老师晋升为副教授，潘松老师取得了硕士学位，程好老师通过了硕士论文答辩，为获得硕士研究生学历和学位奠定了基础。

3.2.4 海外进修培训，借鉴发达国家经验

本年度项目负责人朱华锋老师由学院和教育厅选派，到澳大利亚进行了为期一个月的职业技术教育培训研修和考察，这是我院第一次选派一线教师赴海外进行研修和培训，也是我院第一次选派省级质量工程项目负责人和省级专业带头人到海外培训。对发达国家职业技术教育的培训考察，拓宽了专业建设和课程开发的视野，也坚定了我们特色专业与精品课程建设的信心。

3.3 学生专业学习积极性高涨，人才培养硕果累累

3.3.1 院内第三届营销策划大赛成功举办

在系部领导和贸易教研室的支持下，在营销教研室主任罗江副教授的主持下，在全体营销专业教师和学生的共同参与下，本年度成功举办了第三届营销策划大赛，参赛学生人数和团队数进一步增加，参赛作品创意策划水平有新的进步，为参加全省和全国营销大赛选拔出优秀选手和作品，成为全院教职员工较为关注的一个院级学生比赛项目，成为全系学生深度关注与积极参与的一项赛事，也成为贸易经济系一项具有特色和人才培养效益的经常性与持续性赛事。2011年参赛并获奖的学生也从营销与策划省级特色专业扩展到市场营销专业，特色专业建设的示范效应得到了很好的体现。

3.3.2 安徽省和全国高校营销大赛双双获奖

在安徽省职业院校高职组营销策划大赛上，罗江和章军老师具体指导的汪睿、唐露露与程雪梦团队获得了二等奖。在全国高校大学生营销大赛上，罗江和程好老师具体指导的汪

睿和孙倩倩团队获得二等奖，这是我们第三次在全国高校大学生营销大赛上荣获二等奖，仍然保持着安徽高校（含本科院校）在该赛事上的最高奖项。

3.3.3 安徽省创业规划大赛高职第一获金奖

在2011年下半年举行的安徽省大学生创业规划大赛中，章军和潘松老师具体指导的祖荣、李林森和李娟团队以全省高校第二名高职院校第一名的优异成绩荣获金奖，实现了我院在这类赛事中金奖的突破，为学院增光添彩，也为营销与策划省级特色专业建设和省级精品课程建设增添了荣誉。

2011年营销和创业规划赛事的频繁获奖，进一步激发了学生和青年教师的积极性。12月14日，章军老师针对学生广泛而急切的参赛热情，在系部和教研室主任的支持下，主动举办了一次参赛培训指导。这是一件非常好的事情，大家的积极性都调动起来了，指导能力和水平也都上来了，专业建设负责人和带头人可以在更高层次赛事的组织和评审上投入更多的时间，进一步提升了赛事成绩，扩展了特色专业和精品课程成果的影响力和接受度，从而为营销实践培养出更多更受企业欢迎的营销人才。

在本年度，营销实训室在院领导的关心下，在相关部门的支持下，终于建成并投入使用了，也为今后更好地开展专业建设和人才培养创造了良好的条件。

4 营销专业教师2012年实战培养项目对接会

2012年2月29日下午，安徽经济管理学院贸易经济系营销专业教师实战培养2012年项目对接会在安徽优先营销传播公司召开。院党委委员、巡视员姚维传，教务处处长周伟良、副处长倪东辉，安徽优先营销传播公司董事长徐建国、总经理王守明和贸易经济系领导出席了本次会议。营销策划省级专业负责人朱华锋教授、市场营销教研室主任罗江及教研室部分教师参加了会议。见图2.5。

图2.5　参加项目对接会的双方领导

首先，王守明总经理从创立背景、定位与使命、专业优势、核心能力、行业聚焦、合作模式等方面介绍了安徽优先营销传播公司的基本情况。安徽优先营销传播有限公司是安徽省最为领先的营销策划专业机构，公司创办人均为安徽营销咨询与广告策划制作领域的领军人物，在全国亦有广泛影响，公司辅助众多安徽企业成为区域强势品牌，甚至是全国优秀品牌，在服务安徽经济、促进安徽地方企业发展方面具有长期实践经历与可广泛借鉴的经验。

随后，我院参与实战培养的营销专业教师老师介绍了他们的基本情况、培训方向、本学期的教学时间及可以到公司参与工作的时间、电话及网络联系办法等，并就营销方面的一些前沿理论和热点问题与对方进行了交流与研讨。见图2.6。

会议中，双方在2011年12月签订的《专业师资营销实战培养基地合作协议》基础上，进一步达成共识，决定发挥各自的资源优势，在专业师资营销实战能力的培养方面达成长期、持续、深度的合作。本年度，我院近十名中青年营销教师将到公司进行实战培养，通过项目参与、助理支持、顶岗主持、专门培训、随机指导等方式进行锻炼。

最后，院党委委员、巡视员姚维传对安徽优先营销传播公司表示了感谢，充分肯定了贸易经济系在我院专业师资营销实战能力的培养工作中所付出的努力，希望双方本着互惠互利的原则，共同发展，获取双赢。

图 2.6　项目对接细致沟通

此次营销专业教师实战培养 2012 年项目对接会的召开，对探讨营销人才实践环节培养机制，共享人才培养经验和成果具有重要意义，也为我院专业师资队伍的培养作出了有益的开拓与探索。

5 营销专业课程体系与课改教材建设构想

营销专业课程体系与课改
教材建设构想

朱华锋
2011.10

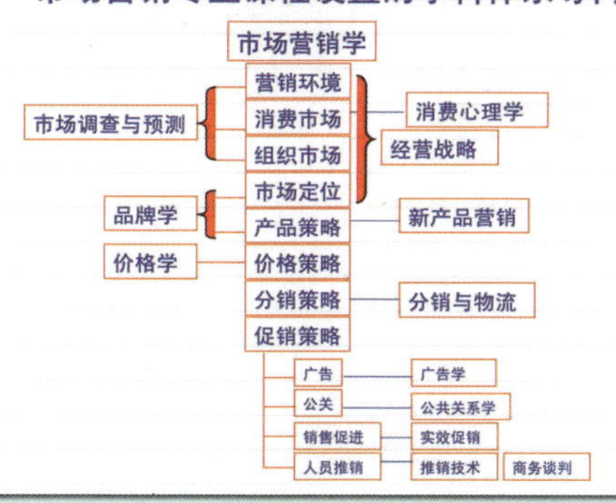

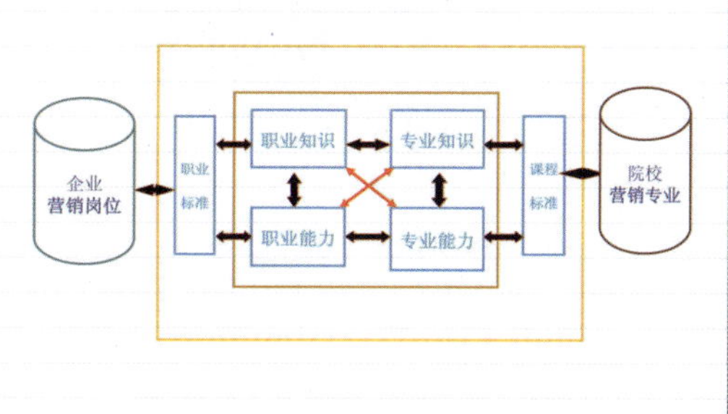

大型制造企业营销机构与岗位设置
——以TCL多媒体为例

营销策划部门（市场部门）	市场信息部	市场调研经理专员、市场信息专员
	产品规划部/品牌部/产品部	产品经理、品牌经理、产品规划专员、产品培训专员
	广告部/公关部	广告经理、公关经理、媒介经理专员
	市场推广部/策划部/企划部	市场经理、策划专员、市场培训专员
销售业务部门	销售计划部	销售计划经理、计划员
	销售业务部（公司、分公司）	总经理、大区经理、省区经理、片区经理、销售业务员
	大客户部/直销部	客户经理、客户主管
销售支持部门	财务部	经理、成本费用核算、出纳、财务往来
	物流部	经理、制单员、跟单员
	售后服务部/用户服务部	经理、接线员、服务工程技术人员/工程师
	人力资源部	经理、招聘专员、劳资专员、培训专员
	行政事务部	经理、行政事务、法律事务

合肥市人才市场2010年10月份现场招聘岗位需求表

专业类型	本科以上	本科	本科以下	合计	占比
销售人员	80	167	9105	9352	28%
市场/营销	72	89	4304	4465	14%
销售管理	109	181	2329	2619	8%
客服及技术支持	52	31	1811	1894	6%
行政/后勤	43	59	1103	1205	
技工	5	24	1036	1065	
工程/机械/能源	22	138	882	1042	
财务/审计/税务	18	29	749	796	
咨询/顾问	22	49	715	786	
生产/营运	7	10	736	753	
电子/电器/半导体/仪器仪表		120	542	662	
百货/连锁/零售服务			611	611	
人力资源	2	100	435	537	
教师		241	272	513	
房地产		80	433	513	
物流/仓储		1	474	475	
美容/保健		60	359	419	
质量体系/安全/环境保护		3	396	399	
互联网开发及应用		54	340	394	
艺术/平面/动画设计		18	342	360	
其他	59	418	3546	4023	
合计	491	1872	30520	32883	100%

市场营销专业毕业生职业成长路径

内部纵向成长	入职见习岗位	转正工作岗位	首次成长岗位	再次成长岗位	顶级营销岗位
成长理想时间	3~6个月	1~3年	3~5年	5~10年	10~20年
岗位类型变化	市场信息跟踪	市调专员	市调经理	市场总监	营销副总
	营销策划执行	策划专员	策划经理	营销总监	
	销售业务跟班	销售主管	销售经理	销售总监	销售副总
	销售计划文员	计划专员	计划经理	计划部长	供应链副总
	销售物流跟踪	物流专员	物流经理	物流部长	
	客户服务文员	服务专员	服务经理	服务总监	行政副总
内部横向调整	适应性调整	内部调动	内部调动	内部调动	较少调整
外部成长突破	自我调整性跳槽	雇主调整型跳槽	职业成长性流动（经理人市场流动）		

重点营销岗位任职资格核心能力要求

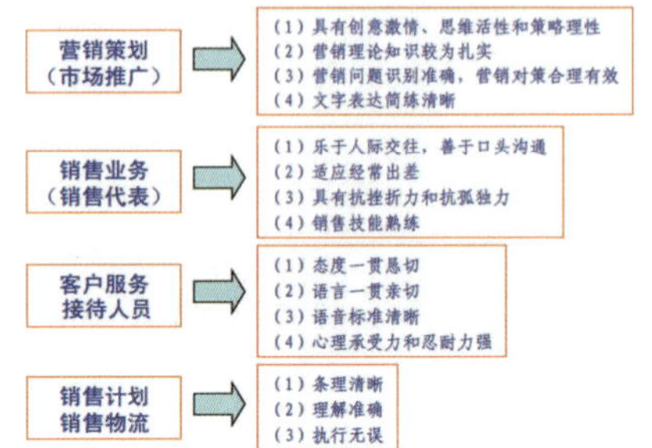

安徽市场对高校营销人才的需求

新安人才网是省内外企业在安徽市场面向高校大学生招聘营销人才最专业、最权威的人力资源机构。以下数据来自新安人才网（2010年3月）。

对高校营销人才需求的企业类型

企业类型	数量	比例
生产制造类企业	303	38%
商业流通类企业	225	28%
营销咨询类企业	116	15%
广告公关类企业	147	19%
合计	791	100%

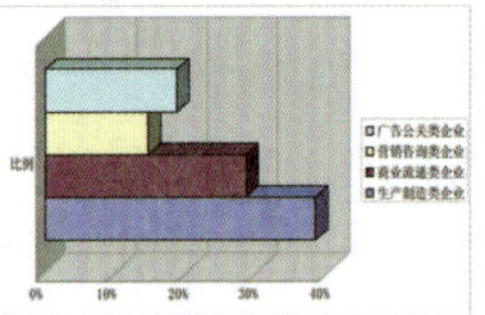

安徽市场对高校营销人才的需求

企业面向高校营销人才的招聘岗位

招聘岗位	招聘岗位	比例
销售业务类	4 883	55%
营销策划类	1 589	18%
销售服务类	2 350	27%
合计	8 822	100%

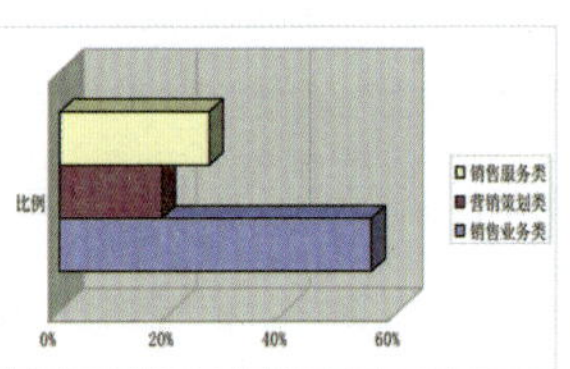

安徽市场对高校营销人才的需求

企业规模与营销岗位需求

招聘岗位	大型企业	中型企业	小型企业
销售业务类	50%	60%	80%
营销策划类	20%	15%	20%
销售服务类	30%	25%	

注：小型企业对销售业务岗位有较明确的需求，但是对营销策划和销售服务岗位的需求常常不明确。

优秀企业营销人才培养模式
——以TCL为例

培养模式	雏鹰工程	飞鹰工程	精鹰工程	雄鹰工程
培养对象	新入职大学生	新任职基层经理	企业中层管理者	企业高层管理者
培养内容	企业文化与管理制度	从业务能手向基层管理者的角色转换	综合管理能力	战略管理能力
	产品知识与市场知识	从业务能手向基层管理者的能力转换	成本控制能力	企业领导力
	行业营销与企业业务流程	基本管理能力和团队管理能力	商业盈利能力	行业影响力
培养方式	企业培训课堂	企业培训课堂	企业MBA课程	企业领导力培训
	生产和市场一线实习	中层管理者传授	国内名校MBA教育	国际名校MBA培训
	新老员工一带一辅导	带岗训练	在岗训练	高管岗位演练

安徽经济管理学院
营销与策划、市场营销专业定位图谱
比翼双飞模型

生产制造企业
商贸流通企业
营销与策划专业
市场营销专业
营销策划岗位
销售业务岗位

安徽经济管理学院市场营销专业课程设置

M1 营销专业基础课程	市场营销原理		
M2 营销岗位基础课程	营销策划（理论与实践）		
	品牌原理	广告原理	公共关系
	价格原理	分销与物流	实效促销
M3 营销岗位通用课程	市场调查与预测	消费心理与行为	商务谈判与沟通
	销售业务技能	网络营销与电子商务	
M4 营销岗位提升课程	营销管理实务		
M5 行业营销选修课程	工业品营销	农产品营销	房地产营销
	政府与非营利组织营销		汽车营销
	餐饮服务营销	金融保险营销	医药营销

安徽经济管理学院营销与策划专业课程设置

M1 营销专业基础课程	市场营销原理		
M2 营销岗位基础课程	营销策划（理论与实践）		
	品牌原理与策划	广告原理与策划	公共原理与策划
	价格原理与策划	分销与物流策划	促销原理与策划
M3 营销岗位通用课程	市场调查与预测	消费心理与行为	商务谈判与沟通
	销售业务技能	网络营销与电子商务	
M4 营销岗位提升课程	营销管理实务		
M5 行业营销选修课程	工业品营销	农产品营销	房地产营销
	政府与非营利组织营销		汽车营销
	餐饮服务营销	金融保险营销	医药营销

已经完成的课改教材建设

M1 营销专业基础课程	市场营销原理		
M2 营销岗位基础课程	营销策划（理论与实践）		
	品牌原理与策划	广告原理与策划	公关原理与策划
	价格原理与策划	分销与物流策划	促销原理与策划
M3 营销岗位通用课程	市场调查与预测	消费心理与行为	商务谈判与沟通
	销售业务技能	网络营销与电子商务	
M4 营销岗位提升课程	营销管理实务		
M5 行业营销选修课程	工业品营销	农产品营销	房地产营销
	政府与非营利组织营销		汽车营销
	餐饮服务营销	金融保险营销	医药营销

正在进行中的课改教材建设

M1 营销专业基础课程	市场营销原理		
M2 营销岗位基础课程	营销策划（理论与实践）		
	品牌原理与策划	广告原理与策划	公关原理与策划
	价格原理与策划	分销与物流策划	促销原理与策划
M3 营销岗位通用课程	市场调查与预测	消费心理与行为	商务谈判与沟通
	销售业务技能	网络营销与电子商务	
M4 营销岗位提升课程	营销管理实务		
M5 行业营销选修课程	工业品营销	农产品营销	房地产营销
	政府与非营利组织营销		汽车营销
	餐饮服务营销	金融保险营销	医药营销

限于水平和资源对于其他
课程我们向兄弟院校学习

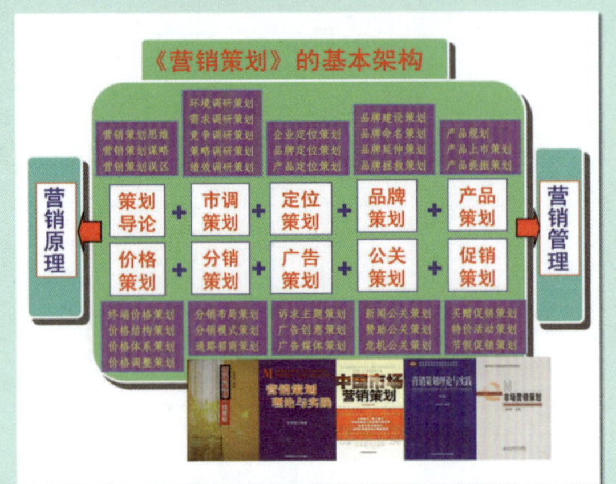

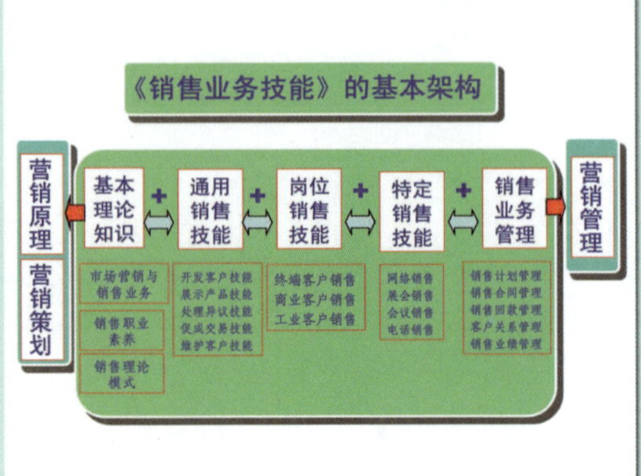

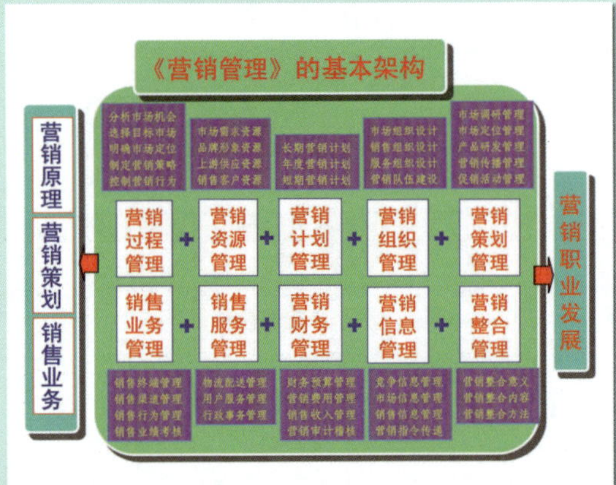

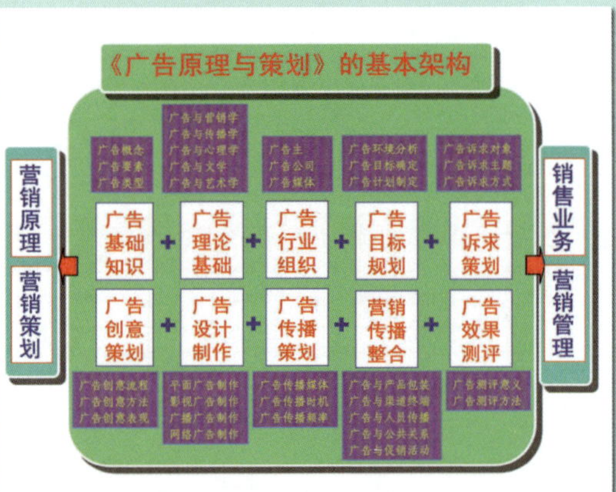

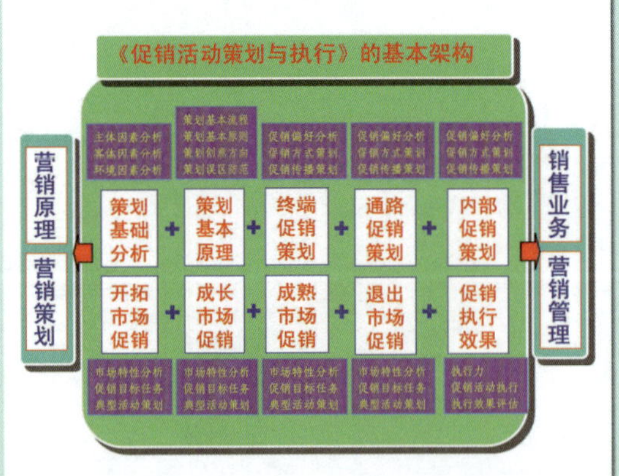

《营销策划》的基本架构
营销原理
策划导论
市调策划
定位策划
品牌策划
产品策划
价格策划
分销策划
广告策划
公关策划
促销策划
营销管理

《销售业务技能》的基本架构
营销原理
营销策划
基本理论知识
通用销售技能
岗位销售技能
特定销售技能
销售业务管理
营销管理

《营销管理》的基本架构
营销原理
营销策划
销售业务
营销过程管理
营销资源管理
营销计划管理
营销组织管理
营销策划管理
销售业务管理
销售服务管理
营销财务管理
营销信息管理
营销整合管理
营销职业发展

《广告原理与策划》的基本架构
营销原理
营销策划
广告基础知识
广告理论基础
广告行业组织
广告目标规划
广告诉求策划
广告创意策划
广告设计制作
广告传播策划
营销传播整合
广告效果测评
销售业务
营销管理

《促销活动策划与执行》的基本架构
营销原理
营销策划
策划基础分析
策划基本原理
终端促销策划
通路促销策划
内部促销策划
开拓市场促销
成长市场促销
成熟市场促销
退出市场促销
促销执行效果
销售业务
营销管理

汇报结束，敬请指导

“销售业务技能”课程与教材建设

“销售业务技能”课程与教材建设

研讨会

朱华锋
2010.11

市场营销专业课程设置的学科体系导向

市场营销学
营销环境
消费市场
组织市场
市场定位
产品策略
价格策略
分销策略
促销策略
市场调查与预测
品牌学
价格学
消费心理学
经营战略
新产品营销
分销与物流
广告 — 广告学
公关 — 公共关系学
销售促进 — 实效促销
人员推销 — 推销技术 — 商务谈判

市场营销专业课程设置的职业岗位导向

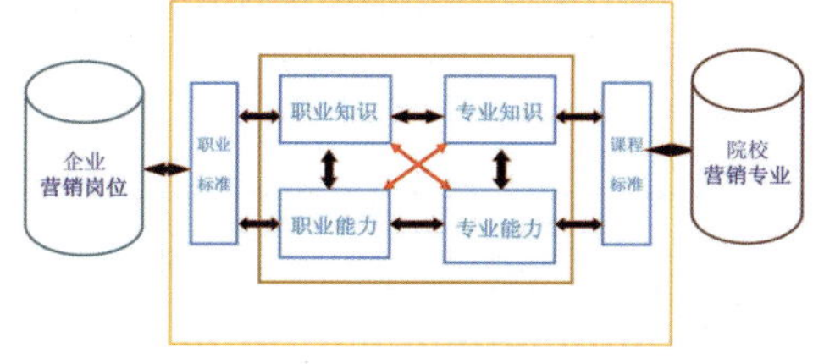

大型制造企业营销机构与岗位设置
——以TCL多媒体为例

营销策划部门（市场部门）	市场信息部	市场调研经理专员、市场信息专员
	产品规划部/品牌部/产品部	产品经理、品牌经理、产品规划专员、产品培训专员
	广告部/公关部	广告经理、公关经理、媒介经理专员
	市场推广部/策划部/企划部	市场经理、策划专员、市场培训专员
销售业务部门	销售计划部	销售计划经理、计划员
	销售业务部（公司、分公司）	总经理、大区经理、省区经理、片区经理、销售业务员
	大客户部/直销部	客户经理、客户主管
销售支持部门	财务部	经理、成本费用核算、出纳、财务往来
	物流部	经理、制单员、跟单员
	售后服务部/用户服务部	经理、接线员、服务工程技术人员/工程师
	人力资源部	经理、招聘专员、劳资专员、培训专员
	行政事务部	经理、行政事务、法律事务

市场营销专业毕业生职业成长路径

内部纵向成长	入职见习岗位	转正工作岗位	首次成长岗位	再次成长岗位	顶级营销岗位
成长理想时间	3~6个月	1~3年	3~5年	5~10年	10~20年
岗位类型变化	市场信息跟踪	市调专员	市调经理	市场总监	营销副总
	营销策划执行	策划专员	策划经理	营销总监	
	销售业务跟班	销售主管	销售经理	销售总监	销售副总
	销售计划文员	计划专员	计划经理	计划部长	供应链副总
	销售物流跟踪	物流专员	物流经理	物流部长	
	客户服务文员	服务专员	服务经理	服务总监	行政副总
内部横向调整	适应性调整	内部调动	内部调动	内部调动	较少调整
外部成长突破	自我调整性跳槽	雇主调整型跳槽	职业成长性流动（经理人市场流动）		

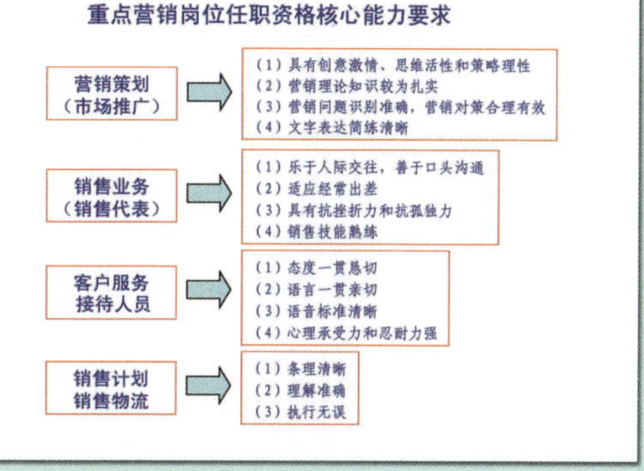

优秀企业营销人才培养模式
——以TCL为例

培养模式	雏鹰工程	飞鹰工程	精鹰工程	雄鹰工程
培养对象	新入职大学生	新任职基层经理	企业中层管理者	企业高层管理者
培养内容	企业文化与管理制度	从业务能手向基层管理者的角色转换	综合管理能力	战略管理能力
	产品知识与市场知识	从业务能手向基层管理者的能力转换	成本控制能力	企业领导力
	行业营销与企业业务流程	基本管理能力和团队管理能力	商业盈利能力	行业影响力
培养方式	企业培训课堂	企业培训课堂	企业MBA课程	企业领导力培训
	生产和市场一线实习	中层管理者传授	国内名校MBA教育	国际名校MBA培训
	新老员工一带一辅导	带岗训练	在岗训练	高管岗位演练

安徽经济管理学院市场营销专业课程设置

课程模块	课程		
M1 营销专业基础课程	市场营销原理		
M2 营销岗位基础课程	营销策划（理论与实践）		
	品牌原理	广告原理	公共关系
	价格原理	分销与物流	实效促销
M3 营销岗位通用课程	市场调查与预测	消费心理与行为	商务谈判与沟通
	销售业务技能	网络营销与电子商务	
M4 营销岗位提升课程	营销管理实务		
M5 行业营销选修课程	工业品营销	农产品营销	房地产营销
	政府与非营利组织营销		汽车营销
	餐饮服务营销	金融保险营销	医药营销

安徽经济管理学院营销与策划专业课程设置

课程模块	课程		
M1 营销专业基础课程	市场营销原理		
M2 营销岗位基础课程	营销策划（理论与实践）		
	品牌原理与策划	广告原理与策划	公共原理与策划
	价格原理与策划	分销与物流策划	促销原理与策划
M3 营销岗位通用课程	市场调查与预测	消费心理与行为	商务谈判与沟通
	销售业务技能	网络营销与电子商务	
M4 营销岗位提升课程	营销管理实务		
M5 行业营销选修课程	工业品营销	农产品营销	房地产营销
	政府与非营利组织营销		汽车营销
	餐饮服务营销	金融保险营销	医药营销

“人员推销”、“推销技术”课程存在的问题

名称陈旧 ⇨ 像20世纪80年代中国乡镇企业推销员课程

与21世纪中国营销时代背景不符
与大多数企业现行岗位设置不符
与学生（家长）心理认知期望不符

内容陈旧 ⇨ 像20世纪六七十年代国外企业推销员课程

理论背景依据：推销理论
市场背景依据：20世纪消费者和产业用户
内容结构单一：仅以工程客户销售为主体

课程改革和教材建设的思路

名称更新 ⇨ 与目前中国主流企业销售岗位接轨

人员推销
推销技术
现代推销技术
⇨ 销售业务技能

内容更新 ⇨ 与现代市场背景与主流销售形态接轨

理论背景依据：现代市场营销理论
市场背景依据：本世纪新生代消费者和产业用户
内容结构依据：以终端客户销售、商业客户销售和工程客户销售为研究对象展开

课程内容（教材体系）的基本架构

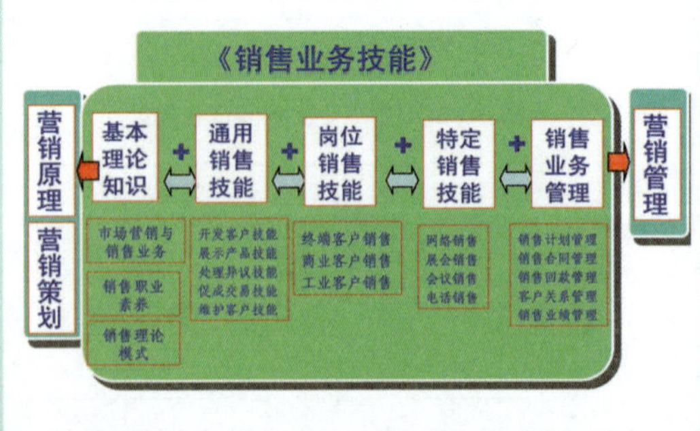

第3部分
成果篇

CHENGGUOPIAN

1 项目总结

1.1 省级特色专业建设结项总结

1.1.1 建设情况综述

营销与策划省级特色专业自立项建设以来，在教育厅和学院的正确指导下，在学院相关部门和院外实践基地的大力支持下，在建设团队的共同努力下，我们按照建设任务书所承诺的建设目标、建设任务、建设项目和建设进度，全面开展了系统持续的专业建设工作，项目建设进展符合规划进度要求，建设成果达成了建设目标要求。在项目建设过程中，我们主要采取了以下六个方面的建设措施，开展了丰富多彩而卓有成效的建设活动。

① 不断完善特色专业的建设组织与建设模式

本项目是安徽经济管理学院第一个省级特色专业建设点，也是安徽经济管理学院第一个省级质量工程长周期建设项目，为做好项目建设工作，我们建议成立学院省级特色专业建设领导小组和学术专家顾问团，研究和协调解决特色专业建设过程中的重大问题和疑难问题。在项目申报和立项建设初期，姚维传院长、汪青松院长和袁维海院长对项目建设给予了热情关注和大力支持。随着质量工程建设全面系统地推进，学院成立了院级质量工程领导小组，并在教务处设立了质量工程管理科，使得营销与策划省级特色专业得以在健全的组织领导下开展工作。

在营销与策划省级特色专业建设专家指导方面，我们与上海财经大学博导晁钢令教授、浙江工商大学博导浙江财经学院（2013 年升格为浙江财经大学）校长王俊豪教授，合肥工业大学刘志迎教授（2010 年调往中国科学技术大学）、安徽财经大学宋思根教授等建立了密切的联系，院内聘请了企业管理学科袁维海教授、许跃辉教授、王效昭教授、陈宁教授担任院内专家顾问，这些专家教授对于营销与策划省级特色专业建设提供了很好的指导。

省级特色专业建设周期较长，建设工作量非常大，需要发动更多的力量，形成多方合力才能达成。为此，我们在专业建设点负责人负责制的基础上，开展省级特色专业建设模式探索与创新，形成了省级特色专业“名师带动、团队行动、师生互动、校企联动”四轮驱动建设模式，该建设模式在安徽经济管理学院得到肯定和推广，获得2011—2012年度院级教学成果奖。

② 系统构建特色专业的人才培养流程与方式

(1) 在招生环节抓好特色专业人才培养的进口与源头

争取较为充足的招生计划指标，保证特色专业稳定的招生规模；加强特色专业招生宣传，吸引有专业意愿与兴趣的优秀生源报考。

(2) 在教学环节抓好特色专业人才培养的阶段与过程

① 实施入学专业教育。新生报到参加完入学军训结束后及时开展特色专业教育，帮助学生迅速建立专业方向感。

② 强化教学管理组织。实施辅导员制、班主任制和专业导师制，从政治与生活、班级管理和专业学习等三个方面给予学生卓有成效的指导与帮助。

③ 改革课程体系和教学时间安排。专业基础课和专业主干课程整体前移，让学生尽快融入专业学习氛围，尽早建立专业学习优势。

④ 改革课程内容与教学方法。面向企业市场营销实际和岗位能力要求，设计教学内容，优化教学方法，通过理论联系实际的课堂教学和实际联系理论的实践教学，使学生掌握营销与策划的理论方法与实战技能。

⑤ 正确引导学生民间营销与商务活动。对于营销与策划专业的学生社会兼职从事促销活动、直销活动、校园代理和学生用品交易调剂等，不简单化地禁止或放任自流，而是正确引导和规范这些行为，促使其合理锻炼营销实践能力并帮助其处理好与正常学习的关系。

⑥ 重视学生班级和社团组织作用。通过班级组织、团组织、学生会组织、学生社团组织，尤其创建和重组营销专业学生社团组织"营销策划团队"，锻炼和培养学生的资源整合能力、组织策划能力与执行能力。

⑦ 创建"学习型寝室"。结合"平安寝室"、"文明寝室"活动，通过创建"学习型寝室"，培养学生团队合作意识和集体学习良好风尚。

⑧ 强化教学管理制度。主要包括：教师守则、大学生守则等基本管理制度和考勤、考试、成绩与档案管理，奖励与处罚等教学管理制度。

⑨ 强化教学质量考核。加强教师教学质量考核，提高教师教学责任心与积极性。强化学生学习成绩考核机制，实施多种形式的考核检查，科学评价学生学业成绩，促进学生学业进步和技能提升。主要考核方式有：必修课程百分制考试，模拟策划方案和营销实践等级制考核，实习报告等级制考核，鼓励参加英语和计算机水平等级考试，鼓励参加国家营销师、营销策划师等职业资格考试等。

(3) 在就业环节抓好特色专业人才培养的成果与出口

加强特色专业教学质量、办学优势和人才优势宣传，让企业了解特色专业毕业生的职业技能和人才价值，并广开就业途径，促进特色专业毕业生顺利就业。已经形成的较有成效的就业方式有：① 学习实践基地推荐就业，② 教师兼职企业推荐就业，③ 引进企业校园招聘就业,④ 参与人才市场招聘就业,⑤ 网上人才市场招聘就业,⑥ 毕业校友推荐介绍就业。项目建设团队成员汪利平副教授2012年主持申报的教研项目“高职商贸类专业顶岗实习与就业直通研究”获教育厅立项,将进一步拓展研究深度、扩展研究成果。

3 着力推进特色专业的专兼职师资队伍建设

优选学院学历教育、干部培训和国际合作培训三个方面的优势,整合全院营销与策划特色专业主干课程优秀教师,组建特色专业建设的主要专职师资队伍。在保证专职教师队伍数量充足的同时,注重师资队伍的学科结构、学历结构、年龄结构和职称结构的合理性。为提升营销专业教师的实践能力,2011年12月我们创建了安徽省高职院校第一家营销专业教师实战培养基地,将专业教师送到实践培养基地,通过项目参与式培养、助理支持式培养、顶岗主持式培养、专门培训与指导和及时性与随时性的培训与指导等五种方式对营销专业教师进行培养。2012年和2013年我们积极选派专业教师参与“国培计划”和“省培计划”的培训。通过省级特色专业建设项目的带动,建设团队中已经有2名教师晋升教授职称,3名教师晋升副教授职称、2名教师晋升讲师职称。2名教师获得省级专业带头人资格,1名教师荣获“全国优秀中青年教师”、“全省模范教师”等荣誉称号,7名教师获得“院级教学名师”称号,2名教师获得“院级骨干教师称号”,1名教师获得“教坛新秀”称号。

在营销专业实战师资队伍建设方面,主要采取了在实习基地就地优选兼职师资的方式,聘请了营销专业师资实战培养基地的全国著名营销策划专家徐建国董事长、王守明总经理,营销实训基地的裴煜平总经理、李伟经理、董爱平经理等营销精英为兼职教师,实践证明这种方式能够有效地保证实践教学的场地、设施与师资的有效结合。

4 系统优化特色专业的课程设计、课程改革与教材建设

营销与策划特色专业的课程设计,一方面注重与市场营销专业的联系与区别,突出营销策划专业特色;一方面注重企业营销策划岗位的知识结构需要与能力结构要求。在多次深入企业进行营销策划人才素质与能力需求调研的基础上,我们根据营销策划实战发展变化和高等职业教育生源变化,按照服务实践、因材施教的基本原则,不断优化人才培养方案和课程设计,分别于2010年和2013年对人才培养方案进行了修订,将课程体系区分为六个模块。

① 营销专业基础课程模块:市场营销原理。

② 营销岗位通用课程模块:市场调查与预测、消费心理行为、商务谈判与沟通、销售业务技能、网络营销与电子商务。

③ 营销岗位基础课程模块:营销策划理论与实践、品牌原理与策划、价格原理与策划、公关原理与策划、广告原理与策划、促销原理与策划。

④ 营销岗位提升课程模块:营销管理实务。

⑤ 行业营销课程模块:政府与非营利组织营销、汽车营销、房地产营销等。

⑥ 营销实训实践课程模块:营销策划竞赛实训、营销管理计算机模拟训练、营销岗位实

习实践等。

对于确定设置的课程，我们也不断根据营销实践的发展进行课程内容改革和教材开发与修订。我们主编的营销与策划省级特色专业课改教材已经达到8部，形成了较为完善的特色专业教材系列，升级出版学术专著4部，形成了多层次立体化的课程改革与教材建设成果。已经完成的营销与策划省级特色专业课改教材包括：《市场营销原理》（2010年出版，2011年重印）、《营销策划理论与实践》（2010年第2版，2012年重印，2013第3版），《营销管理实务》（2009年出版）、《市场调查与预测》（2009年出版，2012年重印）、《公共关系学》（2012年第2版）、《销售业务技能》（2011年出版）、《广告原理与策划》（2012年出版）、《促销活动策划与执行》（2013年出版）；主编本科院校营销专业课改教材《市场营销策划》（2011年出版），出版学术专著《中国市场营销策划》（2009年出版）、《政府营销论纲》（2010年出版）、《公共关系策划》（2011年出版）、《中国市场营销策划》（第2版）（2013年出版）。课程内容与教材建设成果深受省内外同类院校营销专业师生欢迎，也受到营销实战专家的称赞。课程改革和教材建设的广度与深度、系统与持续，层次与维度，在同类院校专业建设中处于领先位置。

持续扎实的课程建设，优化了教学方法，提升了教学质量，推动了安徽经济管理学院省级精品课程的创建工作，2009年朱华锋主持申报的省级精品课程《营销策划》获省教育厅立项，2012年倪东辉主持申报的省级精品资源共享课程《公共关系原理与实务》获省教育厅立项，2013年孙刚主持的《中国税制》省级精品资源共享课程立项，到2013年底，安徽经济管理学院三门省级精品课程均是由营销与策划省级特色专业建设团队主要成员主持并由本特色专业主要成员参与建设的。

5 不断创新特色专业的教学方法与教学手段

特色专业建设启动以来，根据“以服务为宗旨、以就业为导向”的职业教育办学方针，围绕专业人才培养目标，我们在原有课堂教学、案例教学、多媒体教学和互动教学等有效教学方法的基础上，积极开展教学模式创新，以具有长期营销教学经验与著名企业营销实践经历的两栖人才为基础，以营销实训基地为依托，成功实施营销实战演练教学模式，取得了良好的成效，获得安徽省2010年度省级教学成果二等奖。

营销实战演练教学模式的一个核心是实现教学指导思想从学科知识传授向职业能力培训的转变。营销实战演练教学模式的实施基于两项教学内容的重点改革：一是以营销实战演练贯穿专业课程内容的总体改革，构建营销与策划专业学生职业能力的主体培养架构；二是以营销实战演练充实核心课程内容单体改革，构建营销与策划专业学生职业能力的关键培养环节。营销实战演练教学模式的具体运用是“三位一体”的教学组织方式，综合运用课堂教学、实训教学和竞赛教学三种教学组织形式达到人才培养的不同作用，通过课堂教学实现教师教知识教原理，通过实训教学实现学生学实践学方法，通过竞赛教学实现学生做策划做执行，通过营销实战演练式教学“教”、“学”、“做”三位一体的紧密衔接与立体合成，实现学生营销实战能力的系统养成。

2012 年，基于互联网技术的发展和应用推广，我们开始将数字技术和社交媒体运用到营销与策划专业教学上来，创建了数字移动课堂教学方式。朱华锋教授主持申报的教学研究项目“基于 Web 2.0 的数字移动课堂创新与应用”获教育厅立项。该项目自研究开展以来，开展了系统的应用探索，收到了多方面的成效，有些做法已经引起安徽晚报、中安在线等媒体的关注和报道。

从项目研究实施的初步成果来看，数字移动课堂的作用是：① 跨越了师生空间距离。现在很多高校新校区远离市区远离教师居住区，使得以前教师课后深入教室和寝室当面指导学生学习的优良传统难以坚持，移动数字课堂利用互联网络和数字传播技术可以解决师生难以普遍化持续性当面交流的问题。② 引领着学生网络生活。90 后大学生新生的网络生活大多耗费在网络游戏、社交聊天和娱乐消遣等方面，数字移动课堂引导学生通过网络开展专业学习，避免沉溺于网络游戏，有利于优化学生网络生活，提高学生网络生活价值。③ 链接着行业直通教学。数字媒体传播在新闻界和企业界的应用最为直接和广泛，数字移动课堂的建立，起到连接行业资讯与专业教育的作用，大大缩短了专业教育与行业实践的距离，大大加强了专业教育与行业实践的联系。④ 快速更新着教学资源。教材和教案等教学资源需要反映基础知识和基本技能，因此需要相对稳定化，教材建设的周期至少要以学年为单位，更新周期需要一年以上，教案课件的系统建设和更新至少要以学期为单位，更新周期需要一学期以上。但在人才培养和教学过程中，还需要及时反映行业变化更新行业动态，我们建立的数字移动课堂则能以分秒和小时为更新周期，在更新教学资源过程中取到了短、平、快的作用。

从教学形式创新的角度来看，数字移动课堂初步运用成果的价值主要表现在：① 形成了一种人才培养的创新方式。在理论教学课堂、实训教学课堂的基础上，利用互联网络和数字技术构建出了一种创新的课堂形式。② 搭建了一个通连社会的教学平台。利用行业和企业甚至是政府在电子商务、电子政务、企业微博、政务微博等方面上的先行应用，搭建起来的连通企业和政府自媒体的数字移动课堂，可以快速跟踪政府政策、行业动态和企业实践，有利于按照政策指导，面向社会、行业和企业需要，组织专业教学工作，从而更好地服务地方经济建设。③ 创建了一种教师进修的便利途径。在教师脱产学习、在职进修、企业任职、企业挂职和参观学习之外，创建了一种低成本的、可长期坚持的、具有全面推广价值的实践学习途径。④ 培养了一种随时随地学习的精神。在移动互联网和智能手机快速发展趋于普及的背景下，可以随时随地登录网络，而微博短小精悍的形式又方便用户随时随地利用碎片化的点滴时间浏览信息。因此，以新浪微博为主体课堂的数字移动课堂，能够培养学生随时随地充分利用时间的学习精神，养成随时随地学习的良好习惯。⑤ 积累了一批数字形态的教学资源。利用网络搜索引擎、微博标签、转发、收藏等功能，搜索、积累和分享理论发展动态、行业发展动态、企业实践案例等教学资源。同时，为编写符合行业发展需要的教材、为制作丰富化的多媒体课件积累了多种多样的数字化资源。

6 全力创建特色专业的校内、校外实训基地

为适应市场对营销策划人才培养的需求，我们从校外营销专业教师实战培养基地建设

和校内外营销专业学生实训基地建设等方面来开展系统建设。

2011年底创建的营销专业教师实战培养基地安徽优先营销传播有限公司是安徽营销策划、咨询与管理方面的领军企业，两年来为培养我院营销专业教师的实战能力起到了重要作用。

学生校外实习实训基地的建设主要是按照营销教学流程和营销实践领域两条主线来实施的，已经建成并运营的营销与策划省级特色专业实践教学基地包括：合肥TCL电器销售有限公司（该基地2010年被评为院级示范实训基地）、安徽金鹏国际广告有限公司、合肥皖仪科技有限责任公司、安徽小刘食品股份有限公司。加上原贸易经济系建设的合肥瀚友商贸有限责任公司、安徽盛虹集团、安徽天宇磁业有限公司等实训基地，已经能够保障特色专业实训教学的需要，促进学生实践能力的提升。

在校内实训基地建设方面，我们利用特色专业建设经费和省财政专项建设资金约合130万元（不含基建费用），在西校区建成了一个营销全真训练基地和一个营销模拟训练机房。

营销模拟训练机房装备一体式电脑50多台和营销管理对抗竞赛等软件、3D高清显示等设备，能够开展营销策划、销售业务和营销管理等计算机模拟训练。见图3.1。

图3.1　营销模拟训练机房

营销全真训练基地面积230平方米（图3.2），装备了50台套一体式、台式、笔记本和平板电脑，40台套彩色打印、激光打印、针式打印、双面自动翻页扫描复印，多媒体投影，高清晰摄像、照相录音、影像声音监控和电子考勤等高科技办公设备，能够开展市场调研、小组研讨、营销策划、商务接待、商务谈判、商务会议、销售业务、形体训练、商业路演、公关展示等营销全真训练。营销模拟训练机房装备一体式电脑50多台和营销管理对抗竞赛等软件、3D高清显示等设备，能够开展营销策划、销售业务和营销管理等计算机模拟训练。

2013年10月21日，安徽省政府秘书长、学院院长邵国荷在院党委书记吴良仁、副院长汪刘送和江观伙等领导陪同下视察了营销全真训练基地，营销与策划省级特色专业负责人向领导汇报了特色专业及营销实训基地建设情况，得到了秘书长的肯定评价。见图3.3。

图 3.2　营销全真训练基地

图 3.3　省政府秘书长兼安徽经济管理学院院长视察营销全真训练基地

1.1.2 建设成果综述

① 形成了独具特色的四轮驱动专业建设模式

省级特色专业建设周期长，建设工作量大，需要整合多个方面的力量和资源。为此，我们在专业建设点负责人负责制的基础上，开展省级特色专业建设模式探索与创新，形成了省级特色专业“名师带动、团队行动、师生互动、校企联动”四轮驱动建设模式，有效地保障了营销与策划省级特色专业建设的顺利开展。

② 形成了对接营销岗位需求的人才培养方案

在营销与策划省级特色专业建设过程中，我们改变了传统的按照学科知识体系与结构制订人才培养方案的做法，多次广泛深入企业调研营销岗位对于营销人才的素质、知识和能力需求，按照营销岗位任职素质、知识和能力需要的思维模式来制订了既接轨营销岗位需要又具有专业师资和专业教材保障的人才培养方案。

③ 培养了四届适合营销岗位需要的特色专业毕业生

自项目建设以来，培养出四届共 302 名营销与策划特色专业毕业生，就业率达到 100%，规模超过了特色专业人才培养预期目标，特色专业现有三届在校生 297 名，规模有所扩大；特色专业学生连续三年获得“全国高校大学生营销大赛”二等奖，在安徽省第六届和第七届“大学生职业生涯规划暨创业大赛”中获得创业之星金奖和银奖，获得安徽省“高职院校营销技能大赛”二等奖和三等奖各一次。特色专业学生培养质量达到了预期目标。

④ 建成了全面满足营销教学需要的校内外实训基地

在校外实训基地方面，建成了安徽高职院校第一家营销专业教师实战培养基地，建成了七家实践教学实习基地，完成了专业实践基地建设目标。在校内实训基地建设方面，建成一个营销全真训练基地和一个营销模拟训练机房，保障了小组访谈、分组讨论、商务谈判、电脑辅助电话访谈、新产品概念测试、广告测试、电子商务、网络营销、公关新闻发布、内部营销会议、经销商会议、商业路演与终端陈列等营销实践教学需要。

⑤ 建成了一支优秀的营销专业专兼职师资队伍

完成了打造一支营销理论知识丰富、营销策划实战能力优秀的营销与策划特色专业专兼职师资队伍的目标，建设期内 2 名教师晋升教授职称、2 名教师获省级专业带头人资格，3 名教师晋升副教授职称，1 名教师荣获“全国优秀中青年教师和省级模范教师”称号，并光荣入选“省级教学名师”。

⑥ 形成了学、做、教一体化的专业师资培养模式

"教、学、做"是公认的高职院校人才培养有效模式，但"教、学、做"人才模式的成功运用必须具备一个前提，那就是：专业教师必须先学会做才能教，而这是大多数高职院校教师的弱项。为此，我们在特色专业师资队伍建设中创建了我省第一家营销专业教师实战培养基地，将专业教师送到实践培养基地，通过多种方式对营销专业教师进行培养，补齐了师资实战能力不足的短板，取得了良好的成效。

⑦ 开发了系统完整的营销策划专业教材体系

为适应企业对营销人才的需要，在制订对接营销岗位需求的人才培养方案的基础上，联合企业、营销实训基地以及兄弟院校的力量，系统开发了八门核心课程教材，形成了省级特色专业教材系列。教材开发力度之大、品种之多、体系之全，是同类院校课程改革和专业教材建设所不多见的。而其中部分课程教材，能够升级为本科院校教材、并连续出版面向营销经理人的版本，则更是不多见的。该成果"营销与策划省级特色专业课程改革与建材建设"荣获2013年省级教学成果三等奖。

⑧ 形成了独具特色的营销实战演练教学模式

培养符合企业需要的营销实践技能型人才需要在教学模式上开展卓有成效的创新。在营销与策划省级特色专业建设过程中，我们在原有课堂教学、案例教学、多媒体教学和互动教学等有效教学方法的基础上，以具有长期营销教学经验与著名企业营销实践经历的两栖人才为基础，以营销实训基地为依托，成功探索并持续运用了营销实战演练教学模式，取得了良好人才培养成果，获得了"安徽省2010年度省级教学成果"二等奖。

1.1.3 成果项目汇总

安徽经济管理干部学院营销与策划省级特色专业取得了大量的建设成果，全面推动了本院营销与策划专业、市场营销专业及商贸专业群建设。建设期内的直接相关成果项目包括以下几个方面。

团队成员主持省级教学研究项目3项、主持院级教学研究项目5项；主持省级精品课程（省级精品资源共享课程）3门、主持院级精品课程4门；主持省级卓越人才教育培养计划1项；主持院级教学团队1项；主持院级教学管理项目1项；主持建设实习实训基地8项。

团队成员获得省级教学成果奖2项，其中省级二等奖和三等奖各1项，获得院级教学成果奖5项；入选省级专业带头人2人、院级专业带头人1人；入选院级教学名师7人、骨干教师2人和教坛新秀1人；获得全国性职业技能大赛二等奖3项、获得省级职业技能大赛奖励

3 项；获得大学生职业规划省级奖励 2 项、院级奖励 2 项；获得大学生创业大赛省级金奖和银奖各 1 项、院级奖励 3 项；获得省级和院级就业指导课程大赛一等奖各 1 项；获得全国性和院级教学技能大赛奖励 3 项；获得省级论文征文奖励 4 项，其中一等奖 2 项；获得综合性奖励 8 项，其中全国优秀中青年教师、全省模范教师和省级教学名师各 1 项。

团队成员主持科研项目 8 项，其中 3 类和 4 类科研课题各一项；发表教学研究论文 11 篇，其中二类期刊论文 1 篇、三类期刊论文 5 篇；发表学术研究论文 35 篇，其中一类期刊 1 篇、二类期刊 3 篇、三类期刊 26 篇；出版学术专著 4 部、主编省级特色专业教材 8 部、主编“十一五”省级规划教材 2 部、主编本科高校营销专业课改教材 1 部，入选省级规划教材 3 部，主编和参编其他教材 11 部，合计已经出版各类教材和学术专著 25 部。

① 团队成员主持省级教学研究项目 3 项和卓越人才培养计划 1 项(表 3.1)

表 3.1　省级教学研究项目和卓越人才培养计划项目

序号	主持人	项目名称	立项单位	立项时间	资助费用（含配套）	执行情况
1	朱华锋	基于 Web 2.0 的数字移动课堂创新与应用	省教育厅	2012 年	20 000 元	在研
2	汪利平	高职商贸类专业顶岗实习与就业直通研究	省教育厅	2012 年	20 000 元	在研
3	郁　青	高职高专院校商贸专业群建设研究	省教育厅	2010 年	20 000 元	结项
4	郁　青	卓越营销技能型人才培养计划	省教育厅	2013 年	90 000 元	在研

② 团队成员主持院级教学研究项目 5 项(表 3.2)

表 3.2　院级教学研究项目

序号	主持人	项目名称	立项单位	立项时间	资助费用	执行情况
1	朱华锋	营销管理课程教材教法创新与学生营销能力培养	本院	2011～2012 年	2 000 元	结项
2	倪东辉	学院教师课酬教学工作量研究	本院	2008～2009 年	2 000 元	结项
3	孙　刚	以课程设置体系调整为契机，凸显我院高职人才的培养特色	本院	2008～2009 年	2 000 元	结项
4	汪利平	优化高职高专的教学管理，夯实质量工程	本院	2011～2012 年	2 000 元	结项
5	郁　青	我院商贸专业群建设探析	本院	2008～2009 年	2 000 元	结项

③ 团队成员主持省级精品课程(省级精品资源共享课程)3项(表3.3)

表3.3 省级精品课程

序号	主持人	项目名称	立项单位	立项时间	资助费用(含配套)	执行情况
1	朱华锋	营销策划	教育厅	2009年	80 000元	在研
2	倪东辉	公共关系原理与实务	教育厅	2012年	40 000元	在研
3	孙　刚	中国税制	教育厅	2013年	30 000元	在研

④ 团队成员主持院级精品课程4门(表3.4)

表3.4 院级精品课程

序号	主持人	项目名称	立项单位	立项时间	资助费用	执行情况
1	朱华锋	营销策划	本院	2008～2009年	5 000元	结项
2	倪东辉	公共关系原理与实务	本院	2011～2012年	5 000元	结项
3	孙　刚	中国税制	本院	2011～2012年	5 000元	结项
4	汪利平	国际贸易理论与实务	本院	2013～2004年	3 000元	在研

⑤ 团队成员主持院级教学团队1项(表3.5)

表3.5 院级教学团队

序号	主持人	项目名称	立项单位	立项时间	资助费用	执行情况
1	罗江	市场营销教学团队	本院	2008～2009年	2 000元	结项

⑥ 团队成员主持院级教学管理项目1项(表3.6)

表3.6 院级教学管理项目

序号	主持人	项目名称	立项单位	立项时间	资助费用	执行情况
1	孙刚	教学管理软件的开发与应用	本院	2013～2014年	20 000元	在研

⑦ 团队成员主持建设实习实训基地8项(表3.7)

表3.7 实习实训基地

序号	主持人	项目名称	立项单位	建设时间	资助费用
1	罗　江	安徽优先营销传播有限公司营销专业师资实战培养基地	本院	2013～2014年	2 000元

续表

序号	主持人	项目名称	立项单位	建设时间	资助费用
2	朱华锋	营销全真训练基地	本院	2011～2013 年	900 000 元
3	朱华锋	营销模拟训练机房	本院	2011～2013 年	400 000 元
4	朱华锋	合肥 TCL 电器销售公司 院级示范实训基地	本院	2010 年	
5	朱华锋	安徽金鹏国际广告有限公司实训基地	本院	2009 年	
6	朱华锋	合肥皖仪科技有限公司实训基地	本院	2009 年	
7	朱华锋	安徽小刘食品股份有限公司实训基地	本院	2009 年	
8	罗　江	安徽瀚友商贸有限公司实训基地	本院	2009 年	

8 团队成员获得省级教学成果奖 2 项(表 3.8)

表 3.8　省级教学成果奖

序号	获奖人	奖项名称	奖励等级	奖励单位	奖励时间
1	朱华锋等	营销与策划省级特色专业实战演练教学模式创新与应用	二等奖	教育厅	2010 年
2	朱华锋等	营销与策划省级特色专业课程改革与教材建设	三等奖	教育厅	2013 年

9 团队成员获得院级教学成果奖 5 项(表 3.9)

表 3.9　院级教学成果奖

序号	获奖人	奖项名称	奖励等级	奖励单位	奖励年度
1	朱华锋等	营销与策划省级特色专业课程改革与教材建设	一等奖	本院	2013～2014 年
2	倪东辉等	公关网络传播系列研究与实践(以高校思想政治工作为例)	二等奖	本院	2013～2014 年
3	郁　青等	营销与策划省级特色专业四轮驱动建设模式创新与应用	一等奖	本院	2011～2012 年
4	朱华锋等	《策划原理与营销策划》教材教法创新与学生意志品德及策划能力培养	一等级	本院	2008～2009 年
5	江　俊等	推进我院教案编写规范化	三等奖	本院	2008～2009 年

⑩ 团队成员入选省级专业带头人2人、院级专业带头人1人(表3.10)

表3.10 省级和院级专业带头人

项目级别	序号	人员	立项名称	立项单位	立项时间
省级	1	倪东辉	市场营销省级专业带头人	教育厅	2009年
	2	朱华锋	营销与策划省级专业带头人	教育厅	2010年
院级	1	罗　江	市场营销院级专业带头人	本院	2011～2012年

⑪ 团队成员入选院级教学名师7人、骨干教师2人和教坛新秀1人(表3.11)

表3.11 院级教学名师、骨干和新秀

荣誉称号	入选名单	评选时间
教学名师	朱华锋、倪东辉、朱学平、朱启保	2008～2009年
	郁青、孙刚	2011～2012年
	章军	2013～2014年
骨干教师	汪利平	2008～2009年
	章军	2011～2012年
教坛新秀	黄静	2008～2009年

⑫ 团队成员获得全国性职业技能大赛3项(表3.12)

表3.12 全国职业技能大赛获奖情况

序号	获奖教师	奖项名称	奖励等级	奖励单位	奖励时间
1	朱华锋 罗　江	第2届全国高校大学生市场营销大赛	二等奖	中国市场学会	2009年
2	郁　青 罗　江	第3届全国高校大学生市场营销大赛	二等奖	中国市场学会	2010年
3	罗　江 程　好	第4届全国高校大学生市场营销大赛	二等奖	中国市场学会	2011年

⑬ 团队成员获得省级职业技能大赛3项(表3.13)

表3.13 省级职业技能大赛获奖情况

序号	获奖教师	奖项名称	奖励等级	奖励单位	奖励时间
1	罗　江 章　军	安徽省高职院校技能大赛 (营销策划组)(汪睿等同学)	二等奖	教育厅等	2011年

续表

序号	获奖教师	奖项名称	奖励等级	奖励单位	奖励时间
2	章　军 程　妤	安徽省职业院校技能大赛高职组汽车营销项目(陈雪等同学)	三等奖	教育厅等	2012 年
3	江俊	安徽省高职院校报关技能大赛	三等奖	教育厅等	2012 年

⑭ 团队成员获得省级职业规划大赛奖励 2 项、院级奖励 2 项(表 3.14)

表 3.14　省级和院级职业规划大赛获奖情况

奖励级别	序号	获奖教师	奖项名称	奖励等级	奖励单位	奖励时间
省级	1	朱华锋	第四届安徽省大学生职业规划大赛(李先丽同学)	铜奖	教育厅等	2009 年
	2	汪利平	第三届安徽省大学生职业生涯规划大赛(宫亮同学)	银奖	教育厅等	2008 年
院级	1	朱华锋	学院第二届职业规划大赛(李先丽同学)	一等奖	本院	2009 年
	2	章　军 胡　伟	学院第六届职业生涯规划大赛(孙影杰同学)	三等奖	本院	2013 年

⑮ 团队成员获得省级创业大赛奖励 2 项、院级奖励 3 项(表 3.15)

表 3.15　省级和院级创业大赛获奖情况

奖励级别	序号	获奖教师	奖项名称	奖励等级	奖励单位	获奖时间
省级	1	章军 潘松	第六届安徽省大学生职业生涯规划暨创业大赛(祖荣等)	创业之星金奖	教育厅等单位	2011 年
	2	章军 程妤	第七届安徽省大学生职业生涯规划暨创业大赛(徐自强等)	创业之星银奖	教育厅等单位	2012 年
院级	1	章军 潘松	学院第四届职业生涯规划暨创业大赛(祖荣等)	创业组一等奖	学院	2011 年
	2	程妤 江俊	学院第五届职业生涯规划暨创业大赛(徐自强等)	创业组一等奖	学院	2012 年
	3	章军 胡伟	学院第六届职业生涯规划暨创业大赛(项佳佳等)	创业组三等奖	学院	2013 年

16 团队成员获得省级和院级就业指导课程大赛奖励各1项(表3.16)

表3.16 省级和院级就业指导课程大赛获奖情况

奖励级别	序号	获奖人	奖项名称	奖励等级	奖励单位	奖励时间
省级	1	黄静	第二届安徽高校就业课程教学大赛	一等奖	教育厅	2012年
院级	1	黄静	第一届学院就业指导课程大赛	一等奖	学院	2012年

17 团队成员获得全国性和院级教学技能大赛奖励3项(表3.17)

表3.17 教学技能大赛获奖情况

奖励级别	序号	获奖人	奖项名称	奖励等级	奖励单位	奖励时间
全国	1	汪利平	全国高职高专工商管理类CAI教学课件大赛	二等奖	教育部教指委	2010年
院级	1	汪利平	第六届青年教师教学竞赛	一等奖	本院	2009年
	2	江　俊	第七届青年教师教学竞赛	一等奖	本院	2012年

18 团队成员获得省级论文征文奖励4项(表3.18)

表3.18 省级论文征文奖励情况

序号	获奖人	奖项名称	奖励等级	奖励单位	奖励时间
1	朱华锋	安徽省第六届高校毕业生就业优秀论文	一等奖	教育厅	2009年
2	潘　松 郁　青	安徽省第七届高校毕业生就业优秀论文	三等奖	教育厅	2010年
3	江　俊	安徽省第八届高校毕业生就业优秀论文	二等奖	教育厅	2011年
4	章　军	“为建设职教大省献良策”征文	一等奖	教育厅	2010年

19 团队成员获得综合性奖励8项(表3.19)

表3.19 综合性奖励情况

奖励级别	序号	获奖人	奖项名称	奖励等级	奖励单位	奖励时间
全国	1	朱华锋	全国优秀中青年教师	行业协会奖励	中国市场学会	2009年
省级	1	朱华锋	全省模范教师	市级劳模	教育厅 人社厅	2009年
	2	孙　刚	优秀教育管理工作者	市厅级	教育厅	2010年
	3	朱华锋	省级教学名师	市厅级	教育厅	2013年

续表

奖励级别	序号	获奖人	奖项名称	奖励等级	奖励单位	奖励时间
院级	1	贸易经济系	学院首届优秀教学管理单位	学院	本院	2011 年
	2	营销教研室	学院首届优秀教研室	学院	本院	2011 年
	3	朱启保	学院首届优秀教学管理工作者	学院	本院	2011 年
	4	朱启保	就业先进个人	学院	本院	2010 年

20 团队成员获得各类科研项目 8 项(表 3.20)

表 3.20 科研项目立项

项目类别	序号	主持人	项目名称	立项单位	立项时间	资助费用	执行情况
三类	1	郁 青	合肥市产业用地数据调查	合肥工业大学	2010 年	150 000 元	结项
四类	1	倪东辉	网络舆情监测与引导机制在高校思想政治工作中的应用研究	教育厅	2011 年	9 000 元	结项
五类	1	朱华锋	政府营销策略与培训软件建设	本院	2008～2009 年	4 000 元	结题
	2	章 军	安徽农产品品牌建设现状与对策	本院	2010～2011 年	4 000 元	结题
	3	章 军	安徽特色农产品的开发问题与对策	本院	2011～2012 年	8 000 元	结题
	4	汪利平	就业导向下安徽高职院校国际贸易专业培养模式探析	本院	2011～2012 年	3 000 元	结题
	5	程 妤	安徽省高职院校营销策划专业学生职业能力不足和培养方法探析	本院	2011～2012 年	4 000 元	结题
	6	潘 松	高职院校应用文写作教学方法探究	本院	2013～2014 年	3 000 元	在研

21 团队成员发表教学研究论文 11 篇(表 3.21)

表 3.21 发表教学研究论文

期刊级别	序号	作者	论文标题	发表期刊名称	发表时间/期号
二类	1	朱华锋	建立营销策划课程独立内容体系的探讨	华东经济管理	2010.1

续表

期刊级别	序号	作者	论文标题	发表期刊名称	发表时间/期号
三类	1	朱华锋	关于引入课堂教学质量360°考核评估体系的探讨	宿州学院学报	2010.4
	2	罗　江 朱华锋	面向企业需求的营销类人才培养特色及创新	安徽工业大学学报社科版	2013.1
	3	汪利平	高职高专国际商贸专业课堂教学新探	佳木斯教育学院学报	2011.11
	4	江又明	营销管理课程教学方法创新研究	佳木斯教育学院学报	2012.10
	5	胡　伟	Web 2.0时代高校教育教学的创新研究	长春教育学院学报	2013.6
四类	1	倪东辉	高职院校课堂教学质量评价体系研究	当代教育论坛	2011.8
	2	章　军 朱华锋	高职《营销策划》课程教学中能力培养的不足与对策	市场周刊(理论研究)	2010.5
	3	章　军	刍议我省职业教育集约化发展策略	淮北职业技术学院学报	2010.3
	4	朱盛毅 罗　江	关于高职院校营销专业建设的探讨	市场周刊(理论研究)	2009.9
	5	潘　松	大学语文学科建设探索	科教文汇	2009.4

22 团队成员发表学术研究论文35篇(表3.22)

表3.22　发表学术研究论文情况

期刊等级	序号	作者	论文标题	期刊名称	发表时间
一类期刊	1	倪东辉	The Study on Enterprise Cross-cultural Management Strategic based on Cultural Distinctions	Advances in Information Sciences and Service Sciences	2013.1
二类期刊	1	朱华锋	中日家电产业流通渠道发展路径对比	现代经济探讨	2009.4
	2			人大复印资料贸易经济	2009.9
	3	倪东辉	论网络时代公民隐私权保护	华东经济管理	2013.2
三类期刊	1	朱华锋	论整合营销与供应链管理的延伸和整合	企业经济	2009.6
	2		关于政府营销通路设计的探讨	安徽科技学院学报	2010.2

续表

期刊等级	序号	作者	论文标题	期刊名称	发表时间
三类期刊	3	倪东辉	我国农产品B2C网络营销制约因素及对策研究	安徽农业大学学报	2011.5
	4		网络舆情机理研究	滁州学院学报	2012.2
	5		基于网络信息环境下的地方政府信任危机研究	宿州学院学报	2012.6
	6		跨国经营中跨文化管理研究	嘉应学院学报	2012.12
	7		网络粉丝文化研究	蚌埠学院学报	2013.2
	8		基于网络视角的徽州文化传播与保护研究	池州学院学报	2013.1
	9		论网络时代国家公职人员隐私权与信息公开	德州学院学报	2013.5
	10		基于网络维度的高校思想政治教育研究	宿州学院学报	2013.2
	11		建设社会主义新农村的政府责任	乡镇经济	2008.3
	12	章　军	安徽省农业产业化龙头企业发展的问题与现状	安徽农业科学	2013.3
	13		后金融危机时代安徽农产品营销对策	宿州学院学报	2010.4
	14		我国鲜活农产品应急销售的成因与对策	安徽农业科学	2011.5
	15	汪利平	对安徽省利用FDI的思考及建议	乡镇经济	2008.9
	16		FDI对安徽省就业的影响分析	商场现代化	2008.12
	17	罗　江	从公关视野看高校形象管理	合肥学院学报(社科版)	2009.1
	18		以科学发展观推进和谐学院建设	湖北经济学院学报(社科版)	2009.4
	19		以小城镇房地产为突破口,解“三农”问题困局	财经界	2012.2
	20	江　俊	完善农村社会养老保险基金的运营与监管	滁州学院学报	2010.2
	21		皖江城市带承接产业转移示范区财税支持政策研究	滁州学院学报	2011.3
	22		绿色农产品生产企业信息公示制度构建问题研究	铜陵学院学报	2012.3

续表

期刊等级	序号	作者	论文标题	期刊名称	发表时间
三类期刊	23	潘　松	广告语言中“失范”现象分析	铜陵学院学报	2009.2
	24		广告语言中修辞格的运用	长春理工大学学报（高教版）	2009.8
	25		国务院公报中惯用语的运用	宿州学院学报	2009.9
	26		国务院公报中成语的运用	宿州学院学报	2010.1
四类期刊	1	朱华锋	产品销售疲软的原因诊断与救市策略	中国市场	2009.1
	2		通货膨胀背景下的市场营销对策研究	中国物价	2009.6
	3		实体企业应对金融危机的营销策略路径	价格月刊	2009.8
	4		政府营销价格策略探讨	价格月刊	2009.12
	5	章　军	农产品品牌建设中的问题与对策	合作经济与科技	2009.6

(23) 团队成员出版学术专著4部、主编省级特色专业教材8部、主编“十一五”省级规划教材2部、主编参编其他教材11部，合计25部(表2.23)

表3.23　出版学术专著及专业教材

类别	序号	作者	著作名称	出版时间	出版机构
学术著作	1	朱华锋	中国市场营销策划	2009.5	中国科大出版社
	2		中国市场营销策划(第2版)	2013.4	
	3		政府营销论纲	2010.8	
	4	倪东辉	公共关系策划	2011.4	
十一五规划教材	1	朱华锋	营销策划理论与实践	2008.8	
	2	郁青等	国际贸易理论与实务	2008.3	上海财大出版社
省级特色专业系列	1	朱华锋	营销管理实务	2009.7	中国科大出版社
	2		营销策划理论与实践(第二版)	2010.2	
	3		营销策划理论与实践(第三版)	2013.1	
	4		市场营销原理	2010.3	
	5		销售业务技能	2011.8	
	6		促销活动策划与执行	2013.8	
	7	章　军	广告原理与策划	2012.8	
	8	朱启保	市场调查与预测	2009.8	

续表

类别	序号	作者	著作名称	出版时间	出版机构
本科课改教材	1	朱华锋	市场营销策划	2011.7	安徽大学出版社
其他系列教材	1	倪东辉	公共关系学	2008.1	中国科大出版社
	2	朱学平	企业财务管理学	2011.7	中国科大出版社
	3	江　俊（参编）	国际结算技术及应用	2011	安徽人民出版社
	4	汪利平（参编）	外贸单证实务(国家示范性高职院校建设教材)	2010.10	高教出版社
	5	潘　松（参编）	党政公文写作指要	2012	安徽人民出版社
	6	江又明（主编）	市场营销教程	2012	安徽教育出版社
	7	江又明（参编）	企业管理理论与实践	2012	安徽人民出版社
	8	李方遒（参编）	消费心理学	2010.3	机械工业出版社
	9		营销心理学	2012.6	中国科大出版社

1.2 面向企业需求的营销类人才培养特色及创新

1.2.1 安徽经济发展对营销专业人才的需求

近年来，安徽省国民经济保持了较快增长、结构趋优、效益提高、民生改善的良好态势，特别是中央促进中部崛起和泛长三角的加入，使安徽省工业化、城市化、市场化和国际化的进程不断地加快，产业结构的优化调整不断深化。现代化管理的企业必须要由具备现代化管理知识的人才来经营，安徽省不断发展的经济形势为营销与策划、市场营销专业的发展提供了广阔的良性经济背景。

1 适应安徽省经济发展的需要

随着国家中部崛起规划的启动和实施，安徽经济建设迎来了发展的良好机遇。市场经济的快速发展，不仅需要大量的初、中级营销人员，还形成了对具有较强的市场营销策划能力的高层次、实践能力强的复合型人才的需求市场。但是，由于目前在营销与策划、市场营销专业的人才培养中存在着课程设置不足、专业特性不突出、在办学中的市场定位不明确、人才培养与岗位要求脱节、师资力量参差不齐等突出问题，市场营销，特别是营销与策划专业人才培养的数量和质量还不能满足当前安徽经济发展的需要。如何培养高素质的市场营销与策划、市场营销专业人才成为当前我们必须研究的重要问题。

2 适应现代化企业营销的需要

市场经济越是发展，越是需要市场营销人才。近五年来，大学生就业市场上人才供需两旺，企业对市场营销人才的需要将向营销的上游延伸，更多地需要营销策划人才。因为企业要赢得市场竞争，必须超前谋划，而不仅仅是事后推销和促销。安徽经济管理学院营销与策划省级特色专业的首届毕业生在2010年在就业上十分走俏，已经说明了这一企业营销人才需求动向。我们预计未来企业在市场营销、营销与策划人才方面的需求将进一步加大。

3 适应安徽高职高专营销专业系统建设的需要

营销与策划是从市场营销专业中分离出来的一个独立的专业，是市场营销学科理论发展的需要，也是市场营销实践深化的需要。市场营销，从理论逻辑与工作流程上来说，“营”在“销”之前，从实际效果上来说，重视“营”方能提高“销”的预见性、计划性、应对性和效益性。

安徽高校营销与策划、市场营销专业应该构建成持续满足本地营销与策划、市场营销专业人才需求的系统。而实际上安徽高校营销与策划、市场营销专业发展相对较弱，人才培养方案和师资力量也存在一定的不足，培养规模不能满足安徽省营销与策划、市场营销专业人才的现实和潜在需求，迫切需要在专业本身建设范围的基础上，开展一些拓展性和提升性的研究，从应用型人才培养体制和培养模式的综合改革方面进行一些探索。

4 适应营销专业学生就业能力提升的需要

营销类人才是中国市场经济建设以来，社会和企业需求持续性和广泛性非常强的专业人才。根据市场调查，当前社会与企业对营销人才需求包括三个层次：战略型人才，管理型人才，技术性、技能型人才。就市场营销、营销与策划专业而言，战略型营销人才包括营销项目策划与规划人才，营销教学科研与培训人才。他们从事企业营销战略、发展方向的研究，具备敏锐的市场预测能力，能够深入分析市场营销宏观环境与微观环境，熟知企业、行业的营销活动全局以及各个流程、环节。管理型营销人才则是指掌握企业或行业的经营活动规律，具备良好的协调能力，能够胜任企业的经营管理营销各个方面的工作。既积累了一定的营销技能，同时具备与营销有关的其他方面的知识、经验、素质。应用型营销人才在企业中从事具体营销工作，主要包括市场调查、销售业务等。

1.2.2 营销与策划、市场营销专业人才培养的特色及创新

目前，高校对营销与策划、市场营销这两个专业的定位还不够精准，不能完全符合企业对营销人才需求分化的要求，存在着专业人才市场需求变化与院校专业设置滞后性的矛盾，人才需求与培养模式的矛盾，专业特点与教学方法的矛盾。为解决这些矛盾，我们通过对国内（重点是安徽省内）同类院校营销与策划、市场营销专业定位与人才培养方案的调研分析，对企业（重点是实训基地）营销人才需求的调查分析，对营销专业毕业生的回访分析，我们重新进行了营销与策划、市场营销专业定位，修订了人才培养方案，为营销与策划、市场营销专业人才培养方案的研究明确了更加清晰的方向，确定了更加精准的定位。

1 准确定位两个专业人才培养目标

高校市场营销专业的办学历史比营销与策划专业更长，布点更多。而较长一段时期以来，高校营销策划人才的培养是一种泛化营销策划人才的培养模式，即所谓的万金油式营销策划人才，没有针对社会行业分工来确立培养方向。结合安徽的发展实际，我们认为以下行业将成为“十二五”规划重点引导方向：① 服务业，将会成为国民经济的重要发展力量；② 与网络相关的营销，如电子商务、网络营销等；③ 白酒业，是安徽在全国的亮点行业；④ 信息及管理咨询业，属于新兴产业；⑤ 汽车业，突出安徽特色；⑥ 旅游业，安徽有巨大资源优势。为此，我们将以行业为方向，引导学生在一定的时间段内开始逐渐进入针对安徽地方经济特色

的行业营销策划及行业市场营销专业知识的学习。

在充分调研企业营销岗位设置、岗位知识与能力要求的基础上，在细致对比省内高校两个营销专业人才培养目标的基础上，在多次走访营销实训基地、调研企业营销人才需求信息支持的基础上，我们将营销与策划专业人才培养目标定位为：服务安徽地方、瞄准主流生产制造行业、服务中型（以上）企业、聚焦策划岗位，从而形成具有本院特色、错位同行院校、共同服务营销人才市场的营销与策划专业人才培养目标；我们将市场营销专业人才培养目标定位为：服务安徽地方、瞄准主流生产制造行业、服务中型（以上）企业、聚焦销售业务岗位，着力为安徽生产制造型企业培养优秀销售业务型人才。

这两个专业定位有我院共同的特色，即服务安徽地方、瞄准主流生产制造行业、服务中型（以上）企业；但又有明确差异，即营销与策划专业专注培养企业营销策划人才，市场营销专业专注培养企业销售业务人才。两个专业的人才培养目标既相互联系又相互区别，共享学院优质教学资源，满足企业不同营销人才岗位需求，从而形成我院营销与策划、市场营销两个专业比翼双飞办学模式、办学格局与办学特色。见图3.4。

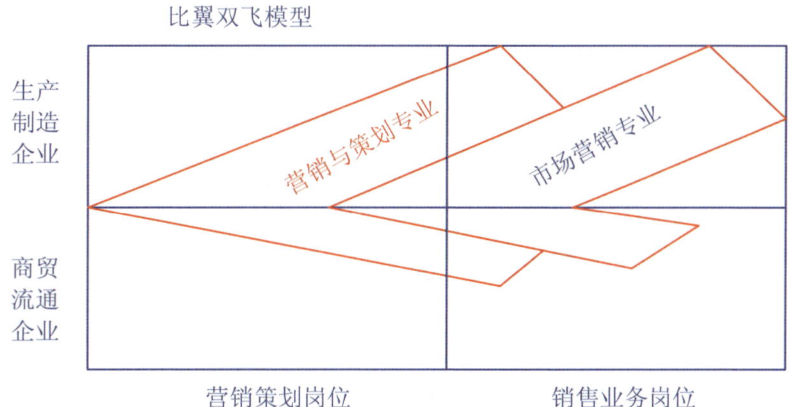

图3.4　两个专业定位图谱

② 真正基于营销人才综合素质要求，制定人才培养方案

通过对企业营销岗位设置、营销策划和销售业务两大营销岗位任职素质要求分析，我们确立了营销与策划、市场营销两个专业的人才素质应该包括职业精神、专业知识、职业技能、健康体能四个方面。具体的素质要求是：① 职业精神：热爱营销事业，具备拼搏精神；② 专业知识：熟悉营销理论，掌握营销策略；③ 职业技能：擅抓营销机会，擅长营销沟通；④ 健康体能：静能挑灯夜战，动能长途奔袭。并因此而构筑营销人才素质培养大厦模型，见图3.5。

根据安徽省经济社会发展需要，调整和优化营销与策划、市场营销专业结构，按照优势突出、特色鲜明、新兴交叉、社会急需的原则，重点培育优势和特色专业群。在营销与策划、市场营销专业规划设置中加强入学教育、职业人生规划、面试应聘技巧课程，增加校内综合实训、校外实习、职业资格证书考核、营销技能大赛、毕业实习论文设计、顶岗见习等环节，努力建设成为安徽省内紧缺营销专业人才培养的重要基地。在完善专业教学设计和营销与策划、市场营销专业人才培养整体方案时，我们重点突出了以下几个方面：

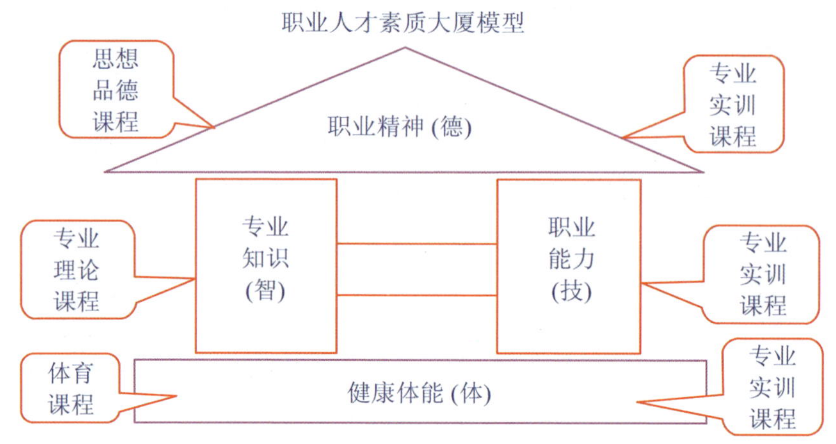

图 3.5 职业人才素质大厦模型

① 实施入学专业教育。我们在新生入学后及时开展特色专业教育，帮助学生迅速建立专业方向感。

② 强化教学组织管理。实施辅导员制、班主任制和专业导师制，从政治与生活、班级管理以及专业学习等三个方面给予学生卓有成效地指导与帮助。

③ 改革课程体系和调整教学时间安排。专业基础课和专业主干课程整体前移，让学生尽快融入专业学习氛围，尽早建立专业学习优势。

④ 改革课程内容与教学方法。面向企业市场营销实际和岗位能力要求，设计教学内容，优化教学方法，通过理论联系实际的课堂教学和实践教学，使学生掌握市场营销、营销与策划的理论方法与实战技能。

⑤ 正确引导学生从事营销与商务活动。要积极正确引导市场营销、营销与策划专业的学生从事社会兼职，如促销活动、直销活动、校园代理和学生用品交易调剂等，不是简单化地禁止或放任自流，而是正确引导和规范这些行为，促使其合理锻炼营销实践能力并帮助其处理好与正常学习的关系。

⑥ 重视学生班级和社团组织。通过班级组织、团组织、学生会组织、学生社团组织，尤其是营销社团组织，锻炼和培养学生的资源整合能力、组织策划能力与执行能力。

⑦ 创建学习型寝室。寝室是学生生活和学习时间最长的地方，也是同学之间凝集感情最深的地方。通过创建学习型寝室，培养学生的团队合作意识和集体学习的良好风尚。

⑧ 强化教学管理制度。主要包括教师守则、大学生守则等基本管理制度和考勤、考试、成绩与档案管理、奖励与处罚等教学管理制度。

⑨ 强化教学质量考核。加强教师教学质量考核，提高教师教学责任心与积极性。强化学生学习成绩考核机制，实施多种形式的考核检查，科学评价学生学业成绩，促进学生学业进步和技能提升。主要的考核方式有：必修课程百分制考试，模拟策划方案等级制考核，营

销实践等级制考核,英语和计算机水平等级考试,综合素质测试,国家营销师、营销策划师职业资格考试,毕业实习调查报告等级制考核,等等。

2011年10月,我们还和中国科学技术大学出版社联合举办了"营销专业课程体系与教材建设"研讨会,进一步明确了营销与策划、市场营销专业定位及专业课程设置的学科体系导向和职业岗位导向,从而扩大了安徽经济管理学院营销与策划、市场营销专业人才培养方案在全省的影响力。

3 真正基于营销人才知识能力需求,设置专业核心课程体系

安徽经济管理学院营销专业的课程设置是2005年左右确立的,其表现出以下几个特点:① 部分专业课程的设置与营销专业要求存在差异;② 实践性课程设置不足,部分实践课安排名存实亡;③ 课程设置未能有效反映营销学科的发展、变化,如服务营销、企业管理信息系统、客户关系管理等均未设置,行业营销未能涉猎(这方面,安徽财经大学很早就设立了白酒营销选修课程);④ 部分课程重置,如市场营销、国际市场营销、营销管理三门学科在内容上重复过多;⑤ 部分课程设置体现特色,如营销策划、品牌学等。

通过对企业营销岗位设置、营销策划和销售业务两大营销岗位任职要求分析,我们确定了制定营销与策划、市场营销两个专业的核心课程设置制定的依据,彻底改变了按照学科知识体系制定人才培养方案的传统思路和方法。见图3.6。

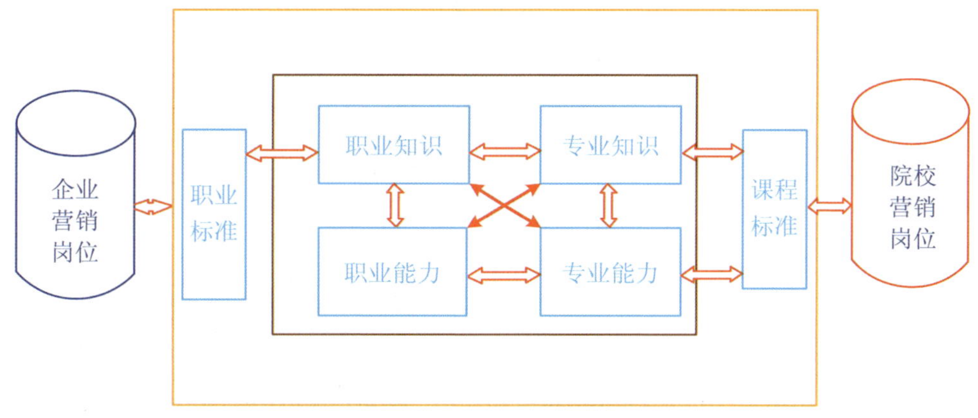

图3.6 专业核心课程设置依据

因此,在市场营销、营销与策划教学计划修订中,我们进行了如下部分课程的调整:

① 逐步删减《价格学》、《商品学》课时量。

② 将《市场营销学》、《国际市场营销》课程合并,差异化部分采用短期讲座形式弥补,增加《市场营销学》的教学实践。

③ 针对市场营销、营销与策划两个专业的特点设置专业课程,并首次开设《房地产营销》、《政府与非营利性组织营销》、《服务营销》、《汽车营销》等一批市场经济中实用性很强的专业选修课程。

④ 定期召开营销学科课程设置研讨会,根据学科变化及企业营销人才需求方向,适时

作出课程设置调整。

⑤ 加设实践课程，在建立实践基地的基础上，切实完成实践教学任务；加强素质教育，如茶文化、艺术欣赏、文学论坛、传统文化导读等。

我们创新地提出了培养营销人才知识与能力的专业课程体系的五模块设计方案，即将营销专业课程划分为营销专业基础课程、营销岗位基础课程、营销岗位通用课程、营销岗位提升课程和行业营销选修课程。见表 3.24、表 3.25。

表 3.24　市场营销专业核心课程设置

模块	课程类别			
模块一	营销专业基础课程	市场营销原理		
模块二	营销岗位基础课程	营销策划(理论与实践)		
		品牌原理	广告原理	公共关系
		价格原理	分销与物流	实效促销
模块三	营销岗位通用课程	市场调查与预测	消费心理与行为	商务谈判与沟通
		销售业务技能	网络营销与电子商务	
模块四	营销岗位提升课程	营销管理实务		
模块五	行业营销选修课程	工业品营销	农产品营销	房地产营销
		政府与非营利组织营销		汽车营销
		餐饮服务营销	金融保险营销	医药营销

表 3.25　营销与策划专业核心课程设置

模块	课程类别			
模块一	营销专业基础课程	市场营销原理		
模块二	营销岗位基础课程	营销策划(理论与实践)		
		品牌原理与策划	广告原理与策划	公关原理与策划
		价格原理与策划	分销与物流策划	促销原理与策划
模块三	营销岗位通用课程	市场调查与预测	消费心理与行为	商务谈判与沟通
		销售业务技能	网络营销与电子商务	
模块四	营销岗位提升课程	营销管理实务		
模块五	行业营销选修课程	工业品营销	农产品营销	房地产营销
		政府与非营利组织营销		汽车营销
		餐饮服务营销	金融保险营销	医药营销

两个专业核心课程有相同的地方，也有不同的地方，差异主要体现在营销岗位基础课程上的不同。这从另外一个方面反映了专业定位的不同。

营销专业学科体系导向(见图 3.7)下的课程设置,以市场营销学为核心,围绕市场营销的知识体系设置课程,大多设置十多门专业知识课程。对比营销专业学科体系导向下的课程设置,我们的专业核心课程设计呈现出了根本性的变革,突出体现在省级精品课程《营销策划》建设推进有力,成果丰富;院级精品课程《公共关系原理与实务》创新教、学、做合一教学模式,初步形成任务驱动团队学习模式。

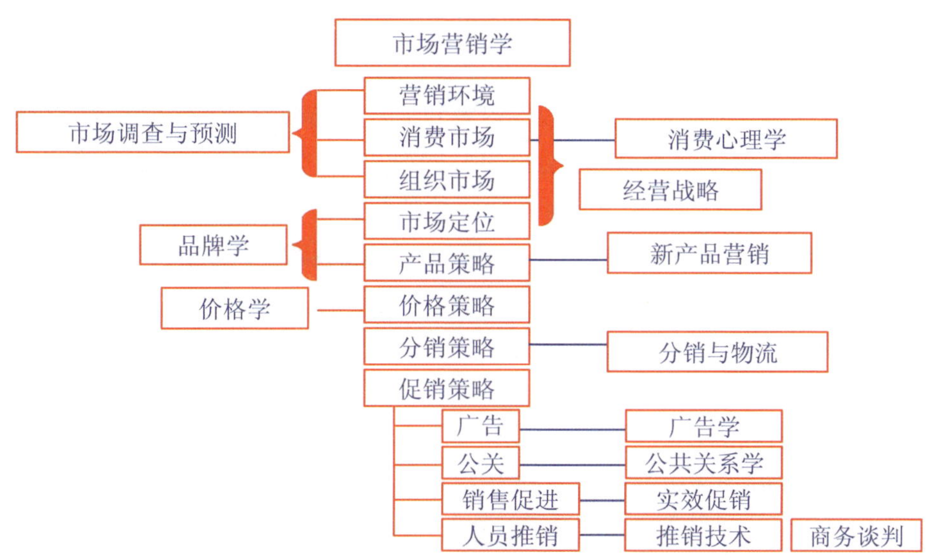

图 3.7　营销专业课程设置的学科体系导向

4 真正基于营销人才学习能力需求,编制专业特色系列教材

我们严格规范了营销类专业核心课程之间的相互联系与区别,按照营销实践运用和营销岗位知识与能力要求,加大专业课程教材建设的力度,积极开展校际合作,共同研发新教材,重建各门专业核心课程的内容体系。已经完成课程改革并形成正式出版成果的教材有:《市场营销原理》、《营销策划理论与实践》、《营销管理实务》、《公共关系学》、《市场调查与预测》、《销售业务技能》、《政府营销论纲》和《广告原理与策划》等八本,正在开展课程内容改革并立项进行教材建设的有:《品牌原理与策划》和《促销活动策划与执行》等两本。课程改革与教材建设数量之多,设计面之广、之深,在同类院校中名列前茅。

我们在专业核心课程改革、教材建设和专著出版方面所作出的努力和所取得的成果也得到了省内外营销教育同行和企业营销界的广泛好评。其中,《营销策划理论与实践》第 1 版自 2008 年出版以来已经更新到第 3 版,并推出了本科层次的《市场营销策划》教材。以企业营销经理人为读者对象定位的实战性营销学术著作《中国市场营销策划》自 2009 年第 1 版出版以来已经更新到第 2 版。《公共关系学》自 2008 年、《市场调查与预测》自 2009 年、《市场营销原理》自 2010 年出版以来已经多次重印。很多已经毕业的同学至今仍然珍藏着我们的课改教材,并结合自身的营销工作进一步深入学习。

⑤ 真正基于营销人才策划能力需求，创新多样化教学方法

为创新教学方法与教学手段，提高教学效果，我们在遵循教学规律的基础上，针对市场营销、营销与策划特色专业的特性，提出了“四增四减”的原则(减少老师上课，增加学生自学；减少必修课，增加选修课；减少理论课，增加实践课；减少校内课，增加校外课)。在理论教学、案例教学、多媒体教学手段综合运用的同时，我们还进行了以下教学方法的创新。

① 团队授课。为了适应现代营销教学内容和形式的新要求，打破了常规的教师单打独斗的状态，而且以市场营销、营销策划学科组共同研讨，团队操练，多人共同教学等形式授课；在营销策划省级精品课程建设中，鉴于不同教师对营销策划研究的重点不同，我们让几位老师分别讲授他们各自最擅长的内容，这从整体上显著提高了营销策划级精品课程的教学水平。

② 互动教学。在市场营销、营销与策划专业的教学过程中，鼓励学生之间的互动，鼓励学生与教师之间的互动，激发学生的主体学习意识、自主学习意识，提高学生的自信心，锻炼学生的思维能力和表达能力。互动方式可以灵活机动，应有意识地鼓励和要求学生采取多媒体演示互动方式，从而掌握多媒体演示以呈现技巧与能力。a. 情景模拟教学。为充分发挥学生的积极性和主动性，针对市场营销、营销与策划专业课程中的部分章节，进行情景模拟，让学生扮演营销实战中的角色，自由发挥，教师最后点评，以加强学生的营销实战体验。b. 探讨式教学。老师在课堂上提出问题，并将学生分为几个小组进行研讨，引导学生利用已掌握的市场营销、营销与策划专业理论知识应对管理挑战，探讨难点、分析解决思路。c. 创新教学方法。“2012 安徽微博营销大会”的参加，为我们打开了微博在营销教学中运用技巧的新天地。我们通过建立学生 QQ 和新浪微博打造师生互动学习平台，及时交流并根据教学内容组织学生在群内讨论，不断开拓同学们的营销视野和思维。正在进行的“基于 Web 2.0 的数字移动课堂创新与应用”研究已成功申报省教育厅教研项目。

③ 实战教学。a. 结合教材中实战性强的难点内容，邀请企业一线的实战专家来课堂现场讲解和指导，与学生互动与沟通，以加深学生对市场营销、营销与策划知识的巩固。如 2012 年 9 月我们邀请著名家电产业专家刘步尘先生举办了题为“互联网时代的营销”的营销实战专题讲座，受到师生们的一致好评。b. 课堂内理论和课堂外课题相结合，调动学生的主观能动性和积极参与性。给每个小组布置一个课堂外的小课题，并要求在规定的时间内完成，再在课堂上向全班汇报结果和方法，相互交流讨论。c. 理论与实践相结合，到企业现场参观和实习，提高学生对市场营销、营销与策划的系统认识和实战能力。

⑥ 真正基于营销人才职业能力需求，探索“双导师制”教学管理模式

为帮助和指导学生树立正确的职业理念和职业道德观，指导学生进行有效的职业生涯规划，帮助学生尽早明确学习目标，提高实践技能，建立新型的师生关系，在营销与策划、市

场营销专业全面继续推广进行"双导师制"(校内专业教师与校外企业骨干联合指导学生)的探索与实践。在本专业教师中选拔优秀者担任学生的校内导师,引导学生掌握好的学习方法,进而培养学生的专业能力;同时,在校外聘请一批企业业务骨干担任学生的校外导师,在学生实习期间对学生进行专业技能的指导和培训。导师的主要职责包括:通过专业教育帮助学生了解营销专业文化内涵和专业精神,帮助学生了解营销与策划、市场营销各种工作岗位的知识和能力要求;根据学生的就业志向,指导学生的专业课程选择、制订学习计划及相关课程内容的学习;指导学生选择和考取相关的职业资格证书;指导学生毕业实习和实习报告写作;协助学生联系毕业实习的单位,指导和帮助学生就业。"双导师制"的探索与实践,在学生中形成一种师生互动、生生互动的局面,既有利于教师和学生的教学相长,促使教学模式由"以教师为中心"向"以学生为中心"转变,又进一步提升了"双师结构"师资队伍的质量。

我们还组织专业课程的教师积极深入企业,感受营销岗位的真实工作环境;向行业兼职教师学习,锻炼、提升教师作为营销人的职业能力。如2012年2月我们在安徽优先营销传播有限公司召开营销专业教师实战培养2012年项目对接会,合作建立了营销专业教师实战培训基地,这对于探讨营销与策划、市场营销专业人才实践环节培养机制,共享人才培养经验和成果具有重要意义,也为安徽经济管理学院专业师资队伍的培养作出了有益的开拓与探索。

对"双导师制"推广结果的调查显示,从面上来说,导师制做法已获得较大范围的成功,获得70%以上老师、85%以上学生的赞成;从激励学生个性张扬方面来看,经历了上述基本功训练、分层教学,然后又加上导师个别强化辅导的学生,走出校门,表现出色,如有的学生在与众多本科生,甚至研究生的就业竞争中频频胜出,进入平安保险、TCL、安徽电视台、邮政银行等企业工作,且很快进入管理层。还有学生毕业后创办公司,开设网店,且经营状况良好。

7 真正基于营销人才就业能力需求,完善专业实践教学模块

为适应市场对营销策划人才的需求,我们主要从以下两条主线来设计实践教学模块并开展实习基地建设:一是按照营销流程设计的实践教学模块。市场需求调研实践教学、产品研发与生产实践教学、产品销售实践教学、广告与公关实践教学、实效促销实践教学等;客户(售后)服务实践教学等。二是按照市场领域设计的实践教学模块。快速消费品营销实践教学、耐用消费品营销实践教学、房地产营销实践教学、医药保健品营销实践教学、餐饮酒店服务行业营销实践教学、农产品营销实践教学、生产资料产品营销实践教学等。

通过课堂教学、实训教学和竞赛教学三种教学组织形式,实现营销实战演练式教学"教"、"学"、"做"三位一体,形成了学生市场营销、营销策划职业能力阶梯性立体化培养模式。其中,课堂教学使学生掌握从事营销工作的基础知识与基本原理;实训教学以实训基地为依托,让学生在实训教学中学习营销实战方法;竞赛教学以学生为主体,让学生结合企业的实际营销问题自主开展营销策划,并以竞赛的形式演练营销方案。

同时，我们还通过校内外合作实现实践教学资源互换与共享。一方面与学院内物流管理、旅游管理、人力资源管理、电子商务管理、国际贸易、公共事业管理等专业配合，探讨专业间的合作渠道，共享实践教学资源；另一方面，和安徽经济管理学院工商管理培训部国有大中型企业领导干部主体培训班以及民营企业市场营销与管理人员培训项目实时互动，共享信息与资源，在市场营销、营销策划人才培养方向、教学内容、人才定制与就业、营销实战师资筛选与聘请、营销策划机会获得、营销实践基地建设和实践机会获得、实践指导辅导与成长等方面，具有独特的、持久与稳定并动态更新发展的优势，为营销与策划、市场营销专业定位和人才培养搭建了更为广阔的实践平台。

（原载《安徽工业大学学报·社会科学版》2013 年第 1 期，作者：罗江，朱华锋）

1.3 商贸专业群建设(省级教研项目)结项报告

1.3.1 项目背景分析

① 行业背景

根据教育部、财政部《关于实施国家示范性高等职业院校建设计划,加快高等职业教育改革与发展的意见》文件精神,高职高专院校要形成以重点建设专业为龙头、相关专业为支撑的专业群,以提高高职高专院校对经济社会发展的服务能力。因此,专业群建设是高职高专院校专业建设的重点,是学院生存和发展的保证,必须高度重视。

随着市场经济的不断深化,商品生产和商品交换日益发达,流通产业在国民经济体系中的地位越来越重要,由过去的从属地位上升到主导地位。尤其近几年来,安徽省密集的人口和旺盛的需求,促使商贸流通业和现代服务业得到快速发展,流通产业规模迅速扩大,商品流通、进出口贸易不断增长,安徽省已成为商贸流通相对发达的地区。

与产业规模和经济地位迅速提高形成强烈反差的是,人才短缺成为安徽省商贸流通业做大、做强的瓶颈,尤其是适应现代零售业发展需要的高素质、高技能、复合型的现代商务管理与企业营销人才远远满足不了社会需求,与产业发展背景相呼应,安徽省对商贸流通领域专业人才,特别是新技术应用型人才的需求迅速扩大。因此,建设一支具有基本商业理论知识、了解国际经济发展趋势、熟悉商贸流通环境、掌握各种商贸流通技能的商贸流通人才队伍,已成为安徽省经济发展中急待解决的问题,也是本专业群人才培养的核心任务。

② 现有基础

① 学院现有商贸类专业包括:国际经济与贸易、国际贸易实务、市场营销、营销与策划、商务英语、电子商务、会展经济等。在校生 1 500 余人,已具备构建商贸专业集群的前提条件,为本项目的研究奠定了基础。

② 本专业群重点专业营销与策划专业 2008 年被省教育厅确定为“安徽省特色专业建设点”。

③ 本专业群拥有一支教学水平高、教科研能力强、实践经验丰富的专、兼结合“双师型”师资队伍,着力教学改革与资源建设,已取得较好成效。

④ 本专业群毕业生双证率 85% 以上,分布在安徽省及全国各地,就业率高,就业质量好。

1.3.2 研究内容及过程

本项目从人才培养模式、教学内容与课程体系、实习实训条件、教学团队等四个方面对我院商贸专业群的建设内容、措施及路径进行了探索和研究。

1 创新人才培养模式

(1) 模式概述

面向职业岗位群，大力推行商、学结合，突出实践能力培养，走产、学、研相结合道路的模块融合式人才培养模式。

(2) 内容方式体系

① 理论教学体系改革。在借鉴安徽经济管理学院及其他高职院校教学试点专业教改经验的基础上，广泛进行调查研究，以国内外大中型企业对毕业生基本素质和职业技能的要求为主线构建理论教学体系，逐步完善教学计划、教学大纲、教材，注重教学内容的实用性和先进性，加强现代化教育技术手段的应用，突出学生综合能力的培养，确立实践教学在整个教学体系中的地位。努力将思想素质、专业理论知识、专业技能知识等三个教学模块有机结合起来，突出专业特色，整合课程，有机地设置、开发课程体系。

② 实践教学体系改革。专业实践教学体系分为课内教学实习实训、假期社会实践实习和毕业综合实习三个阶段。针对不同的阶段、不同深度的实训，确定项目、内容，明确要求和目标，制定相应的指导、训练、考核办法，并最终落实到商贸系列资格证书培训上。依托校外实习基地，形成校、企合作教育的人才培养机制，以培养学生的职业化素质、综合能力和就业竞争力为重点，以校、企合作为途径，充分利用企业和学校的不同教育环境和教育资源，以顶岗实践、工读结合的方法，使学生在思想观念、专业理论、专业技能方面真正受到职业化的、全方位的培养和锻炼。

③ 素质拓展教育。素质拓展教育是在学生必修的理论和实训课程计划以外由学生自主选择参加的、由学校组织引导的课程或活动。素质拓展教育是以素质能力为核心的专业人才培养方案的重要组成部分，其特点是充分尊重学生个性化发展的要求，在修完素质拓展必修课的同时，学生通过选修课程和参加活动来扬长补短，拓展自身的综合素质。素质拓展教育的课程和活动，以学年为周期按一定频度循环开设，学院提供开设计划和课程及活动选修指南，由学生自主选修。

④ 产、学、研相结合的培养途径。为促进商贸专业群的建设，可成立由院内外知名学者与多个大中型企业主要管理人员组成的专业咨询建设委员会，每年召开年会，进行专业人才培养方案的制订、修订、专业课教学、实训安排、实习指导、课题研究等多项工作。

2 改革教学内容与课程体系

商贸专业群的课程体系与教学内容改革应以岗位能力为核心，以专业素质养成为基础，建立一个符合职业岗位(群)的任职要求的、新的理论与实践相互融合的课程体系及相关教学内容。

以前各专业按自己的学科体系制订相应的教学计划,理论教学与专业岗位要求相去甚远。商贸专业群的课程体系的建设应充分考虑学生职业生涯的需求,按商贸类各种岗位的职业要求,在建设学生素质养成的平台上,精心打造宽泛的专业基础,参照职业资格标准,培养学生的岗位能力。

(1) 课程体系中的公共基础平台(图 3.8)

商贸专业群公共基础平台的实质是打造学生未来职业生涯中的素养。

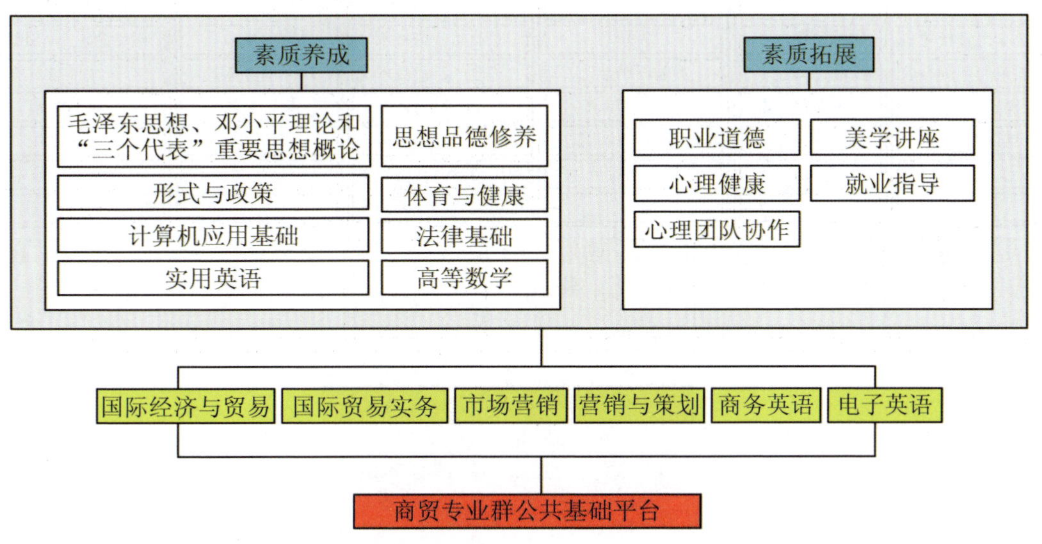

图 3.8　商贸专业群公共基础平台

(2) 课程体系中的专业基础课程体系结构(图 3.9)

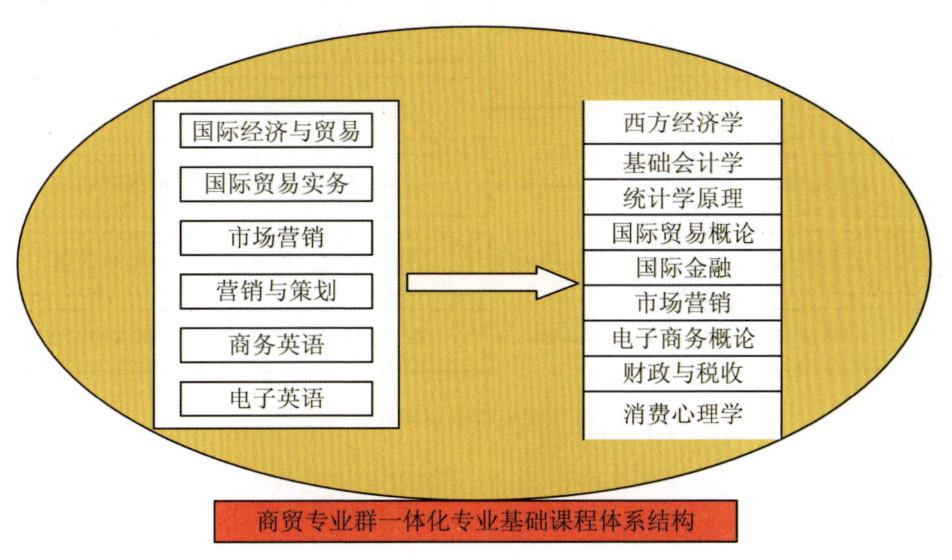

图 3.9　商贸专业群专业基础课程体系结构

按照商贸行业岗位要求设置课程体系，以培养学生较为宽泛的职业基础。

(3) 课程体系中的岗位课程体系结构(图 3.10)

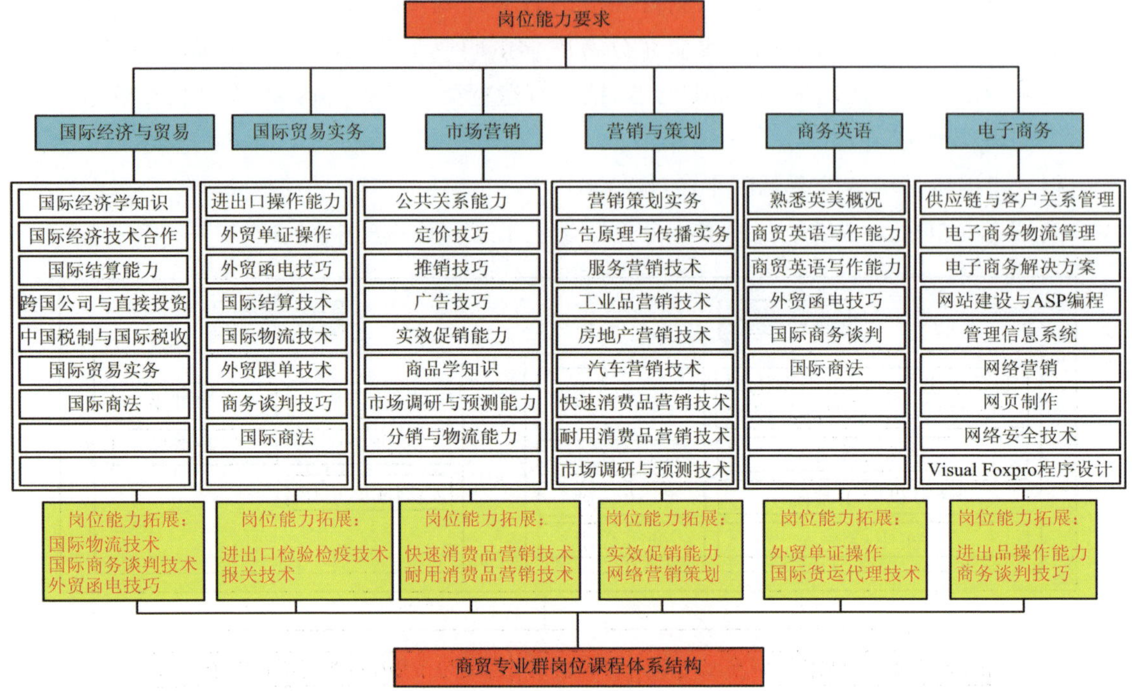

图 3.10　商贸专业群岗位课程体系结构

专业与岗位对应情况如图 3.11 所示。

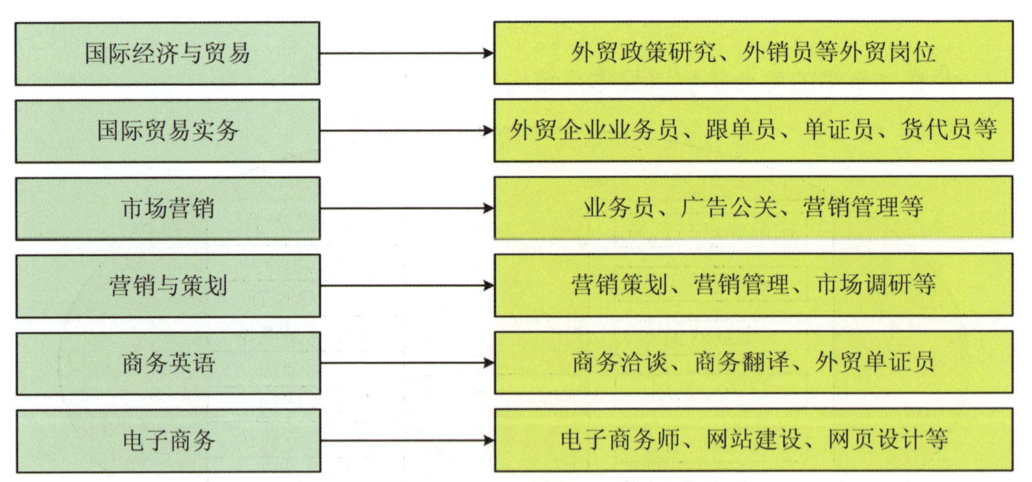

图 3.11　商贸专业群专业与岗位对应情况

此项商贸专业群的岗位课程体系设置，充分体现了一切教学活动都围绕学生的专业技能这个中心来进行明确培养的特点。

在改革教学内容，构建新的课程体系的同时，要注重教材的建设与开发，让骨干教师与行业专家一起开发教材，引入职业资格标准，加入适用的新内容、新方法，编写具有专业针对性和实用性的优秀教材，打造院级、省级，甚至国家级的精品教材。

3 改善实习实训条件

改善实习实训条件是搞好实训教学的关键，高职院校作为为生产、技术、管理和服务第一线培养应用型、技能型的高级实用人才的高职教育，实训教学是高职院校整个教学环节的重要组成部分，是高职教育培养目标的需要。加强实训课程建设，正是为了强化实训教学环节，提高实训教学质量，培养学生的实训能力；同时，也是高职教育改革与发展的重要方向，还是高职院校培养实用型专业人才的必然选择。因此，我院在商贸专业群建设过程中应充分认识加强实习实训的必要性。

(1) 积极拓展渠道，加强商贸专业群实习实训基地建设

建立校内实训基地是职业教育培养学生实践能力的前提。一些与基础知识、能力结构相关联的、必需的学生实验和基础性的技能训练，必须在校内实习实训场所完成。目前我院现有的实习实训基地，可以为商贸专业群教学服务的主要有语音室、会计模拟实验室、普通话测试实验室、计算机房、多媒体教室等。随着营销与策划省级特色专业的申报成功，目前正在筹备建设一个现代化的市场营销综合实训室，建成以后，将为商贸专业学生的实习实训提供良好的校内条件，也为学生走出校园打好坚实的基础。

同时，要加快仿真模拟实训室的建设，建立与实践要求相适应的专业群实践教学场所。仿真模拟实训室是实践性教学体系得以实施的基本载体。大部分经济管理类高职院校都有实验室，但实验能力、实验效果却差异很大。应该说，真正能够完全满足教学需求的并不多。软、硬件滞后于目前实际中的应用，没有完整的模拟数据系统，实践过程缺乏系统性等问题并不少见。商贸专业教学过程中，要增强学生的实战能力，提高学生的实践操作技能，提高职业能力，除了到校外实习实训基地接受训练外，大量实训内容还要通过校内的仿真模拟实训室来完成。如果模拟实训室能够做到全方位地模拟日后的工作流程、工作环境、职能岗位，那么将会非常有利于实践教学的开展(毕竟校外实习受到教学时间、经费等多种条件的制约)。

此外，还可根据学生职业能力培养的要求和专业需求，本着就近、互利的原则，与企业签订合作协议，建立校外实习实训基地。这样不仅能给企业和公司带来效益，节约资金，而且学生从中得到锻炼，吸取经验，提高能力，达到实践的目的和效果。

(2) 优化实训教学安排和管理

第一，按照学年度教学计划组织学生到实训基地进行阶段性实训，时间一般为7～10天；第二，要求学生自行到社会上、到企业里寻找双休日和节假日实训机会，训练学生的市场意识、自身营销意识与营销能力；第三，按照专业整体培养方案组织学生到企业进行毕业实习实训，时间一般为半年左右，较为全面地锻炼学生的职业技能，为就业打下基础。在实施实训教学过程中，专业教师全程跟踪学生实训进程，提供专业指导，并与实训单位一起落实学生身心健康和安全方面的保障措施，评定学生实训成绩和效果。

(3) 重视学生实训教学的经验交流和成果分享

为提高实训教学效果，本专业群在实训教学过程中，尤其重视学生对实训活动的感受。

2010年3月在以营销与策划、市场营销为主体、国际经济与贸易和国贸实务专业同学共同参加的TCL实训活动教学以后，我们组织了一场实训交流汇报会，七名同学代表登上讲台分享了为期十多天的辛苦而充实的实训心得体会，其中还有部分同学对实训单位营销活动的策划和执行提出了一些建议，得到了实训单位的好评。

4 加强教学团队建设

(1) 商贸教学团队的现状(表3.26)

我院拥有一支教学水平高、教科研能力强、实践经验丰富的专兼结合、内外结合的“双师型”师资队伍，该团队着力教学改革与资源建设，注重培养“学做合一、双证上岗”的专业人才。

表3.26 商贸教学团队成员情况

姓名	年龄	学历(学位)	职称	专业	高校教龄
袁维海	44	博士	教授	管理学	21
王效昭	61	研究生	教授	经济学	30
陈　宁	61	本科	教授	经济学	28
郁　青	46	本科	副教授	经济学	28
朱启保	47	本科	副教授	经济管理	24
胡　跃	44	本科	讲师	政治教育	20
徐冬梅	47	本科	高级讲师	国际贸易	26
罗　江	46	本科	副教授	营销管理	25
程淑琴	35	硕士	副教授	经济管理	15
汪利平	37	硕士	副教授	国际贸易	15
潘　松	33	硕士	讲师	中文	11
朱华锋	47	本科	教授 高级经济	市场营销	26
倪东辉	37	硕士	副教授	经济管理	15
李方遒	42	硕士	讲师	农业推广	21
章　军	37	硕士	讲师	管理学	15
赵吉有	46	研究生	高级经济	工商管理	15
余邬强	46	硕士	高级经济	工商管理	
王卫东	43	硕士	副教授	经济管理	19
江又明	45	硕士	副教授	经济学	23
朱广飞	44	本科学士	讲师	营销管理	3
孟　丽	34	硕士	副教授	国际贸易	12
程　妤	31	硕士	讲师	企业管理	9

续表

姓名	年龄	学历(学位)	职称	专业	高校教龄
何桃花	31	硕士	讲师	国际贸易	9
陈建生	58	大专	讲师	价格学	35
江　俊	38	硕士	讲师	国际贸易	15
钱　锋	47	硕士	讲师	国际贸易	26
陈　江	27	硕士	讲师	国际贸易	7
黄　静	28	硕士在读	讲师	市场营销	8
邹孟荪	27	硕士在读	助教	电子商务	7
沈巍巍	27	硕士在读	助教	项目管理	7

商贸教学队伍的知识结构层次较高，有1位博士、15位硕士，硕士学位以上教师达到50%，另有3位在读硕士。职称结构合理，有教授4人、副教授及其他高级职称教师12人，讲师12人，助教2人；在整个教师队伍中，高级专业技术职务比例达50%以上。年龄结构合理，老中青相结合，以中青年教师为主，形成合理的商贸教学梯队。40岁及以下教师13人，青年教师占教师总数的40%。商贸教学团队采用专兼结合的方式打造优秀商贸教学团队，初步建立了校、企合作建设“双师”结构专业教学团队新机制。专任教师中，有多位在企业挂职锻炼过，有着丰富的商贸、营销、管理、策划等实践经验，有效地保障了实践教学的质量。商贸教学团队兼职教师均为企业总经理并有高级职称，他们除担任部分课堂教学以外，主要承担学生在企业顶岗实习时的业务指导以及毕业设计的指导，同时其企业作为市场营销专业实训实习基地，一方面为专任教师打造营销实践平台，另一方面为学生提供实战及就业机会。

商贸教学团队成员均长期在商贸专业教学和研究第一线工作，熟悉商贸专业教学与实践，能够把握商贸行业的需求，团队教师治学严谨、师德高尚，执教能力强，教学效果良好。同时，商贸教学团队成员有较高的研究能力和丰富的科研经验，在科研上也取得了喜人的收获，近年来，团队开展教学研究项目十多项并有多项获奖；主持、参与省部级项目多项，企事业委托项目多项，发表学术论文多篇，编写国家级、省级规划教材及其他教材多部。

(2) 商贸教学团队建设的内容及措施

在商贸教学团队建设中，将进一步优化师资队伍结构，培养与引进一批基础理论扎实、教学实践能力突出的专业带头人和教学骨干，在商贸专业群的范围内形成整体合力。创新团队形式，将商贸教学团队建设与科研团队建设相关联，形成与科研团队相互交融、相辅相成的组织形式，逐步形成“学科专业带头人＋教学团队”的商贸专业群教学队伍格局。

教学团队梯队建设的内容及措施主要包括：

教学团队的梯队建设是搞好教学团队建设的关键，以培养、鼓励、改革的思路强化教师队伍建设，坚持走学、研、产相结合之路，从而形成一支学术水平高、有奉献精神和创新意识的教师队伍，是我院商贸专业群教学团队建设的基本目标。在教学团队梯队建设上，通过积极培养与引进并举的措施，提高团队梯队成员的整体素质与能力，提高博士率、高级职称成员的比例，改善学缘结构、完善年龄结构，促进学科交叉融合，实现知识技能互补，提高教学团队成员的综合素质和教学科研水平，在专业建设、课程建设、教学与实践中充分发挥团队模范作用。

商贸教学团队梯队建设的基本思想是形成具有凝聚力的学术带头人，带领教学团队。学术带头人是教学团队的核心，应当在某一个学科领域具有较高的学术成就和学术洞察力，能够把握学科发展的前沿和未来方向。同时，必须热爱商贸专业教学，具有丰富的教学经验和娴熟的教学技巧，品格高尚，具有吸引人、团结人、凝聚人的品行修养和人格魅力，具有较强的领导能力、组织协调能力，能够紧密联系团队成员，创建和谐的团队氛围。学院通过政策和利益导向，采用政策引导等措施，鼓励和支持学术带头人建设好教学团队，并引导更多的学术方向相同或相近的骨干教师加入到教学团队中来。

在梯队规模和结构上，旨在建设规模适中、结构合理的商贸教学团队。教学团队成员之间要沟通和理解，形成凝聚力和相互责任感。在知识结构上，注重团队成员在知识技能、个性特征上的优化组合，成员之间在知识、技能、个性等方面的互补性对团队的绩效将产生较大影响。同时，注意教师梯队的年龄结构，充分发挥教学团队中老教师对青年教师的传帮带作用。营造和谐与宽容的文化氛围，团结凝聚一批学术骨干，建设一支富有凝聚力和战斗力的队伍，为教师队伍的整体提升和人才培养创造坚实的基础和条件。

根据商贸行业的现状和学院的进一步发展，进一步培养与引进教师，优化教学队伍的学缘结构、年龄结构、学历结构和职称结构，建立老中青搭配合理、教学效果明显，在师资队伍建设方面可以起到示范作用的院级、省级优秀教学团队，力争通过 5～10 年的努力，打造一只具有国家级教学团队水平的教学队伍。

教学团队师资队伍培养建设的措施主要包括：提高教师的学历及学位层次。要在三年内使团队内拟晋升教授 2 名，副教授 2 名，讲师 2 名，从而保持团队在专业教学改革和科研学术上的领先性；积极组织团队中青年教师在职攻读博士学位，五年内培养或引进 2～3 名博士研究生；通过在职教师考取研究生及从外部引进等方式，使硕士研究生达到专职教师的 60%；引进硕士研究生或具有企业实战工作经验的营销经理 2～3 人。

每年派出 1～2 名副教授职称以上教师赴有关高校通过进修、交流、合作研究等方式掌握学科前沿知识，提高学术研究水平；安排团队成员每年至少参加一次校外学术交流会议或专题培训，以丰富理论知识，拓宽视野，了解国内外学科发展的新动态。

每学期组织团队成员开展业务交流活动，实行教师听课制度、老中青传帮带制度，定期召开座谈会交流教学体会，邀请老教师进行授课等教学指导。选派团队成员参加专业教学研讨会、骨干教师培训及各类教研培训班，积极鼓励教师在全国性学术刊物上发表论文，针对经济建设的热点及难点问题提出政策建议，不断提高教师的教学水平和科研水平。

紧密结合安徽经济发展实际，开展产、学、研活动，有计划地派出教师到企业挂职锻炼。教学团队老师每学年都要深入到企业或有关单位参加实践或培训，同时通过学术交流、专业实习、参加对外培训和技术服务等途径，保证团队教师知识的不断更新和技能的不断提高；

鼓励教师积极参加专业资格考证，加强“双师型”队伍建设；鼓励教师承担与专业有关的各类社会兼职，以丰富他们的实践知识，提高理论联系实际的能力，同时提升学院和专业教师的社会影响力。

加强与其他高等学校、高职高专院校的合作，进行商贸专业教师的互相交流，真正做到取长补短，使教师能及时地把握全省乃至全国高职高专院校商贸专业的发展状况。

为教龄比较短的青年教师配备指导教师。根据青年教师所担任的教学工作任务，建立青年教师培养导师制，教学团队分别指定有多年教学经验、教学效果好的教授、副教授负责指导青年教师的教学工作，对青年教师从专业知识、教学水平和科研能力以及教书育人等方面进行指导和培养，帮助其制订学习计划，确定发展方向，指导其备课、上课和共同进行科学研究工作。青年教师上讲台前，先由讲课效果好的教师作示范辅导；不定期地听青年教师讲课，由专家对青年教师教学进行细致分析，面对面地进行交流，指导教学技巧，传授讲课艺术，提高教学效果，提升教学、科研水平。教学上定期指导、检查教案、课前试讲、跟班听课、课后交流，及时将学生意见反馈给本人，帮助青年教师尽快成长。同时青年教师担任助教，完整听指导导师的课，不断提高自身的综合素质。

(3) 商贸教学团队建设的保障机制

只有通过制度保障、政策保障、资金和物质保障，商贸教学团队的建设才能得到长足的发展，教学团队才能更有生机和活力，教学团队的运行体制才能更健全，运行管理才能更顺畅，在教学、科研中才能更好地发挥作用，才能实现教学团队建设规划的目标。

① 制度保障。学院应根据商贸行业发展对人才培养的需要和学校的办学基础、目标定位，高度重视商贸教学工作，将商贸教学团队的建设放到重要的地位，制定一系列的行之有效的管理措施、奖励政策和激励制度，为商贸教学团队的建设提供强有力的制度保障。

商贸教学团队建立团队建设负责人总管、所在系部主管、团队骨干具体负责的三级管理体制，形成三级之间分工明确、有机协调的建设模式，制订教学团队建设规划和相关制度，以学术带头人为中心、以骨干教师为生力军，以青年教师为后备军，明确团队的发展方向，设计共同的远景目标。

② 政策保障。在师资队伍建设方面，学院关于教师进修、学习的规定及专业人才引进机制和培养计划等，对于商贸教学团队的梯队建设均提供有力的政策保障。积极创造条件鼓励青年教师在职攻读博士学位，选派教师到高校进修，并在岗位聘任上向重点建设团队成员倾斜，有利于更多团队成员成为学术带头人、教学骨干和科研骨干，促进团队的教学与科研水平的提高。

③ 资金保障。教学团队的建设将严格执行高校教学质量与教学改革工程专项资金管理办法和学院制订的专项资金管理办法，科学合理地使用项目建设经费，专款专用。所在系部将根据教学团队建设的需要，安排专项配套经费支持建设。

④ 物质保障。为教学团队建设提供最好的物质条件及教学硬件条件，为学术带头人、教学骨干和科研骨干的成长创造良好的工作、学习和科研环境。

1.3.3 研究成果及应用

① 教学内容与课程体系改革成果

在探索商贸专业群教学改革的基础上，2009 年，我们对学院现有商贸类专业（国际经济与贸易、国际贸易实务、市场营销和营销与策划）的人才培养方案进行了全面修订。新修订的人才培养方案对教学内容和课程体系进行了更新、整合、优化和重组，加大了实践教学环节，提供了更多的选修课程，贯彻了全新的教学理念和教学要求，对于培养学生的实践能力具有积极意义。该方案已在 2009 级、2010 级两届学生中付诸实施，有效地推动了教学改革和师生教育、学习理念的更新，收到较好的效果。

同时，本专业群重点课程《营销策划》被立为院、省两级精品课程建设项目。另外，汪利平老师制作的课件《贸易术语》在 2010 年全国高职高专 CIA 课件大赛中获得二等奖。

② 教材建设成果

结合我院特色专业、精品课程建设，本专业群教学团队开发了商贸专业群系列教材，自 2008 年以来，已出版《国际贸易理论与实务》、《中国市场营销策划》、《市场调查与预测》、《营销管理实务》、《公共关系学》、《营销策划理论与实践》、《外贸单证实务》、《市场营销原理》等 8 本商贸类专业适用教材。以上教材已在我院及省内其他高职高专院校中广泛使用。

③ 实习实训建设成果

自 2008 年以来，本专业群已建成共享型实习实训基地 7 家，它们分别是：合肥 TCL 电器销售有限公司、安徽金鹏国际广告有限公司、合肥皖仪科技有限公司、安徽小刘食品股份有限公司、安徽盛虹烟花爆竹有限公司、合肥翰友商贸有限公司、安徽天宇磁业有限公司。这些实习基地硬件设施良好、营销业绩突出、行业布点合理，有著名营销策划机构、中国著名家电企业、高科技企业、民营快速消费品企业、内贸流通企业、外贸生产和流通企业，为商贸专业群学生实习实训奠定了良好的基础。

我们按照人才培养方案有计划地安排毕业班学生赴基地开展实习实训，同时，邀请实训基地兼职教师来校对学生进行专业培训，并有目的地选送符合用人单位录用标准的学生去实训企业就业，收效明显。

2010 年，合肥 TCL 电器销售有限公司被评为“院级示范实训基地”。

④ 人才培养成果

在改革人才培养模式和教学内容的基础上，安徽经济管理学院商贸专业群人才培养取得了丰硕的成果。

2008 年、2009 年先后有两名同学代表学院参加了安徽省大学生职业规划大赛。其中，

07级国际贸易实务专业宫亮同学的作品于08年获银奖，07级营销与策划专业李先丽同学的作品于09年获铜奖。2009年8月由罗江老师带队，营销与策划专业时豪、叶龙飞两位同学参加了在广州举办的2009年全国高校大学生市场营销大赛决赛，荣获二等奖；2010年10月由郁青老师和罗江老师指导，营销与策划专业刘欢欢等三位同学参加了在杭州举办的2010年全国院校市场营销大赛，再次获得了二等奖。

为了拓展更广阔的发展空间，我们还与有关的教育培训机构联系，为学生提供考证机会。鼓励学有所长的学生选择报考"外贸业务员"、"市场营销师"、"外贸跟单员"、"商务策划师"、"营销策划师"等职业资格证书，大大提升了学生的就业能力，拓展了就业途径。

5 教学团队建设成果

为形成合理的教学队伍结构，本专业群加大团队建设，取得了较好的成绩。

2009年，本专业群朱华锋老师获"省级模范教师"称号，朱启保等四名教师获"院级教学名师"称号，汪利平老师被评为"院级骨干教师"，何桃花等两名教师被评为"院级教坛新秀"。同时，罗江老师带领的市场营销教学团队被评为院级"优秀教学团队"。

2009年，汪利平老师参加学院第六届青年教师教学大赛，荣获专业组一等奖。

2010年，朱华锋老师晋升为教授，汪利平老师晋升为副教授。

2010年，朱华锋老师荣获"安徽省高职高专营销与策划专业带头人"称号。

1.3.4 存在的问题及建议

1 存在的问题

（1）安徽经济管理学院商贸专业群资源较为分散

学院现有商贸类专业不能相对集中，分属于不同的系部，尤其是师资力量，更为分散，这就为商贸专业群的建设增加了难度。

（2）教学方法单一，缺乏现代化的教学手段

教学中注重理论讲解，强调知识点的掌握，教师上课一本教材、一支粉笔和极为有限的多媒体使用。虽然学院为各系配备了一间多媒体教室，但缺乏内容丰富的音像教材，教学方式、方法陈旧的状况没有得到根本转变，造成学生被动学习，学习积极性不高。学生只能凭想象力、理解力去掌握，导致学生对所学专业知识的理解不透彻，对课程的学习兴趣降低。

（3）教师缺少实践教学经验

许多专业教师对理论知识掌握较好，但没有实际经验，往往在专业课程授课中显得力不从心，普遍存在动手能力与实践经验不足，从理论到理论，没有接触过真实的外贸、营销等业务，没有见过信用证、汇票、发票等单证。教师因缺乏实践经验，加之课务繁重，学历进修压力大，实践锻炼时间的严重缺乏，导致实际经验不足，动手能力不强。

（4）校内实训室建设力度不够

安徽经济管理学院在教学中偏重理论教学，忽视了实验室、实习实训基地等弹性硬件建设，从而导致校内实训室建设存在资金投入不足、软硬件配套不够、政策支持力度不强等问题，其推进力度受到很大限制。目前，整个商贸专业群实训室的建设尚未形成整体规划，仅省级营销策划特色专业的实训室正在建设中，这对于培养学生技术应用能力和运用综合理论知识解决问题的能力极为不利，严重影响人才培养的质量。

2 建议

(1) 整合学院现有教学资源，提高专业群建设效率

将学院现有的商贸类专业及其师资力量相对集中，为专业群的建设与改革提供了有力的平台，继而节约运转成本，提高资源使用效率。

(2) 改善教学手段

商贸专业群各专业的教学内容必须适应时代发展的要求，应不断地调整变化。各种因素的变化及联动性客观上要求教师采用现代化的教学手段，将幻灯片、投影、录像、计算机辅助教学、多媒体技术等运用到课堂教学中，通过直观性、动态性和大容量的信息，使教学内容更加形象、生动，实现时间和空间的超越，从而提高学生的学习兴趣和学习效率，促进学生对教学内容的理解和记忆。

(3) 建立商贸专业群校内仿真模拟实训室

要求学生按照所学的知识在模拟的环境中进行市场运作，将书面知识与实际操作有机地结合起来。解决长期以来备受困扰的专业实践教学的难题，训练学生的动手能力，提高学生的实战技能，激发学生的创造性思维，使学生在实训中获得良好的实践技能教育。

(4) 逐步推进双语教学

双语教学是商贸类专业发展的必然趋势。但考虑到目前我院教师及学生的英语水平有限，在开展双语教学时，可以采取逐步过渡的方式，因材施教，循序渐进。大力运用现代多媒体教学技术和网络技术，拓展双语课堂教学的信息量，营造视听环境，帮助学生排除语言障碍，理解学科知识。

1.3.5 结束语

由于项目负责人专业上的局限性，以及水平和能力等方面的原因，加上学院商贸类专业的改革与实践又在不断发展变化之中，所以该项目的研究很难全面而又深刻地反映学院商贸专业群的全貌，恳请同行、专家和领导予以谅解。

项目组对在项目研究中给予关心与支持的学院领导、教务处、相关系部以及实习实训基地的领导和老师们表示衷心的感谢。

1.4 营销实战演练教学模式（安徽省教学成果二等奖）总结

安徽经济管理学院营销与策划专业 2007 年设立并招生，2008 年 12 月被省教育厅批准为安徽省普通高等学校第一批省级特色专业建设点。该专业设置以来，尤其是省级特色专业建设点设置以来，我们根据“以服务为宗旨、以就业为导向”的职业教育办学方针，围绕专业人才培养目标，积极开展教学模式创新，成功实施了营销实战演练教学，并取得了良好的成效。

1.4.1 营销实战演练教学模式的创新背景

自国务院和教育部提出发展职业教育、提高职业教育质量以来，各地在实际推进过程中取得了良好的进展。总体来说，规模扩张和数量增长效果最为明显，但模式转换和质量提升还不够明显和持续。具体到高职院校的营销类专业，有待解决的主要问题包括以下几点：

① 专业教师营销实践经验缺乏。中专升格高职并扩招以后，学校教学任务繁重、债务繁重，专业教师深入营销实践缺乏时间和经费保障，而短期参观又难以得到全面真正的实践锻炼。

② 教学组织形式单一，实践教学推进缓慢，工学结合矛盾重重，主体仍然停留于课堂教学。

③ 营销专业教学内容改革没有实质性突破，学科理论知识仍然占教学内容和教材的主体，职业能力培养尚未成为教学重点，理论与实践脱节现象没有得到根本改变；课程之间理论知识内容交叉重复过多，形成教学资源的浪费。

④ 营销专业学生职业能力提升不明显。企业比较普遍的反应是：本科院校学生高分低能；高职院校学生低分低能，淘汰率高。

为此，我们在营销与策划专业建设过程中，以具有长期营销教学经验与著名企业营销实践经历的两栖人才为基础，以营销实训基地为依托，实施营销实战演练式教学，为有效地解决上述问题提供了一种可供借鉴的模式。

1.4.2 营销实战演练教学模式的创新实践

1 一个根本转变的教学指导思想

营销实战演练教学模式的核心是：实现教学指导思想从学科知识传授向职业能力培训

的转变。通过学习国务院“关于大力发展职业教育的决定(国发[2005]35号)”、教育部“关于全面提高高等职业教育教学质量的若干意见(教高[2006]16号)”和教育厅“关于实施高等学校教学质量与教学改革工程的意见(教高[2008]1号)”等文件精神,我们实现了教学指导思想的根本转变,树立了“以服务为宗旨、以就业为导向”的职业教育办学方针,实现了教学指导思想从学科知识传授到职业能力培养的转变。

2 两项教学内容的改革重点

一是以营销实战演练贯穿专业课程内容的总体改革,构建营销与策划专业学生职业能力的主体培养架构;二是以营销实战演练充实核心课程内容单体改革,构建营销与策划专业学生职业能力的关键培养环节。

“市场营销学”、“市场调查与预测”、“营销策划”和“营销管理”这四门课程是大多数高职高专院校营销与策划专业、市场营销专业都开设的核心课程。但这四门课程之间既存在紧密的联系也存在一定的重复,对于教学组织实施和学生职业能力的培养十分不利。为此,按照营销实践中的岗位职业知识与能力要求,应明确各门课程在营销与策划职业能力培养中的相互关系,建立各门课程相对独立的内容构成,并在课程名称上进行区分,如将“市场营销学”更名为“市场营销原理”,将“营销策划”更名为“营销策划理论与实践”,将“营销管理”更名为“营销管理实务”。

① “市场营销原理”课程紧紧抓住市场营销创造、传播和交换价值的本质要求,按照建立营销价值观念、发现市场价值、实现市场价值和发展市场价值四篇安排内容结构,厘清了市场营销的基本原理,并为深入学习营销策划、营销管理奠定了清晰的知识框架体系。

② “市场调查与预测”课程根据市场调查的实际操作情况,以真实的调查活动实践顺序进行教学内容的安排,突出对学生市场调查能力和市场分析能力的培养;教学内容组织以工作流程中能力构建为主体,既深入浅出地勾画市场调查与预测的内容体系,又有足够的操作实训安排。

③ “营销策划理论与实践”课程以企业营销策划的实际任务和实战方法为依据,创建了营销策划课程的内容与方法体系,创造性地解决了高职院校营销策划与市场营销学内容重复的问题。策划方法和实训选题贴近营销实践,为培养学生的策划能力起到了良好的指导和支撑作用。

④ “营销管理实务”课程根据营销经理的岗位知识与能力要求设计内容结构,分为营销过程管理、营销资源管理、营销计划管理、营销组织管理、营销策划管理、销售业务管理、销售服务管理、营销财务管理、营销信息管理和营销整合管理十章,反映了营销管理实践的真实状态与基本需要。

3 三位一体的教学组织方式

通过课堂教学、实训教学和竞赛教学三种教学组织形式,实现营销实战演练式教学“教”、“学”、“做”三位一体,形成了学生营销与策划职业能力阶梯性、立体化培养模式。

(1) 课堂教学主要是教师教知识、教原理

普通高等学校的学生从高中升学而来，职业经历几乎为零，因此通过课堂教学给予学生最基本的职业知识与工作原理的教育，是一种必须保留的培养方式。长期的教育规律也证明了这一点。教师课堂教学的“教”是学生“学”和“做”的前提和基础，因此，需要不断强化、优化和改进。

(2) 实训教学主要是学生学实践、学方法

实训教学是结合营销实践项目、以学生为主体的教学培养方式。我们非常注重实践教学的组织与实施。

首先，强化实训基地建设。相继与安徽电视台金鹏国际广告公司、TCL集团合肥公司、合肥皖仪科技公司、小刘食品股份有限公司、合肥瀚友商贸有限公司签订了实训基地建设协议。这些实习基地硬件设施良好、营销业绩突出、行业布点合理，且有著名营销策划机构、中国著名家电企业、高科技企业、民营快速消费品企业、商贸流通企业，为特色专业学生实习实训奠定了良好的基础。

其次，优化实训教学安排和管理。第一，按照学年度教学计划组织学生到实训基地进行阶段性实训，时间一般为7～10天；第二，要求学生自行到社会上、企业里寻找双休日和节假日实训机会，训练学生的市场意识、自身营销意识与营销能力；第三，按照专业整体培养方案组织学生到企业进行毕业实习实训，时间一般为半年左右，较为全面地锻炼学生的职业技能，为就业打下基础。在实施实训教学过程中，专业教师全程跟踪学生实训进程，提供专业指导，并与实训单位一起落实学生身心健康和安全方面的保障措施，评定学生实训成绩和效果。

(3) 竞赛教学主要是学生做策划、做执行

在经过课堂教学和实训教学两个阶段的主要教学环节以后，安排学生在大二下学期参与营销策划大赛活动，通过以学生为主体的赛事活动，促进学生运用课堂教学中学到的理论知识、实训教学中学到的实践知识，策划营销方案，提出企业实际营销问题的解决方案。比赛中实际的营销问题、激励机制，很好地激发了学生的主动学习意识和营销策划潜能。

4 四个“1＋1”的教学考核模式

为强化营销实战演练教学模式的实际效果，我们实行变革传统的授课教师考核、理论知识考核等方式，实施四个“1＋1”考核模式。

(1) 考核主体“1＋1”：校内主讲教师考核 ＋ 实训基地指导老师考核

在校内教师考核主体的基础上，增加了实训基地老师考核主体，要求实训基地指导老师对学生的实训成绩进行评价，并在学生实训报告中明确记载，相应列入学生相关课程考核成绩、毕业实习考核成绩和学生综合素质评价范围，同时作为学生评先、评优的重要依据。

(2) 考核对象“1＋1”：考核学生个人 ＋ 考核学生作业团队

传统的教学考核注重以课后练习、课后作业和书面考核的方式对每个学生进行考核，这种考核有存在的必要，也有补充的必要。在营销实践中，很多营销任务是需要营销团队集体完成的，因此，在营销与策划专业的教学考核中，我们模拟营销团队作业的方式安排学生开展团队作业，并以学生作业团队为整体考核对象。

(3) 考核内容“1+1”：考核理论知识 + 考核职业能力

在营销实践当中，往往职业能力比理论知识更重要。因此，我们在教学考核中，紧密结合教学内容和市场热点，增加了职业能力考核的内容。比如，结合市场调研的教学内容和2009年网络上流行的开心农场，要求学生以团队作业方式调研“偷菜为什么流行”这一课题，结合营销策划的教学内容和2010年四五月份合肥市场上爆发的“美的—格力促销大战”，要求学生调研促销大战的发生背景、市场动机、策略内容、竞争方式和效果评价。

(4) 考核方式“1+1”：期中、期末考试+实训、竞赛考核

在期中和期末的书面考试的基础上增加了实训考核和竞赛考核方式，对学生参与实训教学和竞赛教学所表现出来的职业倾向和能力进行考核，以平时成绩的方式计入相关课程成绩，以相关计分点的方式进入三好学生、奖学金、优秀团员、优秀学生干部和入党积极分子的评估考核。

1.4.3 营销实战演练教学模式的成果效应

1 学生职业能力方面的成果体现

① 就业能力提升。首届2010年的毕业生已经于2009年11月份全部签订了就业协议，提前100%实现了就业。部分同学在初次就业之后能够主动调整就业岗位，提升了就业的质量和档次。

② 职业认知与职业素养提升。在2010年4月份举行的阶段性实训经验交流汇报会上，同学们纷纷表达了这样的感受：通过实训，锻炼了吃苦耐劳的精神，增强了竞争拼搏的意识，增添了市场知识、行业知识和产品知识，提升了营销实践能力。

③ 学生的职业能力得到了实训单位的好评。不少同学被实训单位评选为“优秀实习生”，被提升到更高的兼职工作岗位。部分同学还被实训单位列入招聘优先考虑并跟踪培养对象。

④ 全国高校大学生市场营销大赛成绩进入全国前十名、安徽第一名。全国高校大学生市场营销大赛是由中国市场学会、教育部考试中心、教育部高等学校工商管理教学指导委员会联合主办的、面向全国高校工商管理类大学生的营销实践技能竞赛活动。2009年全国市场营销大赛初赛确定合格参赛作品500多个，经专家评审入围决赛的作品230个，安徽省共有8所本、专科学校入围决赛，二等奖是我省高校在本次大赛中获得的最高奖项，第9名是安徽省高校的最好名次。

⑤ 在学院和本系组织的职业规划大赛中，营销与策划特色专业选手表现突出，2009年获得了院、系两级比赛的一等奖，2010年包揽了系部比赛前三名。在演讲大赛、主持人大赛等比赛项目中也名列前茅。这说明特色专业建设在学生知识、能力和素质的培养方面已见

成效。

⑥ 2008 年以来，在市场营销师、商务策划师等职业资格认证考核中，我们的通过率高达 92%，比特色专业建设开展以前的通过率提高了 8 个百分点。参加职业资格认证考试并获得职业资格证书的比例达到 90%。

2 教师教学能力提升方面的成果体现

① “市场营销原理”、“市场调查与预测”、“营销策划理论与实践”、“营销管理实务”等四门核心课程教材由中国科学技术大学出版社正式出版，受到同类院校和企业营销界广泛欢迎。

② 专业核心课程“营销策划理论与实践”2008 年入选院级精品课程，2009 年成功晋级安徽省高等学校省级精品课程。

③ 项目主持人出版学术专著《中国市场营销策划》，受邀主编安徽省本科院校模块化任务型课改教材《营销策划》，2009 年被授予安徽省模范教师光荣称号，2010 年当选为全国高校市场营销大赛总决赛评委、中国市场营销专业课程标准开发中心安徽分中心研究员。

④ 特色专业建设团队成员倪东辉副教授 2009 年入选高职高专院校市场营销专业省级带头人。

⑤ 在院级质量工程中获得多项成果：两人荣获“院级教学名师”光荣称号，一人获得“院级骨干教师”称号和“青年教师教学大赛”一等奖，市场营销教学团队入选院级教学团队，入选院级教学成果奖三项、教学研究项目一项。

⑥ 9 名特色专业建设团队年轻教师获得营销师等职业资格证书。

⑦ 2009 年以来特色专业建设团队成员发表教研、科研论文 30 余篇，荣获安徽省第六届大学生就业论文一等奖一项、三等奖一项。

2 课改教材

2.1 省级特色专业课程改革与教材建设（安徽省教学成果三等奖）总结

在省级特色专业建设过程中，我们根据“以服务为宗旨、以就业为导向”的职业教育办学方针，围绕专业人才培养目标与定位，立足企业对营销与策划岗位知识与能力需求，创新调整专业人才培养方案和课程设置，着力开展专业课程改革与教材建设，并以此实现人才培养方案的落实、人才培养方式的转型和人才培养效果的提升。经过长达5年时间的持续努力，主编并公开出版了高职院校省级特色专业教材8部、本科高校市场营销专业课改教材1部，出版了营销策划和公关策划等实战性著作4部，公开发表了具有较高水平和质量的教学研究论文10多篇，形成了系统性的、立体化的和动态更新的省级特色专业课程改革和教材建设丰富成果，在我省高职院校教学改革方面迈出了重大步伐，达到省内领先水平，取得了重大人才培养效益。

2.1.1 对接营销岗位调整人才培养方案与课程设置

按照学科知识体系设置专业课程是大学本科层次以上高校专业课程设置的主流思路，其主要优点是学科知识理论体系性强，有利于学生全面掌握科学理论知识，能够培养学生理论思考与研究的能力。就营销专业而言，按照学科体系导向思路设置专业课程，主要就是以专业基础课程市场营销学的“STP＋4P”理论架构为依据，设置市场调查与预测、消费心理学、经营战略、品牌学、新产品营销、价格学、分销与物流、广告学、公共关系学、推销技术和商务谈判等10多门专业课程。如图3.12所示。

但是，在企业营销实践中，并不是完全按照营销理论思维和营销知识来组织营销活动的，而是根据企业营销面临的实际问题或企业确立的目标任务来策划和实施企业营销活动的。因此，对于高职院校营销专业来说，基于培养营销应用型人才而非营销理论研究人才的专业定位，必须改变按照学科体系设置专业课程的思路为按照企业营销岗位的职业知识与能力要求来设置专业课程的思路。如图3.13所示。

在充分调研企业营销岗位设置、岗位知识与能力要求的基础上，在细致对比省内高校营销与策划专业人才培养目标的基础上，在多次走访营销实训基地，调研企业营销人才需求的基础上，我们将我院营销与策划专业人才培养目标定位为：服务安徽地方、服务主流生产制造行业、服务中等规模企业的营销策划人才。形成了具有本院特色、错位同行院校、共同服务营销人才市场的营销与策划专业人才培养目标。

营销专业课程设置的学科体系导向
市场营销学
营销环境
市场调查与预测
消费市场
消费心理学
组织市场
经营战略
市场定位
品牌学
产品策略
新产品营销
价格学
价格策略
分销策略
分销与物流
促销策略
广告
广告学
公关
公共关系学
销售促进
实效促销
人员推销
推销技术
商务谈判

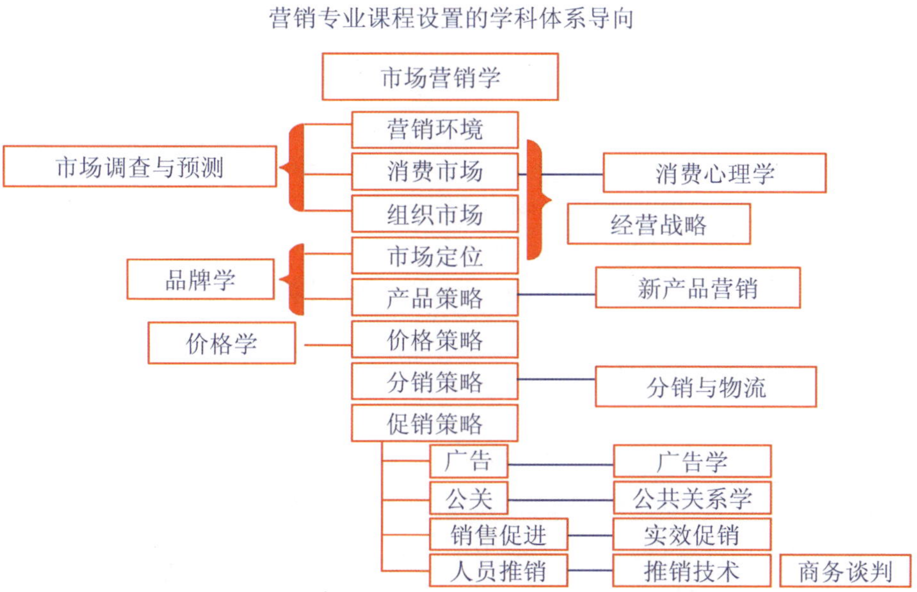

图 3.12　学科知识体系导向下的市场营销专业课程设置

企业营销岗位
职业标准
职业知识
专业知识
职业能力
专业能力
课程标准
院校营销岗位

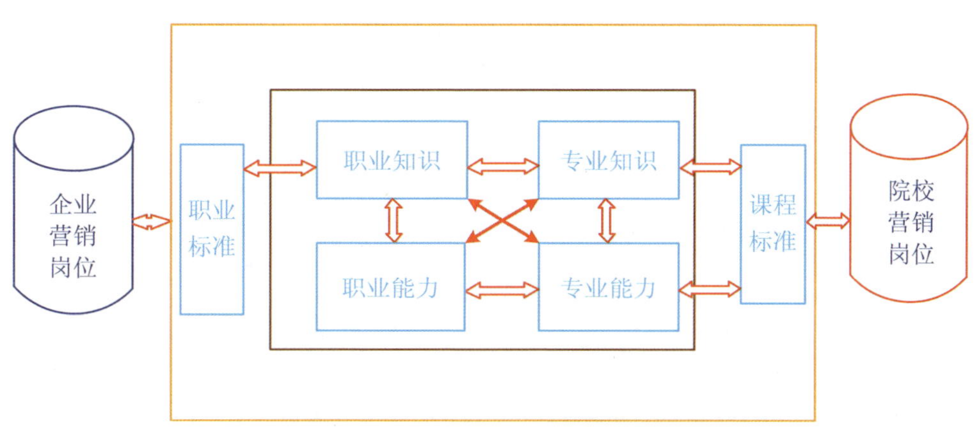

图 3.13　营销岗位导向课程设置模式

通过对企业营销岗位设置与任职素质要求的梳理分析，我们确定了营销策划人才的素质要求应包括职业精神、专业知识、职业技能、健康体能等四个方面，需要设置对应的课程，运用适当的方法进行培养，比如在职业精神培养方面，需要设置思想道德和专业实训课程来培养，专业知识需要通过专业理论课程来培养，职业能力需要通过专业实训课程来锻炼，等等。并因此而构筑营销策划人才素质培养大厦模型，如图 3.14 所示。

专业理论课程和专业实训课程是培养营销与策划专业学生核心能力的课程模块，在专

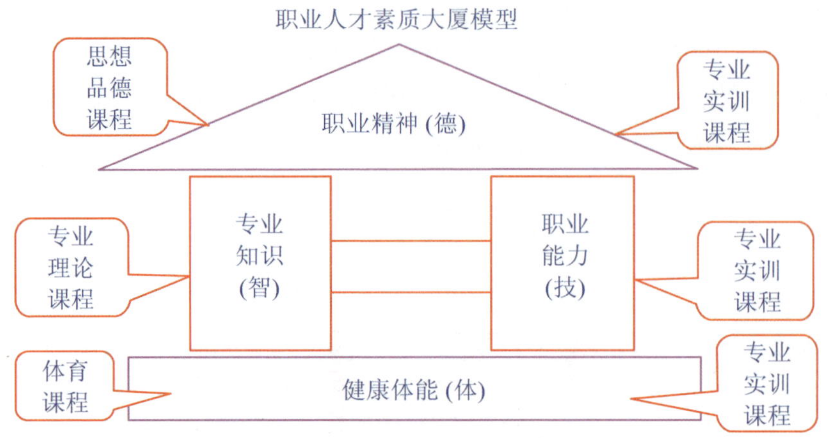

图 3.14　职业人才素质大厦培养模型

业人才培养过程中，我们按照知识与技能培养的逻辑性、层级性和延展性，将营销知识传授与营销技能训练结合起来，设置了五个模块的课程(表 3.28)：模块一为营销专业基础课程，对应的课程是市场营销原理；模块二为营销岗位基础课程，对应的课程为营销策划理论与实践、品牌原理与策划、广告原理与策划、公关原理与策划、价格原理与策划、分销与物流策划、促销原理与策划等 7 门课程；模块三为营销岗位通用课程，为营销与策划专业、市场营销专业共同开设的课程，主要包括市场调查与预测、消费心理与行为、商务谈判与沟通、销售业务技能、网络营销与电子商务等课程；模块四为营销岗位提升课程，对应的课程是营销管理实务，以培养学生将来从事营销管理岗位的素质与能力；模块五为行业营销选修课程，根据我省地方经济发展和行业营销人才的需要，选择开设工业品营销、农产品营销、汽车营销、房地产营销、政府与非营利组织营销、餐饮服务营销等课程。

表 3.28　营销与策划专业核心课程设置

<table>
<tr><td>模块一</td><td>营销专业
基础课程</td><td colspan="3">市场营销原理</td></tr>
<tr><td rowspan="3">模块二</td><td rowspan="3">营销岗位
基础课程</td><td colspan="3">营销策划(理论与实践)</td></tr>
<tr><td>品牌原理与策划</td><td>广告原理与策划</td><td>公关原理与策划</td></tr>
<tr><td>价格原理与策划</td><td>分销与物流策划</td><td>促销原理与策划</td></tr>
<tr><td rowspan="2">模块三</td><td rowspan="2">营销岗位
通用课程</td><td>市场调查与预测</td><td>消费心理与行为</td><td>商务谈判与沟通</td></tr>
<tr><td>销售业务技能</td><td colspan="2">网络营销与电子商务</td></tr>
<tr><td>模块四</td><td>营销岗位
提升课程</td><td colspan="3">营销管理实务</td></tr>
<tr><td rowspan="3">模块五</td><td rowspan="3">行业营销
选修课程</td><td>工业品营销</td><td>农产品营销</td><td>房地产营销</td></tr>
<tr><td colspan="2">政府与非营利组织营销</td><td>汽车营销</td></tr>
<tr><td>餐饮服务营销</td><td>金融保险营销</td><td>医药营销</td></tr>
</table>

2.1.2 对接营销岗位开展课程改革和教材建设

在调整营销与策划专业人才培养方案和课程设置之后，我们着力开展了专业课程改革与教材建设，并以此实现人才培养方案的落实、人才培养方式的转型和人才培养效果的提升。根据省内外营销与策划专业课程内容和教材建设的实际情况，结合我们建设团队的能力，我们在上述营销与策划专业5个模块的专业课程中，分别选择了7门课程进行课程内容标准的建设和教材的开发。对于新开设的课程，我们从零开始课程建设；对于保留的课程，我们也按照营销的发展和企业的岗位需要进行教学内容的改革。使得调整的人才培养方案和课程体系得以落实，而不是换汤不换药。经过长达5年时间的持续努力，以我们院为主要力量，借助兄弟院校资源，我们主持编写并出版了省级特色专业课改教材8部，主编本科高校市场营销专业营销策划课程课改教材1部，出版了营销策划和公关策划等实战性著作4部，公开发表了具有较高水平和质量的教学研究论文10多篇。

1 通过课改教材重构“营销原理”、“营销策划”和“营销管理”的关系与内容

“市场营销”、“营销策划”和“营销管理”是大多数高校营销类专业普遍开设的三门重要专业课程。对于营销实践需要和营销人才培养来说，这三门课程的开设确实很有必要，但是这三门课程之间内容重复的问题严重存在，没有形成合理的研究对象、研究范畴和研究内容上的区别。这在营销理论研究方面是不够严谨的，在教学实践中也造成了教师和学生时间精力的浪费。针对这一实际问题，我们在课程改革和教材建设过程中，以营销实践为基础依据，通过理论分析和升华，对这三门课程之间的关系重新进行了清晰的界定，对这三门课程的内容体系也进行了合理的区分，并通过《市场营销原理》、《营销策划理论与实践》和《营销管理实务》三门课改教材将这三门课程的内容清晰地区别开来，实现了课程之间的分工。

2009年8月出版的课改教材《营销管理实务》大胆突破了过去营销管理教材的体系结构，从营销经理岗位管理的角度梳理了营销管理的内容体系和方法体系。全书以营销过程管理、营销整合管理为主轴，以品牌经理、产品经理、市场经理、销售经理、物流经理、用户服务经理、行政人事经理等营销部门经理的常规管理工作为重点，构建出营销管理的内容框架和方法体系。从中国企业营销人才的实际成长过程来看，中、基层营销部门经理大致上是本、专科毕业生工作3～5年能达到的职业岗位。因此，《营销管理实务》的内容设计有利于培养适合企业需要的营销管理人才。

2010年2月出版的课改教材《营销策划理论与实践》(第2版)以企业营销策划核心任务与方法为基础，以营销策划岗位核心任职能力要求为依据，创建出营销策划课程的独立、完整的方法体系。该教材内容专业而独特：不同于市场营销原理，但又不脱离市场营销原理；即在市场营销原理的基础上，运用和驾驭市场营销原理指导营销实践，开展营销策划。该教材在国内外本专科营销专业起到了积极的影响，被湖北民族学院市场营销专业专升本招生考试指定为考试参考用书，上海立信会计学院工商管理学院、包头医学院按照本书制定了市

场营销专业营销策划课程教学大纲并指定本书为首选教材。作者也因此受安徽大学出版社邀请主编了我省本科院校市场营销专业任务型模块化课改教材《市场营销策划》。

关于市场营销学(市场营销概论)的教材原本非常多,似乎没有必要再编写一本。但最近几年来,中国市场上欺诈营销不断发生,使得很多人,甚至是经济管理人员都形成了一种"营销就是忽悠"的印象。营销妖魔化使得营销的真实面目和真正价值被严重压制和扭曲了。因此,非常有必要厘清营销的本质,重新打造一本正本清源的市场营销学。2010年3月出版的课改教材《市场营销原理》就是在这样的背景下立项开展编写的,该教材紧紧抓住市场营销创造、传播和交换价值这一本质,讲述市场营销的基本原理,并为深入学习营销策划、营销管理等课程奠定了理论基础和知识储备。

《市场营销原理》与《营销策划理论与实践》及《营销管理实务》形成营销与策划省级特色专业"营销原理"、"营销策划"和"营销管理"三门核心课程的课改教材三部曲,解决了这三门课程长期以来存在的内容体系重复问题,形成了相互联系又相对独立的课程内容体系,这对于优化课程内容体系和人才培养效果起到了明显的作用。

2 改造"推销技术课"程,创建"销售业务"课程,开发课改教材《销售业务技能》

市场营销专业有一门传统课程叫作《推销技术》,或称《推销学》,其课程内容是以单一上门推销为主线展开的。在中国主流企业已跨过传统推销时代进入营销时代之时,这门课程的名称与内容就显得与市场发展进程和现代营销要求严重脱节。为此,我们根据中国主流企业市场营销和销售业务的实际,砍掉了"推销"课程,改设"销售业务"课程。2011年8月出版的课改教材《销售业务技能》,按照主流企业销售岗位设置、任职素质与技能要求、销售流程与主要销售方式,并按照主流企业销售业务管理的需要,创新了课程和教材内容,论述了销售职业素养、销售理论模式、销售职业技能、终端客户销售、商业客户销售、工业客户销售和销售业务管理等内容,对于培养营销专业学生的基本职业技能具有实效作用。

3 首开"促销活动"课程,创新教材《促销活动策划与执行》,填补省内空白

促销活动是企业市场营销普遍运用的一大实效手段,也是企业最先调整、最多调整的一种营销手段。在竞争日益激烈的市场上,已经成为厂商之间快速见效的一种重要竞争手段。而参与企业的促销活动,则是营销专业在校大学生社会实践最多的项目,也是营销专业实训教学接触最多的项目。促销活动的策划和执行,还是营销策划和市场营销专业毕业生刚踏上工作岗位之时参与和接触最普遍也最深入的营销工作。因此,开设"促销活动"课程具有重要的服务企业意义和人才培养意义。

但是省内外本专科院校市场营销专业开设"促销活动"课程的还比较少,课程建设和教材建设的成果也就更少,这与企业营销实践中促销活动的普遍性、基础性与多变性是极不相称的,对于服务行业和企业的需要,对于培养实践需要的营销人才,也都是远远不够的。为此,我们在营销与策划省级特色专业建设过程中,将促销活动课程开发和教材建设作为一项重要项目来实施,在我院营销专业教师培养基地安徽优先传播有限公司和实训基地合肥

TCL电器销售有限公司的大力支持下，经过参编教师两年时间的努力，校企联合开发的特色实践课改教材《促销活动策划与执行》已经编写完成，并由中国科学技术大学出版社公开出版，首供2013年秋季教学使用，填补了省内该课程教材的空白。

4 依靠团队力量群策群力，拓展课程改革和教材建设范围

《市场营销原理》、《营销策划理论与实践》、《营销管理实务》、《销售业务技能》和《促销活动策划与执行》都是由具有10多年中国著名家电企业营销管理实践经验的朱华锋教授担纲主编的。但在营销与策划省级特色专业课程改革和教材建设过程中，我们也注意发挥团队力量共同开展工作。

其中，2009年朱启保副教授担纲主编课改教材《市场调查与预测》，该课改教材内容充实、结构清新，实践性和可操作性强，案例真实实用，实训练习突出实战，有利于提高学生调查分析能力。销售数量逐年递增，销售范围遍及全国各地。2010年和2012年分别进行了修订，使得教材中的案例更新更充实，更加突出实习实训，符合高职高专特点和教学要求。

青年教师章军晋升副教授之后，在专业带头人的倡导、指导与鼓励之下，承担了课改教材《广告原理与策划》的主编任务。高校广告学方面的教材，比较多的版本和比较好的版本，主要是新闻学院广告学教授专家为广告专业的教学需要编写的，专门为营销与策划专业编写的广告课程教材并不多，以企业营销传播目标任务为主旨，按照企业广告实际运作流程编写的广告教材就更少。《广告原理与策划》就是在这样的背景下立项开发的，全书立足企业营销传播需要和广告运作流程进行章节和内容设计，做到了“理论够用”和“实践管用”，并将新媒体和互动传播等营销与广告实践方面的创新成果引入教材，实现了教材与当前营销与广告策划的紧密结合。

5 同步开发面向营销实践的营销专著，验证教改成果的市场效果

面向企业营销实践开发的营销专业课改教材，是不是真正符合营销实践需要，一个重要检验标准就是市场一线的营销人员是不是愿意自费购买阅读学习。我们开发的这些课改教材在图书零售市场上，尤其是网购市场上也有良好的销售表现，说明符合营销实践的需要。而具有创新性的课改教材原本应该是具有原创性内容的，但由于出版管理规定和出版行业行规，文科教材一般是不能作为专著出版的。为此，我们基于部分课改教材内容具有原创性的特质，通过改变作品的读者定位与图书性质、改变创作体例和语言风格，开展了同步面向营销实践开发营销专著的探索，2009年5月第一本营销实战著作《中国市场营销策划》正式出版，迅速受到企业营销策划人员的广泛欢迎，2011年即销售完毕。2012年作者根据营销实践发展进行修订，2013年4月出版了《中国市场营销策划》(第2版)；在“政府与非营利组织营销”课程教研基础上撰写的专著《政府营销论纲》于2010年8月正式出版，成为中国政府营销方面的首部著作；《公共关系策划》于2011年3月出版，该书将公共关系从一般原理的论述层面提升到策划的层面，具有理论与实践的双重意义。

2.1.3 营销与策划专业课程改革和教材建设成果的创新亮点

1 确实达到了课程改革与教材建设从学科体系向职业岗位导向转变

高职院校专业课程改革和教材建设导向观念的转变已经被广泛接受，但是知易行难，专业课程改革和教材建设的实际内容从学科知识体系向职业岗位需求的转变需要以专业教师实践经验的丰富化为基础，还需要经过长期努力才能真正取得实效。安徽经济管理干部学院营销与策划省级特色专业的课程改革和教材建设，依托具有营销实践经历的师资队伍和我省高职院校第一家营销专业师资实战培养基地，从课程体系的调整、课程名称的设计、课程内容的规划，到各门课程教材内容的重构性创作编写，确实打破了原来的学科知识体系导向，真正实现了职业岗位需求导向，其中最为核心的营销策划课程，不仅编写出了适应高职和本科院校教学需要的教材，还编写出了适合企业职场人员学习的营销专著，并且广受市场欢迎。在课程改革和教材建设向职业岗位需求的实质性转变方面，走在了全省高职院校的前列。

2 确实达到了专业课程改革与教材建设的全面化与系统化

本成果涉及营销与策划省级特色专业 7 门核心专业课程的改革和教材建设，以现有师资队伍在 5 年建设周期里，最大限度地实现了专业课程改革和教材建设的全面化与系统化。在高职院校省级特色专业建设方面，从专业课程改革和教材建设的数量规模、质量内涵、广度和深度等多层面看，均处于全省领先行列。

3 确实达到了专业课程改革与教材建设的动态化与持续化

课程改革和教材建设能够及时根据市场环境变化和营销实践发展进行修订、补充，甚至是再版。其中，《营销策划理论与实践》在 2008 年 8 月出版的“十一五”省级规划教材的基础上，2010 年修订出版了第 2 版，2013 年修订出版了第 3 版，五年的时间里印刷了 4 次，对于一门单位用量不大的专业课程教材来说，市场反应是非常好的，但作者没有满足于市场反应不错而采取简单重印的方法，而是不断追踪营销策划实践的最新发展动态，及时更新教材内容，保持教材最快节奏的更新，保持与营销实践前沿的一致性；营销专著《中国市场营销策划》在 2009 年第 1 版的基础上，2013 年根据新消费时代的发展、新媒体生态的形成和新流通业态的涌现，进行了既具有时效特性又不失经典特性的修订，推出了第 2 版。《市场营销原理》和《市场调查与预测》多次重印之前也进行了修订，尽管没有达到再版规定的修订程度，但也进行了与时俱进的内容更新。《公共关系策划》则是在“十一五”国家级规划教材的基础上，通过公共关系策划实践的跟踪研究撰写的实战专著。这在高职院校课改教材和实战专著的更新速度和更新节奏方面是领先的。

2.1.4 营销与策划专业课程改革和教材建设成果的应用效果

营销与策划省级特色专业课程改革与教材建设工作取得了出版教材8部和专著4部的优异成绩，印量接近6万册，在本学院营销及财经类专业教育、省内外高校营销专业教育、企业营销培训和职业技能鉴定培训方面得到了较为广泛的应用，促进了人才培养质量的提高，得到了良好的评价。

① 本教学成果在省内外高校营销专业教学上的应用效果

教材《市场营销原理》和《市场调查与预测》在院内所有开设该课程的财经类专业得到了应用，并在省内外兄弟院校财经类专业中得到了较好应用。

教材《营销策划理论与实践》在本院营销与策划专业、市场营销专业教学中得到了系统应用，在全国同类院校营销专业的营销策划课程教学中也得到了广泛运用，获得了华东地区大学出版社工作研究会颁发的第九届优秀教材二等奖。课程内容于2013和2014年在安徽省营销专业教师国培计划和省培计划中进行了交流应用，参训学员认为课程内容和教学方法确实很有特色。在省外本科院校市场营销专业教学中，本教材也得到了肯定和应用。青岛理工大学商学院陶勇教授选用了本教材，并在QQ中对作者说“要感谢您出了一本好书，对营销专业的教学和学生职业素养的提高有很大帮助”。上海立信会计学院工商管理学院2011年11月按照《营销策划理论与实践》的内容体系制订了市场营销专业营销策划课程教学大纲，并将本书作为指定首选教材。包头医学院人文社科学院医药营销专业于2013年1月按照《营销策划理论与实践》内容体系制订并发布了营销策划课程的教学大纲，并将本书作为营销策划课程唯一指定教材。本科院校与高职院校在采用《营销策划理论与实践》作为教材时的区别在于，课程教学时数比高职院校要少三分之一左右，其主要原因是本科院校生源质量较好，学生理解力和学习力比较强。

教材《销售业务技能》、《营销管理实务》和《广告原理与策划》自出版以来在本院和本省兄弟院校的营销与策划专业、市场营销专业得到了较好的运用。其中，前两本教材在省外院校也得到了较好的应用。

专著《政府营销论纲》在本院营销与策划专业、市场营销专业的学历教育中得到了系统运用，形成了全省唯一开设“政府营销”课程的教学特色。部分成果在我省公务员培训中得到了应用，并在滁州和宿松等地方政府营销项目中得到了实际应用。

专著《中国市场营销策划》和《公共关系策划》在企业营销与公关策划实践中得到了良好的应用，《中国市场营销策划》已经修订出版第2版；公共关系原理与实务课程在《公共关系策划》的基础上，2012年成功入选省级精品资源共享课。

② 本教学成果在本院营销专业人才培养上的应用效果

在学院和系部教学管理和人才培养工作的系统支持下，教学成果在本学院的使用对于提高人才培养质量取得了明显的作用，具体表现为学生就业情况优秀，在各种营销赛事中取得的成绩优异，体现了良好的职业能力，等等。

营销与策划省级特色专业学生连续五年实现100%就业，且就业时间早，专业岗位对口率高，流动率低，就业单位社会形象较好，就业质量较高。

在2009～2011年所参加的三届全国高校大学生市场营销大赛中，我院学生均进入全国总决赛范围并连续三年荣获总决赛二等奖，保持着安徽省本专科院校在全国总决赛成绩中的最高纪录。2011年11月我院营销与策划专业祖荣等三位同学在第六届安徽省大学生职业生涯规划暨创业大赛中荣获“创业之星”金奖，位列高职院校第一名。2011年4月汪睿等三位同学在安徽省职业院校技能大赛（高职组营销策划项目）荣获二等奖。如图3.15所示。

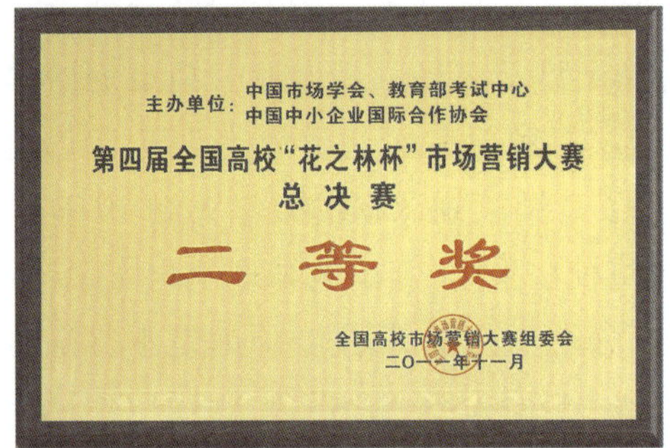

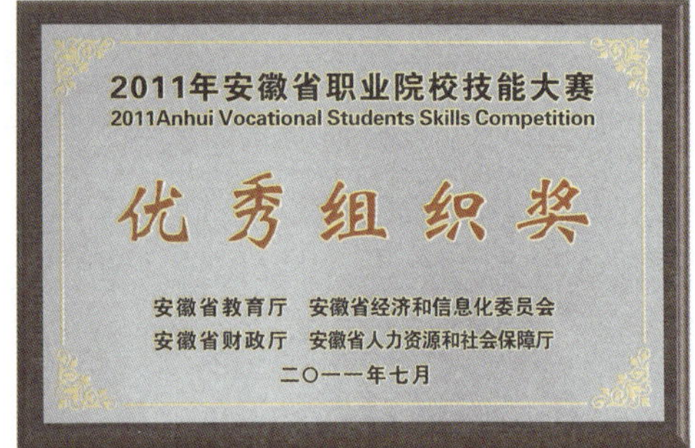

图3.15 营销竞赛奖牌证书

2.2 关于建立“营销策划”课程独立内容体系的探讨

营销策划是顺应企业对市场营销人才知识和能力结构的需要而开设的一门课程。但不可否认的是，“营销策划”课程内容与市场营销学存在较为严重的重复现象，还没有形成公认的独立的课程内容体系。而这是关系到营销策划课程能否真正持久存在与健康发展的问题。因此，探讨和建立营销策划课程相对独立而规范的内容体系已经非常必要和迫切。通过对十余年来我国出版的二十余部营销策划教材的学习和研究，根据本人在创作《营销策划一线体验》(2003 年 1 月，中国科学技术大学出版社)、《营销策划理论与实践》(安徽省高等学校“十一五”省级规划教材，2008 年 8 月，中国科学技术大学出版社)期间的深度思考，结合作者十多年来从事营销策划实战活动与高校营销策划教学及企业营销策划培训的体会，拟就“营销策划”课程独立内容体系建设问题谈谈自己的思考，以请教同行专家。

2.2.1 营销策划课程内容体系建设的研究方法

由于教学任务繁重、教研经费不足，我国营销策划课程建设与教材编写队伍所采用的研究方法多为低成本的二手资料研究法。反应在营销策划教材内容体系上的特点就是，国外的营销理念、营销理论比较多，国内的营销策划案例比较多，但是案例与营销策划原理与方法的内在逻辑关系不够紧密。

由于大多数营销策划教师的人生经历是从大学到大学，从课堂到课堂，因此，营销策划课程内容体系建设也就自然沿用了从理论到理论的研究方法。因此，从市场营销学的理论方法体系来推演营销策划理论与方法体系的研究方法也就自然而然，这是导致营销策划教材与市场营销学教材内容重复的客观原因。创建内容相对独立的营销策划课程内容体系，需要创建新的研究方法。

① 实践—理论研究方法

理论来源于实践。作为一门应用型课程，“营销策划”课程内容体系建设的研究方法更需要面向实践，通过总结营销策划实践经验和实战方法，提炼带有共性且具有普遍价值和意义的营销策划流程、思维、创意和方法，上升为营销策划原理和理论，从而形成“营销策划”课程的内容体系。

② 问题—对策研究方法

企业市场营销策划的过程本身就是通过市场问题与原因的分析提出解决方案与对策的研究过程。营销策划的项目、课题与内容本身就来源于企业营销实践当中面临的问题，而营销策划的方法本身就来源于解决营销问题的方法。因此,“营销策划”课程内容与方法体系的建设,需要反应营销策划实践的需要,采用问题—对策研究方法。

2.2.2 关于“营销策划”课程内容体系整体架构的思考

“市场营销学”和“营销策划”这两门课程之间的关系定位是“营销策划”课程内容体系建设的重要依据之一。在学科理论上,营销策划与市场营销学的联系是:市场营销学是专业基础理论课程,营销策划是专业应用课程。市场营销学研究市场营销的基本规律、原理和策略,是开展营销策划应该遵循的科学依据与策略基础。营销策划是市场营销学的规律、原理和策略在企业营销实践活动中的科学化与艺术化运用。营销策划必须运用市场营销学揭示的规律、原理和策略,才能正确分析出营销实践中的深层次问题,并通过科学理性的思考与艺术感性的思维,才能产生富有建设性意义的营销策划创意和方案。

市场营销学的核心内容分为营销策略分析“STP”和营销策略组合“4P”两大部分,“STP”是制定营销策略组合“4P”的分析过程与分析方法。在营销策划课程中,可以直接运用“STP”分析方法展开营销“4P”策略的分析和策划,因此营销策划课程内容体系的建设主要应以营销策略“4P”的策划为重点。而根据实践—理论研究方法和问题—对策研究方法,本人认为营销策划课程内容体系整体架构的设计,可以按照以下思路展开:

① 营销什么产品?——产品策划

产品是企业价值的载体,企业与市场的关系主要是通过产品来维系的,产品是企业市场营销活动的支柱和基石,产品策划是营销策划的核心内容。

② 产品以什么价格销售?——价格策划

价格是关系到产品上市成功、销量与份额提升和企业经济效益提高的关键要素。企业总是希望价格稳定,然而由于营销环境的复杂性,价格竞争的激烈性,价格又必须正确策划并及时进行动态调整。因此,价格策划的难度很大,既有科学性又有艺术性,是营销策划必须重点研究的内容板块。

③ 通过什么渠道销售效果最好?——分销策划

分销渠道关系到产品能否成功进入市场并顺利扩大销售。而在现代中国市场,分销渠道尤其复杂,分销渠道的驱动力量也非常强势,因此,分销策划更具有中国特色和中国意义,是中国“市场营销策划”课程需要特别加强研究的内容板块。

④ 如何告知和说服消费者购买?——沟通促销策划

企业必须实现与目标消费者的有效沟通才能建立品牌和产品认知,促进产品销售的实现与扩大。沟通促销是最外显的营销策略,也是使用最广泛、调整最频繁的策略。在营销策划实战中，广告传播策划、公关传播策划和促销活动策划是最普遍的策划项目，在营销策划课程体系中需要重点突出地介绍。而人员推销由于更偏重于销售业务和人力资源管理，因此可以不放在“营销策划”课程里。

2.2.3 关于“营销策划”课程主要章节内容构成的思考

“营销策划”课程内容体系的整体架构应该与市场营销学“4P”营销策略架构对接，这反映了学科之间的内在有机联系，因而是必要的，但主要章节内容构成则是需要加以区分的。根据实践—理论研究方法和问题—对策研究方法，本文对“营销策划”课程主要章节内容的设计，提出了以下思考与探讨。

1 关于产品策划内容构成的思考

系统思考产品策划，需要依次深入思考下列问题，由此可以导出产品策划的内容。

(1) 生产什么产品？——产品规划

这是一个考问企业生存价值的问题。如果企业不能创造价值，也就无法与其他社会成员交换价值，从而就没有存在的必要与可能。在产品策划过程中，这个问题还会细化和深化为这样一系列问题：生产多少种产品？各种产品生产多少数量？各种产品在同一时间阶段是什么样的结构关系，在不同时间阶段是什么样的前后衔接关系？在产品策划中，我们将对这些问题的思考归结为产品规划，其主要内容包括：产品品种数量规划、产品品种角色规划、产品品种规模规划和产品导入市场时间规划。

(2) 怎样将列入规划的产品开发出来？——新产品开发策划

产品规划确定之后接着要思考的问题是怎样将规划生产的产品研发出来。对这个问题的深入思考还会具体细化为这样一些问题：在战略层面上，如何配置开发资源设计开发目标？在组织建设上，如何才能给产品研发提供更好的体制保障？在技术层面上，如何合理优化产品开发流程？在产品策划中，我们将对这些问题的思考称作新产品开发策划，其主要内容包括：新产品开发的战略选择、新产品开发的组织设计、新产品开发的路径设计和新产品开发流程规划。

(3) 怎样将开发出来的产品导入市场？——新产品上市策划

拥有产品是拥有市场的基础之一，但拥有产品还不等于拥有市场。怎样将开发出来的产品成功地导入市场就是接下来要认真思考并成功策划的课题。对于这个问题的深入思考，会派生出这样一些问题：这个产品以什么样的概念上市？产品实体应该怎样包装才更有利于上市？我们将对于这些营销问题的思考和设计称作新产品上市策划，其包括产品概念分析与挖掘、产品包装策划与设计等。

进一步的上市策划思考还会扩大到：产品以什么价格上市？在什么地方通过什么销售渠道上市？上市广告宣传、公关传播和促销活动怎么展开？等等。对这些问题的思考也可以列入新产品上市策划的内容范围之中，但为了篇幅的均衡，分别放在营销策划系统内容中的价格策划、分销策划、广告传播策划、公关传播策划和促销活动策划等章节更为合适。

(4) 导入市场的产品如果出现销售疲软怎么办?——疲软产品提升策划

这是产品导入市场以后可能会出现的问题。从时间上来讲,产品并没有临近寿命周期的终点,但是却出现了销售疲软现象,应该怎样诊断销售疲软的原因并采取针对有效的措施焕发产品的生机呢?对于这个问题的思考,我们归结为疲软产品提升策划。

综上所述,根据产品策划的问题主线,产品策划的内容应该包括:产品规划、新产品开发策划、新产品上市策划、疲软产品提升策划。产品策划对应于市场营销学的产品策略,但与其所包括的产品整体概念、产品组合和产品寿命周期等主要内容已不直接重复。

2 关于价格策划内容构成的思考

关于价格策划,需要深度思考四个方面的问题,并由此导出价格策划应包括的内容。

(1) 什么样的终端零售价格可以将产品成功销售出去?——终端价格策划

终端价格是决定产品是否能够最终实现销售的价格。价格策划要优先考虑产品价格在终端市场上的竞争力和形象感。价格策划的首要内容就是终端价格策划,其主要内容包括终端价格的定性分析与策略推演,终端价格的定量分析与价位区间框定,终端价格的计算、测试和确定。

(2) 各种产品之间的价格关系如何才能保证整体最优?——价格结构策划

策划价格并不仅仅意味着单一产品定价方法与技巧的简单应用,而是要将产品组合中的各种产品的价格作为一个整体来把握。这就必须综合考虑和处理好企业内部不同产品之间的价格关系,同一产品不同生命周期阶段的价格关系,本产品选择品之间的价格关系,等等。因此,价格策划的主要内容还应包括价格结构策划,其包括产品线组合定价策划和关联产品组合定价策划等重点内容。

(3) 产品各个销售环节的价格应该如何确定?——价格体系策划

价格策划要考虑营销价值链上参与营销价值创造的各个营销环节、营销机构的利益均衡与合理分配,要让参与产品分销的零售商和批发商(代理商或经销商),都能够通过适当的价格体系获得利益空间,否则,营销价值链的运转就会出现问题。因此,价格策划就必须包括价格体系策划,即按销售环节设计基本价格体系,再按照销售区域调整价格体系,最后按销售政策调整价格折扣。

(4) 价格应该如何调整才能既符合市场需要又保证企业利益?——价格调整策划

产品价格需要随着供求关系、产品推广节奏和市场竞争而有意识地进行调整。所以,价格策划还应包括价格调整策划,思考如何发动价格调整、如何应对通货膨胀、价格上涨和如何应对降价大战。

于是,价格策划的内容构成就包括:终端价格策划、价格结构策划、价格体系策划和价格调整策划。价格策划对应于市场营销学的价格策略,但与定价目标、定价方法和定价策略技巧等市场营销学价格策略的主体内容已不直接重复。

3 关于分销策划内容构成的思考

产品应该如何分销，需要依次考虑下列问题，这样分销策划的内容就可以由此得出。

（1）到哪里去销售？——分销布局策划

这是关于产品销售市场区域的重要问题。对这个问题的深度思考还会细化出下列问题：是在本地销售还是去外地销售？去外地销售是向东还是向西？去几个地方？去几个什么样的地方？这些地方同时去还是分别去？在分销策划中对这些问题的思考归结为分销布局策划，其内容包括分析分销布局影响因素、规划分销布局形式、策划分销布局实现方式。

（2）通过什么样的分销模式去销售？——分销模式策划

这是一个影响销售效率的问题。对这一问题的深度思考，还会深挖出下列细致的问题：是自己组建区域销售队伍，还是借助当地的商业机构经销或代理？分销渠道的环节多少为宜？经销商或代理商的数量多少为宜？是采取总经销下设分经销模式，还是区域多家经销模式？是采取独家代理模式，还是多家代理模式？在分销渠道策划中，我们将对这些问题的思考和设计，称为分销模式策划，其主要内容包括：分析流通环境、明确分销目标、选择流通业态、界定分销运作模式和规划渠道结构模式。

（3）通过什么途径能够找到分销商？——通路招商策划

这是一个落实分销模式建设销售网络的问题，也是企业高层、营销策划部门以及销售业务部门都十分关心的问题。在分销策划中，我们将对这一问题的思考称为通路招商策划，其内容包括：商业伙伴的选择标准、商业客户的考察评估、招商方式的策划运作等。

（4）如何激励和规范分销商的销售行为？——销售政策策划

这是一个关系到销售快速增长与市场规范发展的重要问题。在分销策划实战中，被称为销售政策策划，其内容包括：销售权限政策策划、价格政策策划、结算政策策划、返利政策策划、促销政策策划和销售服务政策策划等。

综上所述，分销策划的内容应该包括：分销布局策划、分销模式策划、通路招商策划和销售政策策划。分销策划对应于市场营销学的分销策略，但与分销渠道结构、分销渠道策略等市场营销学分销策略的主体内容有明显区别。

4 关于广告传播策划内容构成的思考

在广告传播策划中，我们需要依次清楚思考的问题以及由此构成的策划内容包括：

（1）为什么做广告？——广告目标策划

这似乎是一个多余的问题，或者是一个愚蠢的问题。但是在广告传播策划中这确实是一个必须首先深度思考并准确回答的问题。这在广告传播策划中被称为广告目标策划。

（2）广告对谁说？——广告诉求对象策划

这是一个容易被忽视的问题，但却是在广告策划流程中必须紧接着要明确的问题。广告诉求对象不明确，无异于广告传播无的放矢，也就无法达成广告的目标。关于广告对谁说的思考，即为广告诉求对象策划。

(3) 广告说什么？——广告诉求主题策划

这个问题似乎很简单,但实际并不简单,它不应仅仅从企业、产品本身的角度来思考,而更应从消费者的角度来思考。关于广告说什么的策划,就是广告诉求主题策划。

(4) 广告怎么说？——广告创意策划

同样的主题用不同的方法诉说,效果大不一样。广告传播策划在说什么确定之后还要研究怎么说,即开展广告创意策划,其主要内容包括:广告创意策略和广告创意构思表现。

(5) 在哪里向广告诉求对象说？——广告媒体策划

这是影响到广告传播效果好坏与费用多少的重要问题。广告策划要在广告诉求对象确定的基础上确定广告传播的媒体,即进行广告媒体策划。

(6) 什么时候跟广告诉求对象说？——广告时机策划

这是关乎广告传播效果的广告时机策划,其内容包括:广告发布时序策划、广告发布时限策划、广告发布时节策划和广告发布时点策划。

(7) 对广告诉求对象说多少次？——广告频率策划

这是关乎广告传播效果的广告频率策划问题。广告频次不够,广告诉求对象认知不清、印象不深,广告效果自然难以达到。广告频次过多,不仅浪费传播费用,还容易引起广告诉求对象以及其他受众的反感,对品牌形成负面印象。

(8) 广告诉求对象接受了多少？——广告执行监测策划

对广告诉求对象通过策划好的媒体、时机以及频次进行实际沟通传播执行的过程中会出现问题吗？沟通传播执行以后的实际效果如何？广告诉求对象接受和理解的信息是否和我们传播表达的信息一致？他信赖我们所说的吗？他将按照我们的意图建立或改变他们的消费态度和行为吗？这就是广告执行与效果监测策划需要解决的问题。

综上所述,广告传播策划的内容构成包括:广告目标策划、广告诉求对象策划、广告诉求主题策划、广告创意策划、广告媒介策划、广告时机策划、广告频次策划和广告执行监测策划。广告传播策划对应于市场营销学促销沟通策略中的广告宣传,但与广告媒体分类及选择等传统内容已有明显区别。

5 关于公关传播策划内容构成的思考

与一般意义上的公共关系不同,营销策划中的公共关系更加关注企业与消费者这一核心公众关系,注重借助新闻媒体和新闻事件的传播直接促进品牌形象建设和产品销售。在公关传播策划中,需要深度思考的问题以及由此形成的策划内容包括以下几点。

(1) 怎样通过新闻宣传传播品牌形象并为营销造势？——新闻公关策划

营销传播沟通需要整合广告与公关两大主要传播形式。一般意义上的公共宣传由于企业难以自主掌控内容和节奏,不容易与企业可以自主掌控的广告宣传同步整合,所以需要聚焦传播对象,开展以消费者为中心的、以直接促进营销为目的的营销公关传播。而由于消费者对广告存在一定的警觉性,因此也需要整合沟通,说服效果较好的新闻公关传播。新闻公关传播的使命,一是在于如何通过新闻媒体开展持续性的宣传以传播品牌形象,二是如何在特定的时间内开展密集型的宣传为产品营销造势。对于这两个问题的思考和设计，我们归结为新闻公关策划。

(2) 怎样通过公关赞助传递品牌价值？——赞助公关策划

赞助性公关是营销公关的又一重点，其在创造公众认知、提升形象的同时，还承载着传播品牌价值主张与品牌精髓的使命。赞助性公关不是纯粹社会公益意义上的公关赞助，也不是没有任何商业目的的慈善活动，而是传递品牌价值的商业公关赞助。因此，如何确定赞助对象、如何选择赞助形式和赞助标准，都是需要精心策划和周密考虑的问题，我们将这些归结为赞助公关策划。

(3) 怎样开展危机公关重塑品牌形象？——危机公关策划

危机公关是营销公关必须保持的备战状态。企业应该如何作出危机公关的组织反应、行动反应和信息反应？如何防止危机的进一步扩大？如何降低危机的扩散范围和损失范围？如何矫正危机给品牌带来的负面影响，重新塑造品牌的正面形象？这些都是企业营销公关都必须直面的问题，对于这些问题的思考和策划，我们归结为危机公关策划。

综上所述，公关传播策划的内容构成主要包括以消费者关系为核心的、以直接促进营销为目的的新闻公关策划、赞助公关策划和危机公关策划三大方面。公关传播策划对应于市场营销学促销沟通策略中的公共关系，但与公众类型、公关形式等传统内容明显不同。

6 关于促销活动策划内容构成的思考

“促销活动策划”对应于市场营销学沟通促销策略中的“Sales Promotion”，在中国，企业和消费者都习惯称之为“促销活动”。促销活动是营销的一大实效手段，在经济增长乏力的西方国家和竞争激烈的中国市场上，都已演变成一种短兵相接的地面营销战。促销活动策划是目前企业营销策划中最普遍的策划项目。成功开展促销活动策划，需要深度思考以下几个问题，从而形成促销策划的相关内容。

(1) 为什么要开展促销活动？——促销目标策划

在营销实战中盲目开展促销活动的现象非常普遍。为促销而促销，目标不明确的促销随处可见。从实际效果上看，这样的促销自然成效不大。从营销策划的原理上讲，促销活动必须首先明确促销活动的背景、目的和意义，我们称之为促销目标策划。

(2) 对什么产品开展促销活动？——促销产品策划

出现销售问题的产品是哪些？出现销售问题的原因是什么？能否通过促销活动解决产品的销售问题？是针对有销售问题的产品单项促销，还是联合所有产品共同促销？我们将对这些问题的思考和决策归结为促销产品策划。

(3) 什么时间开展促销活动？——促销时机策划

促销活动选择什么时间开展比较合适？促销期限设置多长时间？这是关系到促销活动开展时机的策划问题。

(4) 在哪些市场区域开展促销活动？——促销区域策划

哪些市场区域出现了销售问题？这些问题是否都需要通过促销来解决？如果某些销售

区域的市场下滑是由于销售力量不足或者品牌形象等问题造成的，开展促销活动显然是没有效果的。因此，需要对促销活动开展的市场区域正确分析和选择，对此，我们称之为促销区域策划。

(5) 针对什么样的目标消费者开展促销活动？——促销对象策划

针对什么样的目标消费者开展促销活动与产品定位和销售问题形成的原因有关，漫无目标或者张冠李戴式的促销只会浪费营销资源，因此，需要有效开展促销对象策划。

(6) 选择什么方式开展促销活动？——促销方式策划

用什么样的活动方式才能吸引促销对象？用多大的刺激力度才能打动目标消费者？这是促销方式策划需要思考并解决好的问题。

(7) 通过什么方式传播促销活动信息？——促销传播策划

促销活动必须通过适当的传播途径和传播方式告知促销对象才能产生促销效果，因此，促销活动策划必须包括促销传播策划。

综上所述，促销活动策划的内容应该包括：促销目标策划、促销产品策划、促销时机策划、促销区域策划、促销对象策划、促销方式策划和促销传播策划等方面，与市场营销学“Sales Promotion”中针对消费者、中间商和销售人员的促销方式有着明显的区别。

通过对上述产品、价格、分销、广告传播、公关传播和促销活动六个方面的营销策划内容构成的分析，就可以基本建立起与市场营销学既相互联系但又不简单重复的“营销策划”课程独立的内容体系。

（原载《华东经济管理》2010 年第 1 期，作者：朱华锋）

2.3 课改教材《营销策划理论与实践》

书名:营销策划理论与实践
编著:朱华锋
出版:中国科大出版社
书号:978-7-312-02337-8
版次:2008年8月第1版
定价:35.00元

书名:营销策划理论与实践
编著:朱华锋
出版:中国科大出版社
书号:978-7-312-02318-7
版次:2010年8月第2版
定价:30.00元

书名:营销策划理论与实践
编著:朱华锋
出版:中国科大出版社
书号:978-7-312-03173-1
版次:2013年1月第3版
定价:32.00元

2.3.1 课改背景

开设“营销策划”课程是为了培养适应社会和企业需要的营销专业人才,但是“营销策划”课程的独立内容体系还没有完全建立起来,很多营销策划教材仍然在重复市场营销学,或者是市场营销学的翻版。

作者以十年营销策划课程教学研究的感悟,加上原来十来年营销策划实战经验的积累,在营销策划实战读本《营销策划一线体验》的基础上,重新打造了课改教材《营销策划理论与实践》,该书第1版于2008年8月作为安徽省高等学校“十一五”省级规划教材出版,第2版和第3版作为省级特色专业和省级精品课程教材分别于2010年2月和2013年1月出版。其定位专一而单纯:为营销策划教师提供一本具有实用性的教材,为市场营销专业学生提供一本具有可读性的学习读本。其内容专业而独特:不同于市场营销学,但又不脱离市场营销学;不简单重复市场营销学,而是站在市场营销学的基础上,运用和驾驭市场营销学的原理与知识指导营销实践,开展营销策划。

2.3.2 本书特色

① 内容体系新颖：创造性地解决了与市场营销原理内容重复的问题。
② 内容构成务实：真实地摄录了中国市场营销策划的主要任务、项目。
③ 实训选题实用：课后策划模拟练习紧密结合实际具有操作执行性。

2.3.3 本书（第3版）目录

第二节　新闻公关策划
第三节　赞助公关策划
第四节　危机公关策划

第十章　促销活动策划

第一节　促销活动策划原理
第二节　买赠促销策划
第三节　特价促销策划
第四节　节假日促销策划
第五节　服务促销策划

2.3.4 本书应用

①上海立信会计学院“营销策划”课程教学大纲

上海立信会计学院“营销策划”课程教学大纲采用了《营销策划理论与实践》的内容体系与教学要求。

(1) 课程基本信息

课程名称：营销策划
英文名称：Marketing Planning
课程编号：13062020
课程类别：专业必修课
预修课程：市场营销学、管理学、消费者行为学、销售管理
开设部门：工商管理学院
适用专业：市场营销专业
学　　分：2
总 课 时：36学时。其中，理论课时：26学时；实践课时：10学时。

(2) 课程性质、目的

“营销策划”课程是市场营销专业的必修课程。主要研究和阐述市场营销策划的基本理论与实战方法。通过教授本课程，使学生掌握营销策划的理论依据与策略基础，掌握营销策划的思维路径和基本方法，充实和完善营销专业学生的知识结构，训练营销专业学生的实战能力，为学生毕业后能够从事并胜任市场营销工作提供了良好的知识储备与能力锤炼。

(3) 课程教学内容、基本要求、课时分配(表3.29)

表3.29 市场营销专业核心课程设置

<table>
<tr><th rowspan="2">章节</th><th rowspan="2">教学内容</th><th colspan="3">课时数分配</th></tr>
<tr><th>总课时数</th><th>理论课时数</th><th>实验课时数</th></tr>
<tr><td>第一章
第一节
第二节
第三节
第四节
第五节</td><td>市场营销策划概述
营销策划概念起源
营销策划思维
营销策划谋略
营销策划整合
营销策划误区防范
基本要求:
1. 理解营销策划的含义、特征和本质;
2. 掌握营销策划的思维路径与思维方式;
3. 掌握营销策划的谋略;
4. 了解营销策划的误区与营销策划人员必须具备的知识、素质和能力。
重点难点:
1. 策划与营销策划;
2. 市场营销策划的类型;
3. 市场营销策划的基本特点;
4. 市场营销策划的作用;
5. 市场营销策划的原则;
6. 市场营销策划的研究对象;
7. 营销策划的误区。</td><td>2</td><td>2</td><td></td></tr>
<tr><td>第二章
第一节
第二节
第三节
第四节</td><td>营销策划的准备工作
市场调研策划与执行流程
营销环境调研策划
市场需求调研策划
市场竞争调研策划
基本要求:
1. 了解市场调研策划的基本流程与主要调研方法和手段;
2. 了解营销宏观环境、流通渠道、传播媒体等调研的内容与方法;
3. 掌握市场需求与市场竞争调研的内容与方法;
4. 掌握产品概念测试、产品定价测试和广告创意测试等营销策略创意的调研方法;
5. 掌握产品销售监测、品牌形象调研和用户满意度调研等营销绩效调研的方法。</td><td>4</td><td>3</td><td>1</td></tr>
</table>

续表

章节	教学内容	课时数分配		
		总课时数	理论课时数	实验课时数
第二章	营销策划的准备工作 重点难点： 1. 设计调查问卷； 2. 执行实地调查； 3. 消费心理与行为调研； 4. 广告创意测试； 5. 品牌形象调研。	4	3	1
第三章 第一节 第二节 第三节 第四节 第五节	市场定位策划 市场定位策划原理 企业定位策划 品牌定位策划 产品定位策划 企业形象策划 基本要求： 1. 了解企业定位策划的基本内容与方法； 2. 掌握品牌定位策划的基本内容与方法； 3. 掌握产品定位策划的基本内容与方法； 4. 了解企业形象(CI)策划的基本内容和思路。 重点难点： 1. 市场定位； 2. 市场地位定位； 3. 定位目标消费者； 4. 企业形象策划的流程。	4	4	
第四章 第一节 第二节 第三节 第四节 第五节	品牌策划 品牌策划原理 品牌命名策划 品牌命名策划 品牌延伸策划 品牌拯救策划 基本要求： 1. 理解和掌握品牌元素的构成、品牌资产的内涵和品牌建设的思路； 2. 掌握品牌命名策划的流程与方法； 3. 掌握品牌延伸策划的基本思路； 4. 了解品牌拯救策划的基本思路。 重点难点： 1. 市场定位； 2. 市场地位定位； 3. 定位目标消费者； 4. 企业形象策划的流程。	4	2	2

续表

章节	教学内容	课时数分配		
		总课时数	理论课时数	实验课时数
第五章 第一节 第二节 第三节 第四节	产品策划 产品策划原理 产品规划 新产品开发策划 产品包装策划与设计 基本要求： 1. 了解产品规划的内容与方法； 2. 掌握产品上市策划的流程与方法； 3. 掌握概念产品推广策划的流程与方法； 4. 掌握产品包装策划与设计的内容与方法； 5. 了解疲软产品，提升策划的内容与思路。 重点难点： 1. 产品策划原理； 2. 新产品开发的战略选择； 3. 新产品上市策划与执行流程； 4. 产品包装策划与设计； 5. 推广概念产品； 6. 疲软产品市场提升思路对策。	3	2	1
第六章 第一节 第二节 第三节 第四节	价格策划 价格策划原理 终端价格策划 价格结构策划 价格体系策划 基本要求： 1. 理解价格策划的意义与要求； 2. 理解终端价格策划的方法，了解价格结构策划的流程与方法； 3. 了解价格体系策划的流程与方法； 4. 掌握价格调整策划的内容与方法。 重点难点： 1. 价格策划原理； 2. 定性分析与策略推演； 3. 产品线组合定价； 4. 按销售政策调整价格折扣； 5. 发动价格调整。	3	2	1
第七章 第一节 第二节	分销策划 分销渠道策划原理 分销布局策划	2	1	1

续表

<table>
<tr><th rowspan="2">章节</th><th rowspan="2">教学内容</th><th colspan="3">课时数分配</th></tr>
<tr><th>总课时数</th><th>理论课时数</th><th>实验课时数</th></tr>
<tr><td>第七章
第三节
第四节</td><td>分销策划
分销布局策划
分销模式策划
通路招商策划
基本要求：
1. 理解分销布局策划的内容与方法；
2. 理解分销模式策划的内容与方法；
3. 理解销售政策策划的内容与方法；
4. 掌握选择分销商的目标、原则与方法；
5. 了解渠道调整策划的背景、目的与方法。
重点难点：
1. 分销渠道策划的思维路径；
2. 规划分布局形式；
3. 规划渠道结构模式；
4. 通路招商策划；
5. 销售权限政策策划；
6. 促销政策策划。</td><td>2</td><td>1</td><td>1</td></tr>
<tr><td>第八章
第一节
第二节
第三节
第四节
第五节</td><td>广告传播策划
广告传播策划流程
广告诉求对象策划
广告诉求主题策划
广告创意策划
广告媒体策划
基本要求：
1. 理解广告诉求主题策划的主要路径；
2. 了解广告创意的概念、要求与手法；
3. 掌握广告发布媒体策划、时间策划与频率策划的方法。
重点难点：
1. 广告创意策划；
2. 广告诉求主题策划；
3. 目标消费者策划路径；
4. 广告媒体组合；
5. 广告有效频率。</td><td>3</td><td>1</td><td>2</td></tr>
<tr><td>第九章
第一节
第二节
第三节
第四节</td><td>公关传播策划
公关传播策划概述
新闻公关策划
赞助公关策划
危机公关策划</td><td>3</td><td>2</td><td>1</td></tr>
</table>

续表

章节	教学内容	课时数分配		
		总课时数	理论课时数	实验课时数
第九章	公关传播策划 基本要求： 1. 了解新闻公关策划的作用与策划创意方法； 2. 掌握危机公关策划与赞助公关策划的方法； 3. 掌握新闻发布会策划的内容与方法。 重点难点： 1. 公共关系与市场营销； 2. 新闻公关形象策划； 3. 新闻营销造势策划； 4. 赞助公关策划关键要点； 5. 快速作出危机公关的行动反应。	3	2	1
第十章 第一节 第二节 第三节	促销活动策划 促销活动策划原理 买赠促销策划 特价促销策划 基本要求： 1. 理解促销策划的原则、流程和范围区间，熟悉促销策划的创意方向与思路； 2. 了解促销策划的常见误区，避免发生促销策划失误； 3. 掌握通路促销和主要终端促销活动的基本策划思路和方法。 重点难点： 1. 促销活动策划原理； 2. 赠品的策划与选择； 3. 特价幅度策划； 4. 节假日促销对象与心理把握； 5. 节假日促销活动传播与现场布置； 6. 通路促销策划。	2	1	1
合计		36	26	10

(4) 课程考核

① 考核方式：考试。

② 考核内容：以市场营销策划的基本理论、概念、方法为主要内容。

③ 成绩评定：平时成绩占30%，期末考试成绩占70%。

(5) 教材与参考文献

① 教材。

《营销策划理论与实践》，安徽省高等学校“十一五”省级规划教材，中国科学技术大学出版社，朱华锋编著，2008年版。

《企业营销策划》，广东经济出版社，叶万春编著，2001年版。

《市场营销策划》，东北财经大学出版社，胡其辉主编，1999年版。

② 参考文献。

a. 杂志：《销售与市场》

《国际广告》

《现代广告》

b. 报刊：《中国经营报》

《21实际经济报道》

《中国经济时报》

c. 网站：中国品牌传播网 http://www.globrand.com/

美国营销协会网 www.marketingpower.com

中国市场营销网 www.ecm.com.cn

中国营销传播网 www.emkt.com.cn

2 包头医学院"营销策划"课程教学大纲

包头医学院"营销策划"课程教学大纲采用了《营销策划理论与实践》的内容体系与教学要求。

课程名称：营销策划

课程类型：考查课

总 学 时：54课时　　讲课学时：48课时　　实验学时：6课时

学　　分：3

(1) 课程的性质和任务

"营销策划"课程是市场营销专业的必修课程，主要研究和阐述市场营销策划的基本理论与实战方法。通过教授本课程，使学生掌握营销策划的理论依据与策略基础，掌握营销策划的思维路径和基本方法，充实和完善营销专业学生的知识结构，训练营销专业学生的实战能力，为学生毕业后能够从事并胜任市场营销工作提供良好的知识储备与能力锤炼。

(2) 相关课程的衔接

"营销策划"课程属于市场营销专业的主干专业课程，是该专业学生在修完"经济学"、"市场营销学"等专业基础课程之后开设的旨在培养学生运用营销理论与方法开展市场营销工作能力的课程，与"广告学"、"消费心理学"、"公共关系学"等课程有着密切的联系，在教学过程中要加强学科之间的沟通，避免内容的交叉重复与冲突。

(3) 课程教学的基本要求

① 正确认识本课程的性质与任务，较为全面地了解本课程的内容结构与体系。

② 牢固掌握营销策划的基本概念与性质，深刻理解营销策划的理论背景与策略依据，掌握营销策划的基本原理与基本方法。

③ 理论联系实际，培养学生运用营销策略开展营销策划的实际操作能力。

④ 密切关注营销策划理论与实战的发展变化，不断更新营销策划的创新方法与实战案例。

⑤ 为保证教学内容的生动形象与呈现的直观效果，应采取多媒体教学手段。

(4) 教材

《营销策划理论与实践》，中国科学技术大学出版社，朱华锋编著，2010 年 2 月第 2 版。

(5) 课程教学要求的层次

在教学实施过程及期末考核时，按“知道”、“了解”、“理解”三个层次要求。

① “知道”，即一般掌握有关内容，通常以填空、选择、判断等题型进行考核。

② “了解”，即要清楚地掌握有关内容，一般以名词解释、填空、选择、判断、简答等题型进行考核。

③ “理解”，即要非常清楚、全面、准确地掌握有关内容并能够熟练地运用，一般以论述、案例分析、问答等题型进行考核。

(6) 课程的教学安排及学时分配(表 3.30)

表 3.30　教学安排及学时分配

章　次	教学内容	理论学时	实验学时
第一章	营销策划导论	4	
第二章	市场调研谋略	4	
第三章	市场定位策划	4	
第四章	品牌策划	4	
第五章	产品策划	6	
第六章	价格策划	4	
第七章	分销策划	4	
第八章	广告传播策划	6	
第九章	公关传播策划	6	
第十章	促销活动策划	6	
	实验课程		6
合　计		48	6

(7) 课程的教学大纲内容与要求

第一章　营销策划概述

1. 理解营销策划的含义、特征和本质；
2. 掌握营销策划的思维路径与思维方式；
3. 掌握营销策划的谋略；
4. 了解营销策划的误区与营销策划人员必须具备的知识、素质和能力。

第二章　市场调研策划

1. 了解市场调研策划的基本流程与主要调研方法和手段；
2. 了解营销宏观环境调研、流通渠道调研、传播媒体调研的内容与方法；
3. 掌握市场需求与市场竞争调研的内容与方法；
4. 掌握产品概念测试、产品定价测试和广告创意测试等营销策略创意的调研方法；
5. 掌握产品销售监测、品牌形象调研和用户满意度调研等营销绩效调研的方法。

第三章　市场定位策划

1. 了解企业定位策划的基本内容与方法；
2. 掌握品牌定位策划的基本内容与方法；
3. 掌握产品定位策划的基本内容与方法；
4. 了解企业形象(CI)策划的基本内容和思路。

第四章　品牌策划

1. 理解和掌握品牌元素的构成、品牌资产的内涵和品牌建设的思路；
2. 掌握品牌命名策划的流程与方法；
3. 掌握品牌延伸策划的基本思路；
4. 了解品牌拯救策划的基本思路。

第五章　产品策划

1. 了解产品规划的内容与方法；
2. 掌握产品上市策划的流程与方法；
3. 掌握概念产品推广策划的流程与方法；
4. 掌握产品包装策划与设计的内容与方法；
5. 了解疲软产品提升策划的内容与思路。

第六章　价格策划

1. 理解价格策划的意义与要求；
2. 理解终端价格策划的方法，了解价格结构策划的流程与方法；
3. 了解价格体系策划的流程与方法；
4. 掌握价格调整策划的内容与方法。

第七章　分销策划

1. 理解分销布局策划的内容与方法；
2. 理解分销模式策划的内容与方法；

3. 理解销售政策策划的内容与方法;
4. 掌握选择分销商的目标、原则与方法;
5. 了解渠道调整策划的背景、目的与方法。

第八章　广告传播策划

1. 理解广告诉求主题策划的主要路径;
2. 了解广告创意的概念、要求与手法;
3. 掌握广告发布媒体策划、时间策划与频率策划的方法。

第九章　公关传播策划

1. 了解新闻公关策划的作用与策划创意方法;
2. 掌握危机公关策划与赞助公关策划的方法;
3. 掌握新闻发布会策划的内容与方法。

第十章　促销活动策划

1. 理解促销策划的原则、流程和范围区间,熟悉促销策划的创意方向与思路;
2. 了解促销策划的常见误区,避免发生促销策划失误;
3. 掌握通路促销和主要终端促销活动的基本策划思路和方法。

3 湖北民族学院“营销策划”课程教学大纲

湖北民族学院2012年普通专升本招生简章中将“营销策划”这一测试科目的参考书目指定为《营销策划理论与实践》,其教学大纲内容与要求与该书第一版完全一致。

(1) 课程概述

① 课程的性质和任务。

“营销策划”课程是市场营销专业的必修课程。主要研究和阐述市场营销策划的基本理论与实战方法。通过教授本课程,使学生掌握营销策划的理论依据与策略基础,掌握营销策划的思维路径和基本方法,充实和完善营销专业学生的知识结构,训练营销专业学生的实战能力,为学生毕业后能够从事并胜任市场营销工作提供良好的知识储备与能力锤炼。

② 相关课程的衔接。

“营销策划”课程属于市场营销专业的主干专业课程,是该专业学生在修完“经济学”、“市场营销原理”等专业基础课程之后开设的旨在培养学生运用营销理论与方法开展市场营销工作能力的课程,在教学过程中要加强学科之间的沟通,在其他相关基础课程之上提高其营销应用能力。

③ 课程教学的基本要求。

a. 正确认识本课程的性质与任务,较为全面地了解本课程的内容结构与体系。

b. 牢固掌握营销策划的基本概念与性质,深刻理解营销策划的理论背景与策略依据,掌握营销策划的基本原理与基本方法。

c. 理论联系实际，培养学生运用营销策略开展营销策划的实际操作能力。

d. 密切关注营销策划理论与实战的发展变化，不断更新营销策划的创新方法与实战案例。

e. 为保证教学内容的生动、形象与呈现的直观效果，应采取多媒体教学手段。

④ 教材及主要参考书目。

a. 教材：

《营销策划理论与实践》，中国科学技术大学出版社，朱华锋编著，2008年8月第1版。

b. 参考书目：

《企业营销策划》，广东经济出版社，叶万春编著，2001年版。

《市场营销策划》，东北财经大学出版社，胡其辉主编，1999年版。

《销售与市场》、《国际广告》、《现代广告》等杂志。

《中国经营报》等报刊。

《中国营销传播网》等网站。

⑤ 课程教学要求的层次。

在教学实施过程及期末考核时，按“知道”、“了解”、“理解”三个层次要求。

a. “知道”即一般掌握有关内容，通常以填空、选择、判断等题型进行考核。

b. “了解”即要清楚掌握有关内容，一般以名词解释、填空、选择、判断、简答等题型进行考核。

c. “理解”即要非常清楚、全面、准确地掌握有关内容并能够熟练地运用，一般以论述、案例分析、问答等题型进行考核。

(2) 课程教学大纲内容与要求

第一章　营销策划概述

学习要求

1. 理解营销策划的含义、特征和本质；

2. 掌握营销策划的思维路径与思维方式；

3. 掌握营销策划的谋略；

4. 了解营销策划的误区与营销策划人员必须具备的知识、素质和能力。

教学内容

第一节　营销策划概念起源

一、策划与营销策划

二、营销策划与市场营销

三、营销策划的内容范畴

四、营销策划的组织形式

五、营销策划的特征与本质要求

第二节　营销策划思维

一、营销策划思维路径

二、营销策划思维方式

第三节　营销策划谋略

一、审时度势　因势利导

二、洞察市场　牵引消费

第四节　营销策划整合

一、营销策划整合的认识前提——营销观念整合

二、营销策划整合的制度前提——营销体制整合

三、营销策划整合的方法前提——企

业流程整合

四、营销策划整合的实施平台——营销管理整合

五、营销策划整合的核心工具——营销策略整合

六、营销策划整合的输出窗口——营销整合传播

第五节　营销策划误区防范

一、迷恋“轰动”

二、迷恋“新奇”

三、迷恋“点子”

四、迷恋“炒作”

第六节　营销策划才智

一、营销策划人员应具备的知识

二、营销策划人员应具备的素质

三、营销策划人员应具备的能力

第二章　市场调研策划

学习要求

1. 了解市场调研策划的基本流程与主要调研方法和手段；

2. 了解营销宏观环境调研、流通渠道调研、传播媒体调研的内容与方法；

3. 掌握市场需求与市场竞争调研的内容与方法；

4. 掌握产品概念测试、产品定价测试和广告创意测试等营销策略创意的调研方法；

5. 掌握产品销售监测、品牌形象调研和用户满意度调研等营销绩效调研的方法。

教学内容

第一节　市场调研策划与执行流程

一、确定调研目的

二、确定调研方法

三、确定调研对象

四、设计调查问卷

五、物色培训访员

六、执行实地调查

七、资料统计分析

八、完成调研报告

第二节　营销环境调研策划

一、宏观环境调研

二、流通渠道调研

三、传播媒体调研

第三节　市场需求调研策划

一、市场现状调研

二、市场趋势调研

三、消费心理与行为调研

第四节　市场竞争调研策划

一、竞争格局调研

二、竞争策略调研

三、企业内部调研

第五节　营销策略调研策划

一、新产品概念测试

二、新产品定价测试

三、广告创意测试

第六节　营销绩效调研策划

一、产品销售监测

二、用户满意度调研

三、品牌形象调研

第三章　市场定位策划

教学要求

1. 了解企业定位策划的基本内容与方法；

2. 掌握品牌定位策划的基本内容与方法；

3. 掌握产品定位策划的基本内容与方法；

4. 了解企业形象(CI)策划的基本内容和思路。

教学内容

第一节　市场定位策划原理

一、市场定位的内涵
二、市场定位策划的顺序
三、市场定位的传播
第二节　企业定位策划
一、企业定位策划的本质
二、产业领域定位策划
三、市场地位定位策划
四、盈利模式定位策划
五、发展战略定位策划
第三节　品牌定位策划
一、定位产品品类
二、定位目标消费者
三、定位核心价值
四、定位消费场景
五、定位市场地位
第四节　产品定位策划
一、属性定位：产品品种角色定位
二、根本定位：目标消费者定位
三、基本定位：产品整体概念分层定位
四、动态定位：产品寿命周期动态定位
第五节　企业形象策划
一、企业形象与CI策划
二、企业形象（CI）策划的内容
三、企业形象（CI）策划的时机
四、企业形象（CI）策划的流程

第四章　品牌策划

学习要求

1. 理解和掌握品牌元素的构成、品牌资产的内涵和品牌建设的思路；
2. 掌握品牌命名策划的流程与方法；
3. 掌握品牌延伸策划的基本思路；
4. 了解品牌拯救策划的基本思路。

教学内容

第一节　品牌策划原理
一、解析品牌构成元素
二、明晰品牌资产创建路径
三、落实品牌建设责任
第二节　品牌命名策划
一、按照品牌定位展开命名创意
二、通过名称测试筛选最佳命名
三、通过注册查询保证命名合法有效
第三节　品牌延伸策划
一、进行品牌体检检查延伸能力
二、规划延伸产品保证形象统一
三、防止品牌延伸陷阱
四、选择品牌延伸策略模式
五、强化品牌延伸传播与品牌延伸管理
第四节　品牌拯救策划
一、品牌许可转让
二、进行产品革新
三、重新定位品牌
四、转移目标市场
五、进行区域转移
六、进行产业调整

第五章　产品策划

学习要求

1. 了解产品规划的内容与方法；
2. 掌握产品上市策划的流程与方法；
3. 掌握概念产品推广策划的流程与方法；
4. 掌握产品包装策划与设计的内容与方法；
5. 了解疲软产品提升策划的内容与思路。

教学内容

第一节　产品策划原理

一、产品策划的思维路径
二、产品策划的策略主线
第二节　产品规划
一、产品品种数量规划
二、产品品种角色规划
三、产品品种规模规划
四、产品导入时间规划
第三节　新产品开发策划
一、新产品开发的战略选择
二、新产品开发的组织设计
三、新产品开发的路径设计
四、新产品开发的流程规划
第五节　新产品上市策划
一、新产品上市策划与执行流程
二、新产品上市策划内容
三、新产品上市策划注意事项
第四节　产品包装策划与设计
一、包装材料策划设计
二、包装容器策划设计
三、包装规格策划设计
四、陈列性包装策划设计
五、促销性包装策划设计
六、储运性包装策划设计
第五节　概念产品推广策划
一、优选概念产品
二、开发概念产品
三、包装概念产品
四、推广概念产品
五、保护概念产品
第六节　疲软产品提升策划
一、疲软产品原因分析诊断
二、疲软产品市场提升思路对

第六章　价格策划

学习要求

1. 理解价格策划的意义与要求；

2. 理解终端价格策划的方法，了解价格结构策划的流程与方法；

3. 了解价格体系策划的流程与方法；

4. 掌握价格调整策划的内容与方法。

教学内容

第一节　价格策划原理
一、价格策划的意义重大
二、价格策划的基本要求
三、价格策划的策略主线
第二节　终端价格策划
一、定性分析与策略推演
二、定量分析与价位区间
三、终端价格计算
第三节　价格结构策划
一、产品线组合定价
二、关联产品组合定价
第四节　价格体系策划
一、按销售环节设计基本价格体系
二、按销售区域调整价格体系
三、按销售政策调整价格折扣
第五节　价格调整策划
一、发动价格调整
二、应对通货膨胀价格上涨
三、应对降价大战

第七章　分销策划

学习要求

1. 理解分销布局策划的内容与方法；

2. 理解分销模式策划的内容与方法；

3. 理解销售政策策划的内容与方法；

4. 掌握选择分销商的目标、原则与方法；

5. 了解渠道调整策划的背景、目的与方法。

教学内容

第一节　分销渠道策划原理

一、分销渠道策划的思维路径

二、分销渠道策划的策略主线

第二节 分销布局策划

一、分析分销布局影响因素

二、规划分销布局形式

三、策划分销布局实现方式

第三节 分销模式策划

一、分析流通环境

二、明确分销目标

三、选择流通业态

四、界定分销运作模式

五、规划渠道结构模式

第四节 通路招商策划

一、商业伙伴的选择标准

二、商业客户的考察评估

三、招商方式的策划运作

第五节 销售政策策划

一、销售政策策划原则

二、销售权限政策策划

三、价格政策策划

四、结算政策策划

五、返利政策策划

六、促销政策策划

七、销售服务政策策划

第八章 广告传播策划

学习要求

1. 理解广告诉求主题策划的主要路径；

2. 了解广告创意的概念、要求与手法；

3. 掌握广告发布媒体策划、时间策划与频率策划的方法。

教学内容

第一节 广告传播策划流程

一、广告目标策划

二、广告诉求对象策划

三、广告诉求主题策划

四、广告创意策划

五、广告媒体策划

六、广告时机策划

七、广告频率策划

八、广告执行监测策划

第二节 广告诉求主题策划

一、品牌愿景策划路径

二、消费利益策划路径

三、产品寿命周期策划路径

四、目标消费者策划路径

五、产品特性策划路径

六、广告竞争策划路径

第三节 广告创意策划

一、广告创意概念

二、广告创意要求

三、广告创意手法

第四节 广告媒体策划

一、媒体策划流程

二、广告媒体选择

三、广告媒体组合

第五节 广告时机策划

一、广告发布时序策划

二、广告发布时限策划

三、广告发布时节策划

四、广告发布时点策划

第六节 广告频率策划

一、广告有效频率

二、广告发布频率策划

三、广告频率分布模式

第九章 公关传播策划

学习要求

1. 了解新闻公关策划的作用与策划创意方法；

2. 掌握危机公关策划与赞助公关策划的方法；

3. 掌握新闻发布会策划的内容与方法。

教学内容

第一节　公关传播策划概述

一、公共关系与市场营销

二、营销公关与公关传播策划

第二节　新闻公关策划

一、新闻公关策划目的和作用

二、新闻公关策划内容范围

三、新闻公关形象策划

四、新闻营销造势策划

第三节　赞助公关策划

一、赞助公关目的和作用

二、赞助对象选择范围

三、赞助对象选择标准

四、赞助公关策划关键要点

第四节　危机公关策划

一、建立危机预先防范机制

二、快速作出危机公关的组织反应

三、快速作出危机公关的行动反应

四、快速作出危机公关的信息反应

第十章　促销活动策划

学习要求

1. 理解促销策划的原则、流程和范围区间,熟悉促销策划的创意方向与思路;

2. 了解促销策划的常见误区,避免发生促销策划失误;

3. 掌握通路促销和主要终端促销活动的基本策划思路和方法。

教学内容

第一节　促销活动策划原理

一、促销策划的原则

二、促销策划的流程

三、促销策划的范围区间

四、促销策划的创意方向

五、促销策划的误区防范

第二节　买赠促销策划

一、买赠促销的特性

二、买赠促销的时机选择

三、赠品的策划与选择

四、策划与执行的注意事项

第三节　特价促销策划

一、特价时机策划

二、特价产品策划

三、特价方式策划

四、特价理由策划

五、特价幅度策划

六、特价信息传播策划

第四节　节假日促销策划

一、节假日文化内涵与市场机会发掘

二、节假日促销对象与心理把握

三、节假日促销产品策划

四、节假日促销方式策划

五、节假日促销主题策划

六、节假日促销时间策划

七、节假日促销地点策划

八、节假日促销活动传播与现场布置

第五节　服务促销策划

一、服务促销策划的系统思考

二、服务形象策划

三、服务项目策划

四、服务承诺策划

五、服务规范策划

六、服务模式策划

第六节　通路促销策划

一、通路促销区域对象策划

二、通路促销产品范围策划

三、通路促销时间期限策划

四、通路促销方式策划

五、通路促销方案的测试与完善

2.4 课改教材《市场营销策划》

书名：市场营销策划

主编：朱华锋

书号：978-7-81110-927-6

出版：安徽大学出版社

版次：2011 年 7 月第 1 版

定价：38.00 元

2.4.1 课改背景

在全国经济发展的大环境下，安徽作为发展中的内地省份，经济和教育的发展迫切需要培育一批适合地方经济发展的管理人才，因此，编写一套适合安徽省工商管理、市场营销等专业教育特点的本科系列教材，便成为安徽省高等教育的当务之急。基于此原因，安徽大学出版社联合安徽大学、合肥工业大学、安徽财经大学、安徽工业大学、安徽农业大学、安徽理工大学、安徽师范大学、安徽工程科技学院、安徽科技学院、合肥学院、皖西学院、宿州学院、铜陵学院等省内高等院校，集聚全省高校师资力量，共同开发和出版了本套工商管理类系列教材，虽耗资、耗时巨大，但成绩斐然。

2.4.2 本书特色

市场营销专业毕业生主要面向企业就业，在企业工作中，针对营销工作的问题提出解决对策是其工作的主流和常态。“营销策划”课程教材的内容，应该适应企业营销岗位的职位知识与能力要求。为此，本教材采用模块化、任务型的方式进行内容体系和写作体例的编排，在理论上与市场营销学既密切联系又不简单重复，在实践上与中国企业营销实践紧密结合。

2.4.3 本书目录

第五模块　价格策划

策划原理　价格策划的策略主线
策划任务一　终端价格策划
策划任务二　价格结构策划
　策划项目一　产品线价格结构策划
　策划项目二　关联产品价格结构策划
策划任务三　价格体系策划
策划任务四　价格调整策划
　策划项目一　发动价格调整
　策划项目二　应对通货膨胀价格上涨
　策划项目三　应对降价大战

第六模块　分销渠道策划

策划原理　分销策划的策略主线
策划任务一　分销布局策划
策划任务二　分销模式策划
策划任务三　通路招商策划
策划任务四　销售政策策划
　策划项目一　销售权限政策策划
　策划项目二　价格政策策划
　策划项目三　结算政策策划
　策划项目四　返利政策策划
　策划项目五　促销政策策划
　策划项目六　销售服务政策策划

第七模块　广告传播策划

策划原理　广告传播策划的策略主线
策划任务一　广告诉求主题策划
策划任务二　广告创意策划
策划任务三　广告媒体策划
策划任务四　广告时机策划
　策划项目一　广告发布时序策划
　策划项目二　广告发布时限策划
　策划项目三　广告发布时节策划
　策划项目四　广告发布时点策划
策划任务五　广告频率策划

第八模块　公关传播策划

策划原理　公关传播策划的策略主线
策划任务一　新闻公关策划
　策划项目一　新闻公关形象策划
　策划项目二　新闻营销造势策划
　策划项目三　新闻发布会策划
策划任务二　赞助公关策划
策划任务三　危机公关策划

第九模块　促销活动策划

策划原理　促销活动策划的策略主线
策划任务一　买赠促销策划
策划任务二　特价促销策划
策划任务三　节假日促销策划
策划任务四　服务促销策划
　策划项目一　服务形象策划
　策划项目二　服务项目策划
　策划项目三　服务承诺策划
　策划项目四　服务规范策划
　策划项目五　服务模式策划
策划任务五　通路促销策划

第十模块　整合营销策划

策划原理　整合营销策划的策略主线
策划原理一　整合营销策划的基本前提
策划原理二　整合营销策划的关键要素——营销管理整合
策划原理三　整合营销策划的核心工具——营销策略整合
策划原理四　整合营销策划的作业流程
策划原理五　整合营销策划的输出窗口——营销整合传播
策划原理六　整合营销执行的全程管理
策划任务　整合营销策划方案的编写与陈述
执行任务　整合营销策划方案的执行

2.5 课改教材《市场调查与预测》

书名：市场调查与预测
主编：朱启保
出版：中国科学技术大学出版社
书号：978-7-312-02498-6
版次：2009 年 7 月第 1 版
定价：30.00 元

2.5.1 课改背景

2008 年安徽省启动高等学校省级教学质量与教学改革工程，安徽经济管理学院营销与策划专业入选第一批省级特色专业建设点。作为一所地方性、管理类和应用型高等学校，安徽经济管理学院应努力建设面向和服务于安徽经济发展的应用型管理专业。

安徽经济管理学院营销与策划省级特色专业课程改革具有明确的思路：一是贯彻和体现了“以就业为导向、以质量为生命、以实践为主线”的宗旨；二是解决“市场营销原理”、“营销策划”和“营销管理”三门专业主干课程内容重复的问题，规范三门主干课程各自的研究对象、研究内容与研究方法，做到既有联系又有区别；三是加强“市场调查与预测”等基础课程以及“价格策划”、“广告策划”、“公关策划”等专业课程的教学改革。《市场调查与预测》的出版，是安徽经济管理学院营销与策划省级特色专业建设中课程改革方面的重要成果。

2.5.2 本书特色

① 以市场调查工作流程为主线进行课程设计，具有很强的操作性。

根据市场调查的实际操作情况，以真实的调查活动实践顺序进行教学内容的安排，突出学生市场调查能力和市场分析能力的培养。

② 以调查工作中实际能力的提升和职业素养的养成教育为特色。

教学内容组织以工作流程中能力构建为主体，通过案例和实训锻炼学生的动手能力，提高学生分析和解决实际问题的能力。

③ 以培养市场调查人员为主要目标，具有很强的针对性。

以市场调查人员必须掌握的知识和技能作为教学内容选择的主要标准，既深入浅出地勾画了市场调查与预测的内容体系，又有足够的操作实训安排。

2.5.3 本书目录

2.6 课改教材《营销管理实务》

书名：营销管理实务
主编：朱华锋
出版：中国科学技术大学出版社
书号：978-7-312-02500-6
版次：2009 年 7 月第 1 版
定价：30.00 元

2.6.1 课改背景

营销教育界对于市场营销和营销管理这两个概念存在着未加严格区分的混用现象，对于“市场营销”和“营销管理”两门课程框架体系也还没有明确清晰的界定，没有形成合理的研究对象、研究范畴和研究内容区别。《营销管理实务》大胆突破了一般教材的体系结构，从营销部门经理岗位管理的角度梳理了营销管理的内容体系和方法体系，以营销过程管理、营销整合管理为主轴，以品牌经理、产品经理、市场经理、销售经理、物流经理、用户服务经理、行政人事经理等营销经理的日常管理工作为重点，构建出新的营销管理课程内容体系。

2.6.2 专家评价

《营销管理实务》从营销经理的角度，根据营销经理的岗位职能，对营销管理的概念范畴、职责范围、知识体系和方法要求，进行了一些有益的探索，对营销管理有了一个新的分析视角、一个新的研究层面，应该说是有创新点的。《营销管理实务》对于应用性管理型专业人才的培养来说，确立了较为清晰的培养目标，是比较实用的“营销管理”课程教材。

2.6.3 本书特色

① 内容体系新颖：创造性地解决了与市场营销原理内容重复的问题。

② 内容构成务实：全景式地展现出中国市场营销管理实践的真实状态。

③ 体例设计亲切：开篇案例生动形象、意味深长，导入课程亲切自然。

2.6.4 本书目录

2.7 课改教材《市场营销原理》

书名：市场营销原理
主编：朱华锋
书号：978-7-312-02662-1
出版：中国科学技术大学出版社
版次：2010年3月第1版，2011年1月第2次印刷
定价：30.00元

2.7.1 课改背景

《市场营销原理》是安徽经济管理学院营销与策划省级特色专业建设中课程改革与教材建设的一部力作。本书与《营销策划理论与实践》、《营销管理实务》形成了营销与策划专业、市场营销专业“营销原理”、“营销策划”和“营销管理”三门核心课程课改教材三部曲，解决了这三门课程内容体系重复的问题，形成了紧密联系又各自相对独立的课程内容体系。

2.7.2 专家评价

《市场营销原理》紧紧抓住市场营销“发现、创造、传播和交换价值”这一本质谋篇构局，体系结构清晰明了。在营销概念和营销手段令人眼花缭乱的局象中，给人一种大道至简的感受。该书参考借鉴了世界权威营销专家菲利普·科特勒教授的最新著作《市场营销原理》(第11版)和《营销管理》(第13版)，因此，既具有国际视野，又适应中国实际。

2.7.3 本书特色

① 核心思想：营销本质，价值主线。
② 内容体系：实践导向，理论主流。
③ 内容更新：与时俱进，时代特征。
④ 章节编排：结构重组，逻辑清晰。

2.7.4 本书目录

2.8 课改教材《销售业务技能》

书名:销售业务技能
主编:朱华锋
书号:978-7-312-02837-3
出版:中国科学技术大学出版社
版次:2011 年 7 月第 1 版
定价:30.00 元

2.8.1 课改背景

《销售业务技能》是安徽经济管理学院"营销与策划"省级特色专业建设课程改革与教材建设中的又一力作。该课程原来的基础是"推销技术"(有些高校也称"推销学"或者"人员推销"),但原来的课程名称和内容都已经老化,与现实市场实际和现代营销要求脱节严重。为此,《销售业务技能》打破了传统推销技能课程与教材以学科知识为主要线索的编写思路,按照现代企业对于销售人员的职业素养、职业技能的基本要求,按照主流企业销售岗位设置及其任职素质与技能要求,按照现代企业销售业务管理的需要,来安排教学内容和组织结构。

2.8.2 本书特色

① 结构转型:破学科知识结构,立职业能力结构。
② 内容升级:破时过境迁旧论,立与时俱进新论。
③ 语言活化:破晦涩枯燥文风,立清新趣味文风。

2.8.3 本书目录

2.9 课改教材《广告原理与策划》

书名:广告原理与策划
主编:章军
出版:中国科学技术大学出版社
书号:978-7-312-03082-6
版次:2012 年 8 月第 1 版
定价:30.00 元

2.9.1 课改背景

由于学科划分和专业设置的原因,广告学教材多为新闻传播院系教师为广告学专业教学需要而编写的,真正适合市场营销专业、营销与策划专业广告课程的教材并不多,而以企业营销传播目标任务为主旨,按照企业广告实际运作流程编写的广告教材就更少,而且,编写视觉也没有很好地把握营销专业广告课程的专业教学的需要和实践运用的需要。为此,以培养适合企业营销人才需要为基本定位的营销类专业广告课程改革与教材建设就成为我们的一项重要任务。

2.9.2 本书特色

《广告原理与策划》是省级特色专业——营销与策划专业的系列课改教材之一,依靠特色专业的支撑而拥有更为完善的理论体系和更为贴近企业广告实战的特色,较之于其他教材有着更鲜明的创新性和实用性。全书立足于企业营销传播需要和广告运作流程进行章节和内容设计,做到了"理论够用"和"实践管用",并将新媒体和新传播等营销与广告实践方面的最新探索引入教材,实现了教材与当前营销与广告策划的紧密结合。

2.9.3 本书目录

2.10 关于“促销活动”课程设置与教材建设的探讨[①]

课程改革和教材建设是高职院校教学改革和质量工程建设的重点工作和重要载体，在人才培养工作中具有明确的地位和明显的作用。在安徽经济管理学院营销与策划省级特色专业建设和营销策划省级精品课程建设过程中，建设团队紧紧围绕高等职业教育的目标，主动优化营销与策划专业、市场营销专业人才培养方案，按照企业市场营销的实际工作，积极开展专业核心课程内容改革和教材建设，相继开发出《市场营销原理》、《营销策划理论与实践》、《营销管理实务》、《销售业务技能》和《促销活动策划与执行》等一批省级特色专业课改教材，基本解决了“营销原理”、“营销策划”和“营销管理”三门课程理论内容重复过多的问题、实践内容脱离实际的问题，由“人员推销”课程改造而来的“销售业务技能”课程，基本解决了原有课程内容老化、不适应现代市场营销观念与企业营销实际的问题。现将我们持续三年之久的“促销活动”课程设置与教材建设的思考整理成文，期望与大家共同交流探讨，请同行专家指教。

2.10.1 “促销活动”课程设置与教材建设的必要性

1 促销活动是企业市场营销的一大实效手段，面向企业的营销类专业应该开设“促销活动”课程

促销活动是企业最常用的基础性营销手段，也是企业调整最多、最快的营销手段，促销活动的调整速度和频次比产品、价格和渠道等主要营销策略调整，比广告和公关等营销沟通调整要快而多，是一种更能直接见效的、更快见效的实效促销手段。在营销实战中，促销活动已经演变成一种越来越频繁的短兵相接的地面战争，促销活动费用通常会占到企业营销费用的一半以上，有时甚至会超过70%，而且越是销售困难，促销费用开支越大。大型企业需要通过促销活动解决产能过剩、存库积压等问题，并通过促销活动创新解决促销活动对于品牌的负面影响，努力达成促销活动促进品牌建设的作用。中小型企业由于营销资源不足，可以不做广告和公关，但需要且能做好促销活动，并通过促销活动促进产品销售量和品牌影响力的提升。鉴于促销活动在企业市场营销中的作用，服务于企业的高职院校营销类专业应该开设“促销活动”课程，以达到为企业培养合格的促销活动策划与执行岗位人才的目的。

---

① 基金项目：本文系朱华锋主持的安徽省营销与策划省级特色专业建设阶段性成果之一。

② "促销活动"课程有利于培养高职营销专业学生的就业能力和职业发展能力

由于促销活动是企业最基础、最普遍的营销手段，因而需要参与促销活动的人数比较多，而且相对来说执行过程中的商业机密性不是非常高，所以可以也需要大量聘用外部人员执行促销活动。因此，参与企业促销活动是高职院校营销类专业学生个人在校期间社会实践最基本、最常见的内容，也是高职院校营销类专业实训教学最常见的内容。开设促销活动课程，有利于高职院校营销类专业实现理论教学和实践教学的紧密结合，有利于为企业培养其所需要的人才、为学生培养其适应企业需要的就业能力。

促销活动的策划和执行还是高职院校营销类专业学生就业以后最早接触、最多接触的基础性营销工作。有幸进入大中型企业工作的高职院校营销类专业毕业生，最早参与的工作主要是促销活动的执行，在胜任促销活动执行工作以后，其职业发展路径或是参与促销活动策划并有可能晋升至营销策划与市场推广岗位，或是成为销售业务人员并有可能晋升为销售业务主管或经理人员。"促销活动"课程的开设，对于培养高职院校营销类专业学生的职业发展能力具有明显的价值。

③ "促销活动"课程设置和教材建设总体起步较晚、成果较少

对应于企业市场营销常用的广告、公关、人员推销和促销活动四大促销沟通手段，高校（包括本科院校和高职院校）市场营销类专业主要设置了"广告"、"公共关系"和"人员推销"三门课程，但唯独开设"促销活动"课程或者按照营销理论称为"销售促进"课程的比较少。促销活动课程开设的院校数量少、时间晚，课程建设和教材建设的成果也就更少，这种局面与企业营销实践中促销活动的普遍性、基础性与多变性是极不相称的，对于服务行业和企业需要、培养实践需要的营销人才是远远不够的。

在为数不多的促销活动类教材中，有两本值得提及。

一本是中山大学原市场营销博导卢泰宏教授带领其博士和硕士研究生编著的《促销基础——顾客导向的实效促销》（第4版），该书1997年第1版和2003年第2版的书名是《实效促销SP》，2007年第3版的书名是《实效促销基础》、《实效促销案例》。该教材主要适用于本科市场营销专业和MBA教育。版本的变化反映了卢教授对于企业促销活动发展变化的及时跟踪。

另一本是杨伦超主编的《促销策划与管理》，该书以销售促进为主线，依次介绍了促销的含义、特点、作用；促销人员的能力和素质；对消费者的促销策略、方法和技巧；对渠道促销策略的运用；组合促销策略；促销调查与促销策划书的设计；促销活动效果评估和促销管理等促销的基本原理、基本知识和基本技能。该书定位为高职高专市场营销专业教材，也比较适用于高职层次的营销教育，因此被选定为高职高专市场营销专业"十一五"国家级规划教材。但总体而言，该书的内容架构仍然是以学科知识体系为依据进行编排的，不是以企业市场营销策略规划需要和促销活动实践为依据进行编排的，具体内容还存在理论知识点介绍多于实战操作方法介绍，以及促销活动（sales promotion）与营销"4P"策略之

一的促销策略(promotion strategy)概念混用现象,这在该书第8章促销活动效果的评估中表现得最为明显,即以促销活动效果为题涵盖了广告效果评估、公共关系效果评估、营业推广效果评估等内容。

基于企业促销活动的普遍性与多变性和高校促销活动课程与教材建设的滞后性,我们认为推动促销活动课程的广泛开设、促销活动课改教材的积极开发,对于服务企业市场营销、优化高职院校营销类专业人才培养方案、提升学生就业能力和职业发展能力,具有明显的现实意义。

而促销活动课程设置与促销活动教材建设是相互影响、相互促进的。很多高职院校也不是没有意识到开设"促销活动"课程的必要性,之所以没有开设的主要原因,一是没有发现非常适用的促销活动教材,二是缺少非常熟悉企业促销活动实践、能够教好这门课程的教师。开发更好的"促销活动"课程教材,可以促进更多高职院校开设"促销活动"课程,在开发教材的过程之中,也能够培养和锻炼能够上好"促销活动"课程的教师,从而形成良性互动与教学循环。

2.10.2 "促销活动"课程内容的设计探讨

① 以人才培养方案和课程之间的关系构建"促销活动"课程的内容边界

在营销类专业人才培养方案中,有几门课程名称不同但实际内容重复交叉的现象比较常见,比如营销原理、营销策划和营销管理三门课程之间就是这样,课程名称是有清晰区别的,但是课程研究对象和内容体系没有得到公认的清晰区分。在安徽经济管理学院营销与策划省级特色专业建设的过程,我们在这三门课程之间的研究对象与课程内容分工上作出了一些有益的尝试。在促销活动课程建设的过程中,我们也从这一角度入手,从源头清晰界定促销活动的研究对象和内容边界,避免与已经开设并形成了较为清晰研究对象与内容体系的相关课程如广告传播、公共关系和销售业务(有些高校还使用的是人员推销的课程名称)的冲突与重复,以形成促销活动独立的研究对象、清晰的内容边界。

② 以消费品生产制造企业为主线构建"促销活动"课程的结构关系

促销活动开展的主体,可以是生产制造企业,可以是零售卖场,还可以是经销商和现代电子商务企业。生产制造企业还可以分为消费品生产制造企业和工业品生产制造企业两大类。在营销实战中,各类企业都会采用促销活动这一营销手段,但尤以消费品生产制造企业促销活动涉及的对象最广、流程最长,消费品生产制造企业也是录用各高等院校营销类专业人才的主要雇主,因此,我们将消费品生产制造企业作为促销活动课程与教材建设的主要背景和主要线索,以消费品生产制造企业开展促销活动的目的任务、对象、策略方法为依据构建课程的内容架构。

③"促销活动"课程内容体系的基本框架设计

打破传统教材按照理论知识组织编写的思路，按照消费品生产制造企业促销活动策划与执行的实际任务项目和实际工作流程为依据构建教材编写大纲，开展教材编写，将"促销活动"课程的教材名称确定为"促销活动策划与执行"，希望按照教材组织教学能够使学生获得企业促销活动策划与执行所具备的基本技能，帮助学生实现就业并支持学生胜任促销策划与执行岗位工作。

课改教材《促销活动策划与执行》由 4 个模块、12 章构成。第 1 模块为第 1～3 章，帮助学生建立对促销活动的基本认知，了解促销活动策划的基础分析方法和基本原理；第 2 模块为第 4～6 章，以消费品生产制造企业促销活动针对的目标对象为依据，介绍终端、通路和内部三种类型促销活动的策划方法；第 3 模块为第 7～11 章，以企业发展阶段和产品市场类型为依据，介绍开拓型、成长型、成熟型和退出型四种市场类型背景下的促销活动策划，以及淡旺季和节假日等促销活动最频繁的季节性促销活动策划；第 4 模块为第 12 章，介绍促销活动的执行和效果评估。

这种编写思路和内容架构，实现了企业促销活动工作任务与学校促销活动课程学习任务的对接、企业岗位知识和能力要求与学生专业知识和能力培养的对接，是实现产教对接、校企对接的良好方式。为促进教学过程的顺利进行，除教材以外，我们还利用电子多媒体课件、促销实战案例、实训项目设计、网络图文与视频资源链接、优秀营销微博账号链接等数字化配套资源，多形式、立体化、动态性地呈现教学内容。

2.10.3 促销活动教材建设的基本思路

面向企业实践开展课程改革和教材建设的难点在于缺乏同时深入了解企业实践与高职教育的两栖人才。《促销活动策划与执行》编写团队整合了一批具有企业营销实践经验的营销专业教师，提出了与企业促销活动策划与执行实际接轨的编写思路。

①确立适合高职学生的编写目标

在充分研读现有促销活动类教材的基础上，充分吸收各种促销活动教材的优点，注意区分本科教材、高职教材和中职教材的差异，注意高职教材与本科教材及中职教材的内容衔接。以企业最常用的主流的有效的促销活动类型和方式为依据，确立高职层次《促销活动策划与执行》教材编写目标与编写大纲。

②组建企业实践经历丰富的编写团队

本教材的编写队伍主要来自安徽高职高专办学历史比较悠久的安徽经济管理学院、安徽职业技术学院和芜湖职业技术学院等国家示范性高等职业院校。主编朱华锋，教授，高级经济，从事企业营销策划与管理工作 11 年，曾经担任荣事达集团市场部经理、TCL

电器销售公司市场经理和营销顾问，成功策划了红地毯服务和总裁签名售机等著名家电营销案例，在企业任职期间策划的促销活动数量众多。目前，朱华锋教授仍然兼任企业营销顾问工作，保持营销实践活动的前沿性，现为安徽省高职高专院校营销与策划专业省级带头人、营销与策划省级特色专业建设点负责人、营销策划省级精品课程负责人、全省模范教师、全国优秀中青年教师。朱华锋教授从事高职高专教育以来，承担了多项省部级教学研究工作，成功主编了多部与企业营销接轨的、以就业为导向的、以职业技能提升为目标的特色教材和精品教材。著有《中国市场营销策划》(第1版2009，第2版2013)、编著营销实战图书《营销策划一线体验》(2003)和省级精品课程教材《营销策划理论与实践》(第1～3版，2008，2010，2013)。

3 采用紧密结合营销实践的编写方法

面向企业实践的教材编写，编写队伍的实践经历和对实践的深入了解是关键。在甄选具有实践经历背景的作者队伍的基础上，我们还采取了多种动态持续跟踪企业营销实践的方法，在进一步增进编写队伍实践经历的基础上，提高教材与实践结合的紧密度，保证教材的实践接轨性。

① 将年轻作者派送到安徽经济管理学院建立的营销专业教师实践培养基地参与营销策划实战工作，学习实战营销策划方法，在《促销活动策划与执行》编写期间，重点学习和借鉴促销活动策划与执行的实战方法。

② 将作者队伍的进修深造与正在实施的国培计划、省培计划紧密结合起来，省级专业带头人以上的主编和参编人员参与国培计划、省培计划的课程主讲工作，青年教师参与国际计划和省培计划的进修学习和顶岗实习。

③ 准确处理和借鉴现有促销教材与促销实战图书资料，在充分吸收现有促销教材的基础上，注意防止现有教材的不足在新编教材上再次出现，在内容上更多关注营销实战人士编写的促销实战图书资料，合理吸收营销实战人士对于促销活动策划与执行的最新见解，以保持与营销实践的更多更新结合。

④ 对于企业促销活动的学习和研究还有一些非常便捷的途径，因为企业的促销活动通常是公开的，我们自身生活之中就是媒体的受众和购物的消费者，因此，我们可以随时随地关注和研究促销活动。在本书的编写过程中，我们要求参编人员将《促销活动策划与执行》作者身份与日常生活中的报纸读者、商场消费者等身份联系起来，从《促销活动策划与执行》作者的角度，分析报纸上刊登的促销活动信息，留意商场开展的促销活动，从自己的生活中学习促销活动实践，将处处留心皆学问落实到教材编写工作中来。

4 实施精益求精、稳步推进的编写计划

在安徽经济管理学院营销与策划省级特色专业建设工程中，我们将《促销活动策划与执行》列为一项重要的课程改革与教材建设项目，2011年上半年项目建设正式启动，2011年9月主编提出了编写大纲，10月组成了编写队伍，并召开了由安徽省高职院校市场营销专业

带头人、企业营销实战专家参加的研讨会，中国著名营销策划专家、中国广告节评委、中国艾菲实效营销奖副主任评委徐建国先生对编写大纲给予了高度评价，同时也得到了与会人员的一致通过。

在编写过程中，主编和参编人员通过即时通讯、新浪微博等网络在线交流方式、深度电话访谈与面谈、书稿修改等方式就编写过程中的问题进行反复沟通和充分交流，有效地保障了书稿编写质量。《促销活动策划与执行》由中国科学技术大学出版社 2013 年 8 月出版，历时 3 年时间，“促销活动”课程改革和教材建设形成正式成果。

（作者：朱华锋）

2.11 课改教材《促销活动策划与执行》

书名：促销活动策划与执行

主编：朱华锋

书号：978-7-312-03223-3

出版：中国科学技术大学出版社

版次：2013 年 8 月第 1 版

定价：32.00 元

2.11.1 课改背景

促销活动是企业市场营销普遍运用的一大实效手段，也是企业最先调整、最多调整的一种营销手段，企业投入促销活动的资源有时甚至会超过广告宣传。在竞争日益激烈的市场上已经成为厂商之间快速见效的一种常规竞争方式。而参与企业的促销活动，则是营销专业在校大学生社会实践最多的项目，也是营销专业实训教学接触最多的项目。促销活动的策划和执行，还是营销策划和市场营销专业毕业生刚踏上工作岗位时参与和接触最普遍、最深入的营销工作。因此，开设“促销活动策划与执行”课程对于营销类专业大学生来说是顺利步入社会并打好成长的基础，有着十分重要的意义。

企业市场营销常用的营销传播手段主要包括广告、公关和促销活动，而相对应地，高校市场营销类专业开设了“广告”、“公共关系”等营销传播课程，但是开设“促销活动”课程的还比较少，课程建设和教材建设的成果就更少，这与企业营销实践中促销活动的普遍性、基础性与多变性是极不相称的，对于服务行业和企业需要、培养实践需要的营销人才，也是远远不够的。为此，我们在营销与策划省级特色专业建设过程中将“促销活动”课程开发和教材建设作为一项重要项目来实施，在营销专业教师培养基地安徽优先传播有限公司和实训基地合肥 TCL 电器销售有限公司的大力支持下，校企联合成功地开发了课改教材《促销活动策划与执行》，填补了省内该课程教材的空白。

2.11.2 本书特色

《促销活动策划与执行》以企业市场营销、品牌建设和市场竞争为背景，以整合营销传播理论为指导思想，以企业短期市场销售促进和长期健康发展相结合为主旨，对促销活动策划进行了基础分析和原理解读，并对各种典型的促销活动策划进行了具有针对性的、可操作性与实效性的分析，非常契合企业促销活动运用的实际需要，是一本按照营销实际需要组织教学内容的实战型营销教材。

① 选题创意：市场与教育相结合。

② 编审队伍：高校与企业相结合。

③ 内容构成：理论与实践相结合。

④ 主导思想：品牌与销量相结合。

⑤ 策划思维：策略与技法相结合。

2.11.3 本书目录

第一章　绪论——认识促销活动

第一节　促销与市场营销

促销与市场营销＞促销活动与市场营销

第二节　促销活动与品牌建设

促销活动对品牌的双重影响＞基于品牌建设导向的促销活动

第三节　促销活动与促销策略组合

促销活动与广告传播＞促销活动与公共关系＞促销活动与人员销售

第二章　促销活动策划的基础分析

第一节　促销活动策划的主体因素分析

品牌定位与价值主张＞营销策略与经营模式＞产品特性与寿命周期

第二节　促销活动策划的客体因素分析

购买决策者的价值追求＞购买决策者的促销偏好

第三节　促销活动策划的环境因素分析

宏观环境因素＞市场竞争因素＞分销渠道因素

第三章　促销活动策划的基本原理

第一节　促销活动策划的策略分析

坚持促销策划的两项原则＞区分促销活动的三类对象＞区分促销活动的四种类型＞

防范促销策划的五类误区

第二节　促销活动策划流程与模板

促销活动策划与执行流程解析＞促销活动策划与执行实战案例＞促销活动策划方案模板

第四章　终端促销活动策划

第一节　终端促销策略分析

终端促销特性分析＞消费者的促销心理认知＞消费者促销偏好的影响因素＞终端促销的策略要求＞终端促销的沟通传播

第二节　终端促销方式策划

制造商终端促销方式策划＞厂商联合终端促销方式策划＞实体零售商终端促销方式策划＞B2C 电商终端促销方式策划

第五章　通路促销活动策划

第一节　通路促销策略分析

经销商的促销心理认知＞经销商的促销活动偏好＞经销商促销偏好影响因素＞通路促销特性分析＞通路促销的策略要求＞通路促销策划要点

第二节　通路促销方式策划

销售返利策划＞经销商销售竞赛策划＞经销商会议策划＞经销商补贴策划＞经销商培训策划

第六章　内部促销活动策划

第一节　内部促销策略分析

业务员和导购员的促销心理认知＞业务员和导购员的促销活动偏好＞内部促销的特性分析＞内部促销的策略要求＞内部促销的沟通传播

第二节　内部促销方式策划

销售提成设计＞销售竞赛策划＞年终激励策划

第七章　开拓型市场促销活动策划

第一节　开拓型市场促销策略分析

开拓型市场的特性＞开拓型市场促销活动的目标与任务＞开拓型市场促销策略分析

第二节　开拓型市场典型促销活动策划

通路推广津贴促销策划＞客户拓展竞赛活动策划＞新品推广竞赛活动策划＞路演展示活动策划＞免费试用活动策划＞附送赠品活动策划

第八章　成长型市场促销活动策划

第一节　成长型市场促销策略分析

成长型市场的特性＞成长型市场促销活动的目标与任务＞成长型市场促销策略分析

第三节　成长型市场典型促销活动策划

厂商联合推广活动策划＞销售增长竞赛活动策划＞消费者竞赛促销活动策划＞有奖销售活动策划＞游戏促销活动策划

第九章　成熟型市场促销活动策划

第一节　成熟型市场促销策略分析

成熟型市场的特性＞成熟型市场促销活动的目标与任务＞成熟型市场促销策略分析

第二节　成熟型市场典型促销活动策划

销售排名竞赛活动策划＞以旧换新活动策划＞集点换物活动策划＞会员促销活动策划＞积分促销活动策划＞赠券活动策划

第十章　退出型市场促销活动策划

第一节　退出型市场促销策略分析

退出型市场的特性＞退出型市场促销活动的目标与任务＞退出型市场促销策略分析

第二节　退出型市场典型促销活动策划

买断销售策划＞老品销售竞赛活动策划＞怀旧促销活动策划＞降价活动策划＞特价活动策划

第十一章　季节性促销活动策划

第一节　淡季促销活动策划

淡季市场特性＞淡季促销任务＞淡季典型促销活动策划

第二节　旺季促销活动策划

旺季市场特性＞旺季促销任务＞旺季促销应注意防范的问题＞旺季市场典型促销活动策划

第三节　节假日促销活动策划

节假日市场特性＞节假日促销策略分析＞节假日市场促销策划要点

第十二章　促销活动执行与效果评估

第一节　执行力

执行力的概念与意义＞执行力的检核与分析＞执行力的培养与提升＞营销执行力

第二节　促销活动的执行

执行前准备＞执行中督导＞执行后总结

第三节　促销活动效果评估

产品促销效果评估＞产品传播效果评估＞品牌影响效果评估

3 学 术 专 著

3.1 学术专著《中国市场营销策划》

书名：中国市场营销策划
作者：朱华锋
出版：中国科学技术大学出版社
书号：978-7-312-02470-2
版次：2009 年 5 月第 1 版
定价：39.80 元

书名：中国市场营销策划
作者：朱华锋
出版：中国科学技术大学出版社
书号：978-7-312-03123-6
版次：2013 年 4 月第 2 版
定价：49.80 元

3.1.1 作者简介

朱华锋，男，营销学教授，高级经济师；省级教学名师，全省模范教师，全国优秀中青年教师，安徽省院士专家联谊会成员；营销与策划省级特色专业建设点负责人，营销策划省级精品课程负责人，营销与策划省级专业带头人。曾经担任合肥荣事达集团市场部负责人、TCL彩电营销顾问兼市场经理，主持策划荣事达红地毯服务、TCL彩电升级网络化、TCL总裁与全国商界名家联合签名售机等全国性重大影响营销案例，被誉为“营销理论界的实战派，营销实践界的理论派”。

3.1.2 研究背景

从1996年底进入当时中国洗衣机产销量第一的荣事达集团策划“红地毯”服务，到后来在TCL集团多媒体事业本部和电器销售有限公司从事市场营销策划与管理，使得作者有幸在中国著名家电企业营销策划与管理实战领域得到了系统地历练；而市场营销教师的身份和本色，使作者时刻不忘对营销策划理论与方法进行思考，因此才有了营销策划系列著作的创作：《营销策划一线体验》(2003年)、《营销策划理论与实践》(第1版2008年，第2版2010年，第3版2013年)、《中国市场营销策划》(第1版2009年，第2版2013年)。

3.1.3 专家评价

本书深得上海财经大学博导晁钢令和王俊豪两位教授厚爱，并作序推荐。

本书紧紧把握营销策划的核心策略、主体任务与主流方法，形成了较为严密的“营销策划”理论内容构成与方法体系。同时又与“市场营销学”或称“市场营销原理(概论)”相区别，创造性地解决了这两者间内容重复的严重问题。

——上海财经大学博士生导师　晁钢令教授

本书有着丰富的市场营销理论和中国市场经济理论基础，同时也有着改革开放以来中国市场的鲜明时代特色和实践特色，并系统地运用了实践—理论研究方法和问题—对策研究方法，具有很高的学术理论价值和实践应用价值。

—— 浙江财经大学校长　博导　王俊豪教授

3.1.4 本书(第2版)修订背景与修订内容

本书的修订主要是源于2009年本书第1版出版以来，尤其是2011年以来，中国市场营销发生的主要变化。这些变化体现在修订思路上，主要归结为以下两点：

① 根据2008年国际金融危机之后世界经济和中国市场的宏观背景变化，以及中国应对金融危机的经验教训，对原版相关内容观点进行了系统思考和调整，使得新版内容更贴近中国市场现实，更能反映中国市场营销策划的最新成果。

② 根据互联网技术和移动通讯技术的发展及其在市场营销方面的应用扩展，对全书进行了全面更新，重点更新了市场调研、网络分销与电子商务、营销传播与消费者互动方法等，使得新版内容更加鲜活、新锐。

第2版与第1版在内容结构和文字上的差异表现在以下几点：

① 从十章调整为十二章，新增加了第十一章“服务策划”和第十二章“整合营销策划”，使得新版内容体系更加完整。

② 根据中国传统文化和古代谋略智慧，修订了营销策划谋略的相关内容，使得新版更

具中华民族营销智慧的历史渊源。

③ 对第 1 版的经典内容进行了浓缩精炼，对过时的内容进行淘汰删除（包括观点内容和实战案例），使得新版具有与时俱进的元素。

④ 语言风格简练清新化，营销评述客观公正化，使得第 2 版更具可读性与耐读性，更具精品图书风范。

修订后的本书第 2 版，以中国市场特性为依据，以当代营销理论为指导，牢牢地把握营销策划的主体任务、核心策略与主流方法，形成了严密的营销策划理论内容与方法体系；系统跟踪中国市场变化，深度洞察新消费时代、新流通业态和新传媒生态背景下的营销环境，系统解析营销策划的守正出奇与固本创新之道。本书不仅值得营销策划专职人员系统阅读，还值得高级营销管理人员典藏研读。

3.1.5 本书（第 2 版）内容概览

本书（第 2 版）内容概览如表 3.31 所示。

表 3.31 内容概览

一	营销策划导论	营销策划概念
		营销策划思维
		营销策划谋略
		营销策划误区
二	市场调研策划	市调策划与执行流程
		营销环境调研策划
		市场需求调研策划
		市场竞争调研策划
		营销策略调研策划
		营销绩效调研策划
三	市场定位策划	市场定位策划的策略思考
		企业定位策划
		品牌定位策划
		产品定位策划
		企业形象策划
四	品牌策划	品牌建设策划的策略思考
		品牌命名策划
		品牌延伸策划
		品牌拯救策划

续表

五	产品策划	产品策划的策略思考
		产品规划
		新产品开发策划
		新产品上市策划
		产品包装策划与设计
		概念产品推广策划
		疲软产品提升策划
六	价格策划	价格策划的策略思考
		终端价格策划
		价格结构策划
		价格体系策划
		价格调整策划
七	分销渠道策划	分销策划的策略思考
		分销布局策划
		分销模式策划
		通路招商策划
		销售政策策划
八	广告传播策划	广告传播策划的策略思考
		广告定位策划
		广告创意策划
		广告媒体策划
		广告时机策划
		广告频率策划
九	公关传播策划	公关传播策划的策略思考
		新闻公关策划
		赞助公关策划
		危机公关策划
十	促销活动策划	促销活动策划的策略思考
		买赠促销策划
		特价促销策划
		节假日促销策划
		通路促销策划

续表

十一	用户服务策划	服务策划的系统思考
		服务形象策划
		服务项目策划
		服务承诺策划
		服务规范策划
		服务模式策划
十二	整合营销策划	整合营销策划系统思考
		整合营销策划方案编写
		整合营销策划方案执行

3.1.6 本书(第2版)详细目录

第一章　营销策划导论

营销策划概念

策划与营销策划→营销策划与市场营销→营销策划的内容范畴→营销策划的组织形式→营销策划的特征与本质要求

营销策划思维

营销策划思维路径→营销策划思维方式

营销策划谋略

审时度势 因势利导→守正出奇 正合奇胜→洞察市场 牵引消费

营销策划误区

迷恋“轰动”→迷恋“新奇”→迷恋“点子”→迷恋“炒作”

第二章　市场调研策划

市场调研策划与执行流程

确定调研目的→确定调研方法→确定调研对象→设计调查问卷→招聘培训访员→执行实地调查→资料统计分析→撰写市场调研报告

营销环境调研策划

宏观环境调研策划→流通渠道调研策划→传播媒体调研策划

市场需求调研策划

市场现状调研策划→市场趋势调研策划→消费心理与行为调研策划

市场竞争调研策划

竞争格局调研策划→竞争策略调研策划→企业自身调研策划

营销策略调研策划

新产品概念测试策划→新产品定价测试策划→广告创意测试策划

营销绩效调研策划

产品销售监测策划→用户满意度调研策划→品牌形象调研策划

第三章 市场定位策划

市场定位策划的策略思考

市场定位的内涵→市场定位策划的顺序→市场定位的传播

企业定位策划

企业定位策划的本质→产业领域定位策划→市场地位定位策划→盈利模式定位策划→发展战略定位策划

品牌定位策划

定位产品品类→定位目标消费者→定位核心价值→定位消费场景→定位市场地位

产品定位策划

属性定位:产品品种角色定位→ 根本定位:目标消费者定位→基本定位:产品整体概念分层定位→动态定位:产品寿命周期动态定位

企业形象策划

企业形象与CI策划→企业形象(CI)策划的时机→企业形象(CI)策划的内容→企业形象(CI)策划的流程

第四章 品牌策划

品牌建设策划的策略思考

解析品牌构成元素→明晰品牌资产创建路径→落实品牌建设责任

品牌命名策划

品牌命名的传统思维→品牌命名的科学流程

品牌延伸策划

进行品牌体检,检查品牌延伸能力→规划延伸产品,保证品牌形象统一→防止品牌延伸陷阱→选择品牌延伸策略模式→强化品牌延伸传播与品牌延伸管理

品牌拯救策划

品牌许可转让→进行产品革新→重新定位品牌→转移目标市场→进行区域转移→进行产业调整

第五章 产品策划

产品策划的策略思考

产品策划的思维路径→产品策划的策略主线

产品规划

产品品种数量规划→产品品种角色规划→产品品种规模规划→产品导入时间规划

新产品开发策划

新产品开发的战略选择→新产品开发的组织设计→新产品开发的路径设计→新产品开发的流程规划

新产品上市策划

新产品上市策划与执行流程→新产品上市策划内容→新产品上市策划的注意事项

产品包装策划与设计

包装材料的策划与设计→包装容器的策划与设计→包装规格的策划与设计→陈列性包装策划与设计→促销性包装策划与设计→储运性包装策划与设计

概念产品推广策划

优选概念产品→开发概念产品→包装概念产品→推广概念产品→保护概念产品

疲软产品提升策划

疲软产品的原因分析与诊断→疲软产品市场提升的思路与对策→疲软原因诊断与营销提升策略的整合

第六章　价格策划

价格策划的策略思考

价格策划的意义重大→价格策划的基本要求→价格策划的策略主线

终端价格策划

终端价格策划的定性分析与策略推演→终端价格策划的定量分析与价位区间确定→终端价格策划的定价计算

价格结构策划

产品线组合定价→关联产品组合定价

价格体系策划

按销售环节设计基本价格体系→按销售区域调整价格体系→按销售政策调整价格折扣

价格调整策划

发动价格调整→应对通货膨胀价格上涨→应对降价

第七章　分销渠道策划

分销渠道策划的策略思考

分销渠道策划的思维路径→分销渠道策划的策略主线

分销布局策划

分析分销布局影响因素→规划分销布局形式→策划分销布局实现方式

分销模式策划

分析流通环境→明确分销目标→选择流通业态→界定分销运作模式→规划渠道结构模式

通路招商策划

商业伙伴的选择标准→商业信誉的考察评估→商业伙伴的量化优选→招商方式的策划运作

销售政策策划

销售政策策划原则→销售权限政策策划→价格政策策划→结算政策策划→返利政策策划→促销政策策划→销售服务政策策划

第八章　广告传播策划

广告传播策划的策略思考

广告目标策划→广告诉求对象策划→广告诉求主题策划→广告创意策划→广告媒体策划→广告时机策划→广告频率策划→广告执行监测策划

广告诉求主题策划

品牌愿景策划路径→消费利益策划路径→产品寿命周期策划路径→目标消费者策划路径→产品特性类型策划路径→广告竞争策划路径

广告创意策划

广告创意概念→广告创意要求→广告创意手法

广告媒体策划

媒体策划流程→广告媒体选择→广告媒体组合

广告时机策划

广告发布时序策划→广告发布时限策划→广告发布时节策划→广告发布时点策划

广告频率策划

广告的有效频率→广告发布频率策划→广告频率分布模式

第九章　公关传播策划

公关传播策划的策略思考

公共关系与市场营销→营销公关与公关传播策划

新闻公关策划

新闻公关策划目的与作用→新闻公关策划内容与范围→新闻公关形象策划→新闻营销造势策划→新闻发布会策划

赞助公关策划

赞助公关的目的与作用→赞助对象的选择范围→赞助对象的选择标准→赞助公关策划的关键要点

危机公关策划

建立危机预先防范机制→快速作出危机公关的组织反应→快速作出危机公关的行动反应→快速作出危机公关的信息反应

第十章　促销活动策划

促销活动策划的策略思考

促销活动策划的基本原则→促销活动策划与执行流程→促销活动策划的范围区间→促销活动策划的创意方向→促销活动策划的误区防范

买赠促销策划

买赠促销的特性→买赠促销的时机选择→赠品的策划与选择→买赠促销策划与执行应注意的问题

特价促销策划

特价时机策划→特价产品策划→特价方式策划→特价理由策划→特价幅度策划→特价信息传播策划

节假日促销策划

节假日文化内涵与市场机会发掘→节假日促销对象及其心理把握→节假日促销产品策划→节假日促销方式策划→节假日促销主题策划→节假日促销时间策划→节假日促销地点策划→节假日促销活动传播与现场布置

通路促销策划

通路促销区域对象策划→通路促销产品范围策划→通路促销时间期限策划→通路促销方式策划→通路促销方案测试与完善

第十一章　服务策划

服务策划的策略思考

服务与服务营销→服务策划的理论依据→服务策划的策略主线

服务促销策划

服务形象策划→服务项目策划→服务承诺策划→服务规范策划→服务模式策划

服务营销策划

服务营销 7P 策略→全方位服务营销模型→快乐不倒翁服务营销模型

第十二章　整合营销策划

整合营销策划的策略思考

整合营销策划的基本前提→整合营销策划的关键要素→整合营销策划的作业流程→整合营销策划的输出窗口

整合策划方案的编写陈述

营销策划方案的内容与结构→营销策划方案编写原则与技巧→营销策划方案陈述

整合策划方案的实施执行

营销方案试点→样板市场建设→全面实施推广

3.2　学术专著《政府营销论纲》

书名：政府营销论纲

作者：朱华锋

出版：中国科学技术大学出版社

书号：978-7-312-02700-0

版次：2010年8月第1版

定价：20.00元

3.2.1 作者信息

朱华锋，全国优秀中青年教师，省级教学名师，全省模范教师，市场营销教授，高级经济师，处级公务员政府营销课程主讲教师，营销与策划省级特色专业建设点负责人，营销策划省级精品课程建设负责人，营销理论与实践双师型人才。

3.2.2 研究背景

政府营销起源于西方国家。在我国，随着经济体制改革、行政管理体制改革以及经济发展方式转变，政府营销理论研究与实践应用的意义越来越突显。政府营销是转变政府职能与政府管理手段的需要，对于塑造政府形象、促进经济增长、建设和谐社会，具有明确的现实操作意义。但是，政府营销在我国还是一个崭新的研究课题，国内学者系统全面研究政府营销的著作还很少见。关于政府营销方面的著作，主要是美国营销权威菲利普·科特勒领衔创作的《国家营销》、《地方营销》、《社会营销》和《菲利普·科特勒谈政府部门如何做营销》等几部作品的译著。《政府营销论纲》有可能是国内第一本系统、全面论述政府营销理论与实践的著作。

3.2.3 本书特色

① 理论体系完整

该书在分析总结国内外政府营销实践行为与理论探讨的基础上，提出了政府营销的主体与客体，归纳提炼出了政府营销观念，对于政府营销战略分析过程、政府营销策略制订以及政府营销管理也作出了系统性的、具有原创性的论述。对于与政府营销相关的理论与学科也进行了分析和介绍，明确了政府营销理论研究的边界和独立的研究内容对象。

② 内容充实独特

政府营销的思维框架需要借鉴市场营销，但是不应该简单套用市场营销的内容、模式与策略。《政府营销论纲》在这方面的研究，取得了一些重要成果。如根据中外各国政府的执政治国思想，将政府营销观念分为国家统治观念、科学与民主观念、为人民服务观念、科学发展与和谐社会观念；如认为政府市场细分和目标市场优选具有政府属性的特殊要求，政府定位则包括政府形象定位、社会形象定位和产业经济定位三大范畴；等等。

③ 实践应用性强

该书理论研究与实践运用兼顾，语言清新朴实，可读性强，没有专业理论著作的艰深与晦涩，所提出来的政府营销策略手段，在各级政府、各地政府中的营销实践中均可以进行尝试和运用。

3.2.4 专家评价

《政府营销论纲》对于探索和建立中国政府营销理论的内容架构、对于探索政府营销理论在实践中的运用，具有比较系统的建设性意义。对于中国地方政府和部门政府转换职能、改善形象、提升绩效，打造亲民政府、效能政府、贯彻科学发展、实现持续发展、创建和谐社会，提供了一种新的思维方式、一种新的策略方法。因此，对于中国政府营销的研究者和学习者将是一本具有系统性价值的专业读物，对于市场营销专业、公共管理专业、行政管理专业的教学，以及 MPA 的教学，也将具有一定的价值。

3.2.5 本书目录

用的政策建议

第一章　政府营销概述

一、政府营销的概念范畴
二、政府营销的研究对象
三、政府营销的研究意义
四、政府营销的相近学科
五、政府营销的理论框架
六、政府营销的研究方法

第二章　政府营销观念

一、企业市场营销观念的演变
二、政府营销观念的归纳提炼
三、政府机构与政府官员现行观念分析

第三章　政府营销战略分析

一、政府营销战略分析的概念
二、政府营销环境分析
三、政府市场细分
四、政府市场优选
五、SWOT 分析与战略选择
六、政府市场定位

第四章　政府营销产品策略：创建公共产品和服务

一、政府产品概念
二、政府产品类型
三、政府产品整体概念
四、政府产品寿命周期
五、政府新产品研发
六、政府产品品牌与包装
七、政府产品组合

第五章　政府营销价格策略：制定政府产品推广的激励政策

一、政府营销中价格的含义
二、政府定价流程
三、特定政府产品的定价策略
四、政府定价策略的运用与价格调整

第六章　政府营销通路策略：创建便民消费途径

一、政府营销通路的含义
二、政府营销通路的基本类型
三、政府营销通路的外在形式
四、政府营销通路设计的基本原则
五、我国政府部门营销通路创新探索

第七章　政府营销沟通策略：传播政府产品与服务价值

一、确定政府营销的沟通对象
二、确定政府营销的沟通目标
三、确定政府营销的沟通内容
四、确定政府营销的沟通方式
五、发挥政府营销的沟通艺术
六、确定沟通时机与接触点
七、确定政府营销的沟通频率
八、控制沟通费用与沟通效果

第八章　政府营销过程管理

一、制定政府营销计划
二、推动政府营销计划执行
三、监控政府营销过程
四、评估政府营销绩效

3.3 学术专著《公共关系策划》

书名：公共关系策划
主编：倪东辉
出版：中国科学技术大学出版社
书号：978-7-312-02824-3
版次：2011 年 3 月第 1 版
定价：25.00 元

3.3.1 作者信息

倪东辉，男，安徽经济管理学院教务处副处长。2009 年入选安徽省高职高专“市场营销专业带头人”，兼任安徽省策划协会副会长，2013 年晋升教授。

3.3.2 专家评价

倪东辉先生所著的《公共关系策划》一书在吸收当今国内外最新的公共关系科研成果及成熟理论的基础上，结合作者多年的研究和教学经验，融入中国哲学思想和文化元素，适当把握理论的深度和广度，突出实用性、高层次性、职业性以及学科的应用性。

3.3.3 本书特色

本书对公共关系策划的理论、工作机理进行了深入的探讨，围绕组织形象的建设要求，从公关策划的谋略、计划和设计过程到总体公关战略及具体公关活动谋划进行了全方位地阐述。运用心理学、决策学、思维学、系统科学、运筹学等多方面的理论充实公关策划理论。谋求在充分调查市场环境以及相关联的环境的基础之上，遵循一定的方法或者规则对未来即将发生的事情进行系统、周密、科学地预测并制定科学的可行性的策划方案。

3.3.4 本书目录

4 学生作品

4.1 龙山生态土鸡营销方案

2009年全国高校市场营销大赛参赛作品
（本方案荣获全国总决赛二等奖）

龙山生态土鸡营销方案

参赛学校：安徽经济管理学院
参赛选手：时 豪 叶龙飞
指导教师：朱华锋 罗 江

目 录

4.1.1 项目背景

安徽宿州龙山土鸡养殖场建于2008年
天然野生放养土鸡养殖面积达3 000亩
土鸡养殖规模达到50 000只
龙山土鸡养殖场位于皖北平原腹地
远离城市和工业园区，空气清晰、无污染
土鸡采取天然野生放养、健康美味

4.1.2 营销定位

产品定位

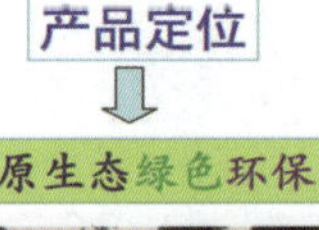

市场区域定位

目标消费者定位

职业为教师、公务员、医生、经理人中的高收入人群。

他们受教育程度较高，对食品安全有较高要求，追求绿色健康食品。

4.1.3 SWOT分析

S—优势

（1）产品优势
（2）成本优势
（3）区位优势
（4）环境优势
（5）规模优势

W—劣势

（1）养殖周期长
（2）人才短缺
（3）市场份额小

O—机遇

（1）国家推行富民政策
（2）生活水平提高
（3）传统节日消费
（4）"禽流感"可防可治

T—威胁

（1）市场上同类行业竞争者众多
（2）禽流感不时爆发，对养殖和消费带来影响

4.1.4 饲养管理策略

1） 精选雏鸡来源
2） 优选喂养饲料
3） 精选兽药
4） 严格执行技术操作规程
5） 实行无害化处理
6） 严格档案记录

4.1.5 分销与定价策略

1）销售通路业态设计

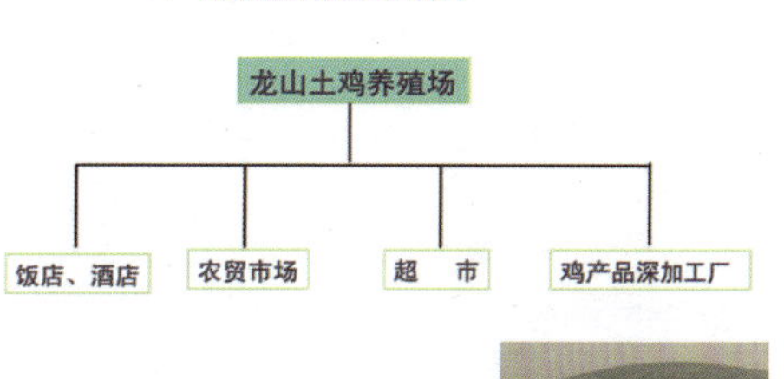

2）差异化价格策略

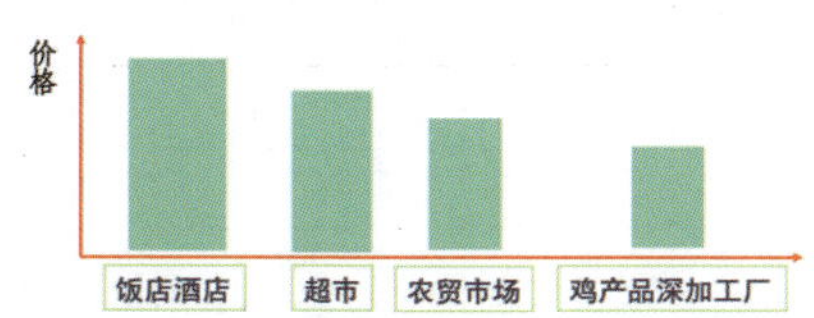

根据不同的销售通路业态和客户类型，制定不同的价格。
鸡产品深加工厂大批量购买，价格较低。
饭店或酒店及超市的消费水平高，价格要高一些。
农贸市场经商人员主要是农民朋友，价格低于超市和酒店。

3）销售政策

账款结算周期：一月一结
折扣政策：一次性付款折扣1%～3%

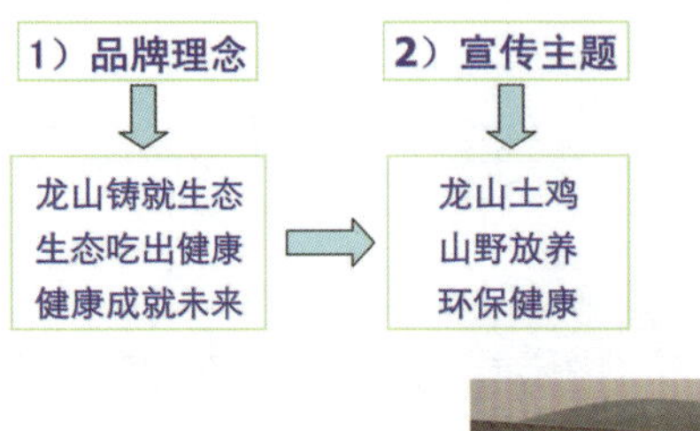

(1) 餐馆宣传
(2) 广泛宣传
(3) 报纸宣传
(4) 广告牌宣传
(5) 延伸宣传

4.1.7 风险预估与风险抵御

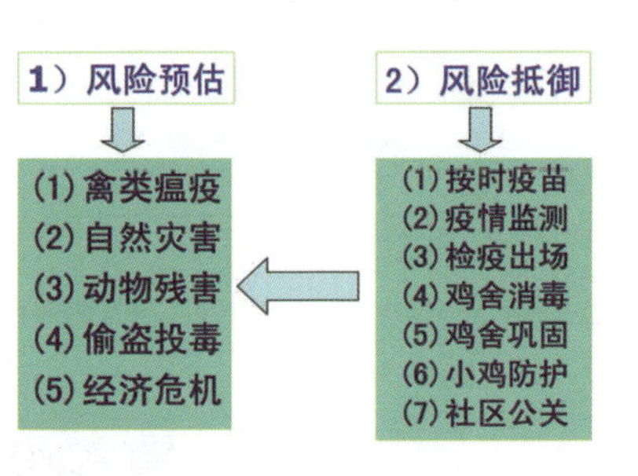

4.1.8 成本效益分析

1）成本核算

前期育雏成本（表1）
养殖设施成本（表2）
其他成本（表3）
宣传费用（表4）

表1 前期育雏成本

疫苗	2元×50 000只=100 000元	火龙	100元
支架	100元	饮水器	10×100=1 000元
塑料网	200元	电	600度×0.5元×5=1 500元
塑料膜	100元	其他杂费	500元
煤：冬天1 000元/月 夏天700元/月 冬天三个月 夏天两个月 计4 400元			
合计：107 900元/年			

表2 养殖设施成本

房屋	70 000元	道路	10 000元
电路	20 000元	鸡舍	25 000元
水井	7 000元	办公设备	10 000元
货车	70 000元	使用期	10年
合计 212 000元，平均21 200元/年			

表3 其他成本

疫苗	2元×50 000只 =100 000元	保险费	50 000元
劳务费	2元×50 000只 =100 000元	交通费	20 000元
鸡笼	20元×500个 =10 000元	通讯费	8 000元
风险基金	10 000元	电费	300度*0.5元*7月 =1 050元
开拓超市	50 000元		
合计 349 050元			

表4 宣传费用

宣传卡片	1 000元	报纸宣传	20 000元
广告牌	30 000元	人员推广	50 000元
合计 101 000元			

2）效益核算

销售收入 50 000*80%*2*15 =1 200 000元		前期育雏成本	107 900元/年
		养殖设施成本	21 200元/年
		其他成本	349 050元
		宣传费用	101 000元
合计	**1 200 000**元	**579 150**元	

利润＝销售收入－总成本
=1 200 000－549 150
＝620 850元

4.1.9 市场拓展思路

成为国际品牌肯德基
皖北、苏北地区供应商

成为皖北地方名特产
符离集烧鸡的供应商

成为省城合肥市名牌
肥西老母鸡的供应商

4.1.10 远景规划

强化饲料和养殖环节监管
保障产品质量安全
加快企业生产规范化
在发展中扩大规模
计划在五到十年后进行深加工
争创安徽省知名品牌 ！！！

结束语

“世上无难事，只怕有心人”！

我相信通过龙山团队成员的共同努力，一定会把龙山生态土鸡品牌做得更大、更强、更响亮！

谢谢！！！

4.2 勇士电动车金牌服务营销策划

2010年全国高校市场营销大赛参赛作品
（本方案荣获全国总决赛二等奖）

勇士电动车金牌服务营销策划

参赛学校：安徽经济管理学院
参赛选手：刘欢欢 程平权 纪虹
指导教师：郁 青 罗 江

目 录

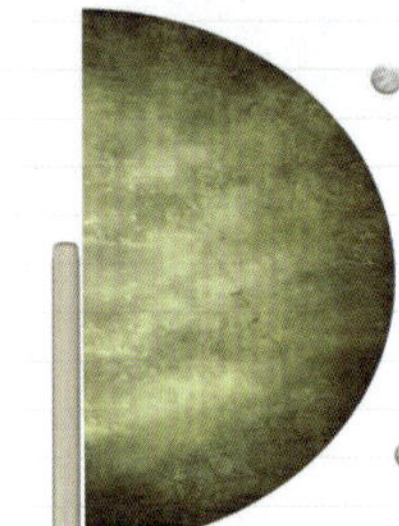

4.2.1 项目背景

1）市场价值

2009年底全国电动车保有辆约为1.2亿辆。
2010年以后电动车销量还将有很大提升。
电动车销售和服务市场前景可观！

［资料来源：《2009～2012年中国电动车行业投资分析报告》］

2）社会价值

（1）“民生工程”
——全面建设小康社会

“自行车王国” → “小轿车王国”

（2）“环保事业”——

在能源紧张时代，在低碳经济时代，
电动车是一种经济环保型交通工具，
提供优质电动车服务是一项“环保事业”.

3）公司概况

成立日期：2009年5月

经营范围：品牌电动车批发、零售
及售后服务

公司规模：注册资本50万，分销商36家

4.2.2 竞争分析

宣城市场现有电动车销售机构：112家
主要包括：清风车行，雅迪、绿源等品牌专卖店及乡镇代理的中小型车行。

销售机构	市场份额
清风车行	35%
勇士公司	20%
品牌专卖店	25%
中小型车行	10%

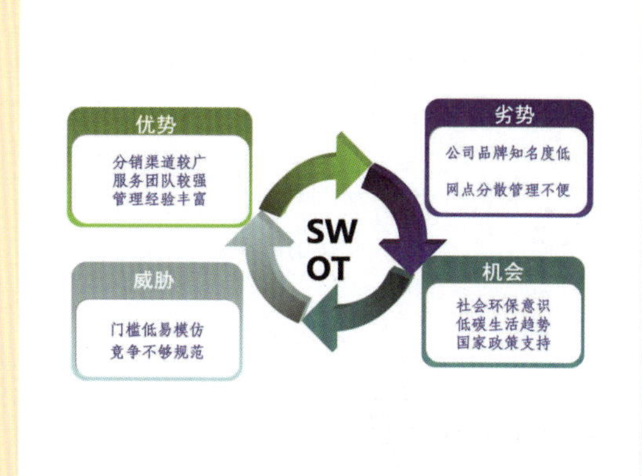

4.2.3 营销策略

1）营销策略—营销定位

（1）目标消费者定位：
为生计常年短途奔波的中低收入阶层。

（2）市场区域定位：
宣城地区两市、五县及乡镇。

（3）服务方式定位：
销售服务 ＋ 售后服务
（以服务促进销售，用服务打造品牌）

2）营销策略—产品策划

（1）选择优秀的电动车制造品牌
（如：比德文、新大洲）

（2）选择适合本地市场的产品品种

3）营销策略—价格策划

（1）产品销售价格：
厂家价格体系 ＋ 区域价格调整

（2）售后服务收费：

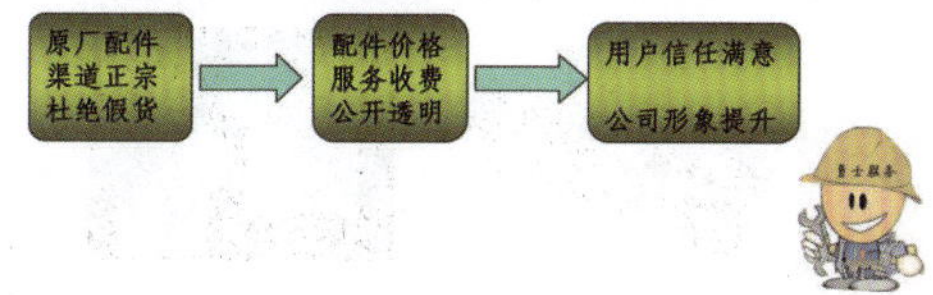

4）营销策略—销售与服务网络建设

5）营销策略—加盟商选择与管理

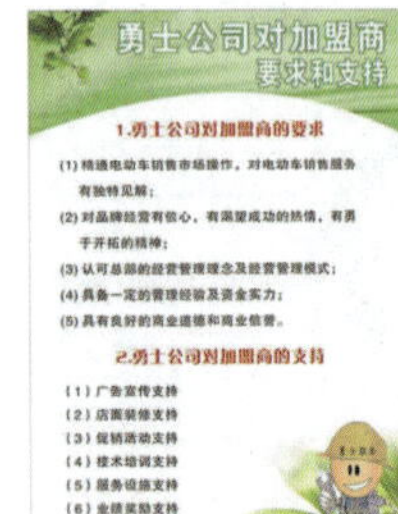

※在加盟商的选择上做出严格的要求。

※对符合要求的加盟商给予多项政策支持与帮助。

战略合作，共创双赢。

6）营销策略—服务模式策划

※展示、销售、服务— “3S店” 服务模式

※售后服务形象店模式

※尝试道路救援服务模式

7）营销策略—服务规范策划

※非常“6+1”销售服务规范

6项服务规范

1条服务热线

※“654”服务工作标准

6S服务行为标准

5项可靠服务保障

4项及时服务要求

优质服务是我们执着的追求！

“非常6+1”销售服务规范

（1）服务证件规范化

（2）销售服务价格规范化

（3）服务用语规范化

（4）服务着装规范化

（5）服务流程规范化

（6）服务反馈规范化

“1”：一条客户服务热线

“6S”服务行为标准

微笑（smile）

迅速（swift）

真诚（sincere）

灵巧（skillful）

专业（speciality）

甜蜜（sweet）

“5”项可靠服务保障

① 早7点—晚11点每天16小时热线电话畅通保障；

② 夏季早8点—晚8点每天12小时门店营业服务时间保障，冬季早8点—晚5点每天9小时门店营业服务时间保障；

③ 小故障半小时维修时间保障，中等程度故障半天维修时间保障，严重故障2-24小时维修服务保障；

④ 三包期内维修服务100%免收费保障；

⑤ 超三包服务范围100%合理收费保障。

“4”项及时服务要求

故障车辆维修服务必须达到四项及时服务要求：

① 及时沟通故障，

② 及时处理故障，

③ 及时审核故障维修费用，

④ 及时反馈服务结果。

8）营销策略—服务形象策划

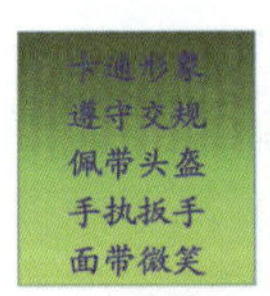

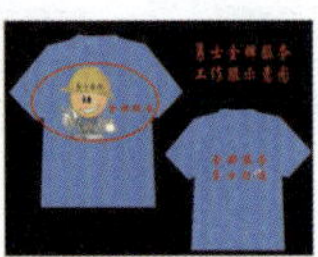

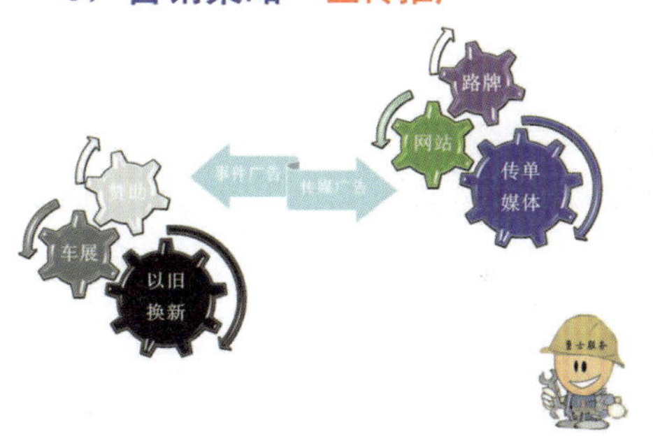

4.2.4 行动方案

1）行动方案—“辞旧迎新”

活动目的：

提升公司知名度和美誉度，促进电动车销售

活动对象：

进入更新期的电动车消费群体

活动方式：

品牌电动车“以旧换新”促销活动

现场技术服务活动

——维修、保养、电池更换

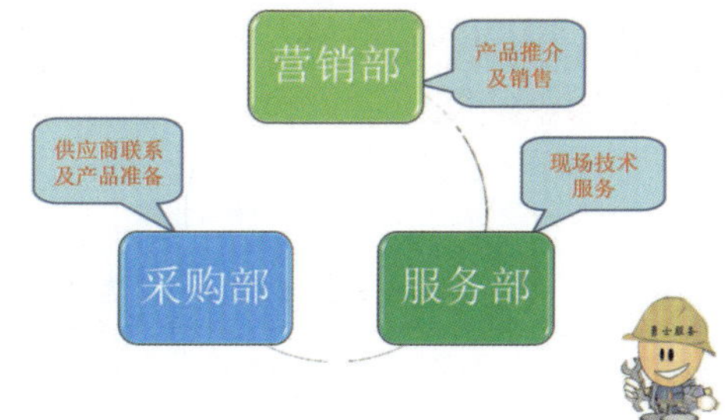

3）行动方案—活动预算

（1）活动费用预算

费用项目	预计费用金额
场地租赁	12 000. 00元
场地布置	6 000.00元
媒体宣传	14 000.00元
单页宣传	2 000.00元
促销人员	28 000.00元
总计	62 000.00元

（2）活动销售与服务收益预计

项目	销售	服务
车辆（辆）	500	200
单车利润（元）	200.00	10.00
厂家单车返利	30.00	—
小计（元）	115 000.00	2 000.00
合计（元）	117 000.00	

（3）活动效益预计

项　目	金额（元）
销售与服务收益	117 000.00
活动费用预算	62 000.00
活动预计毛利	55 000.00

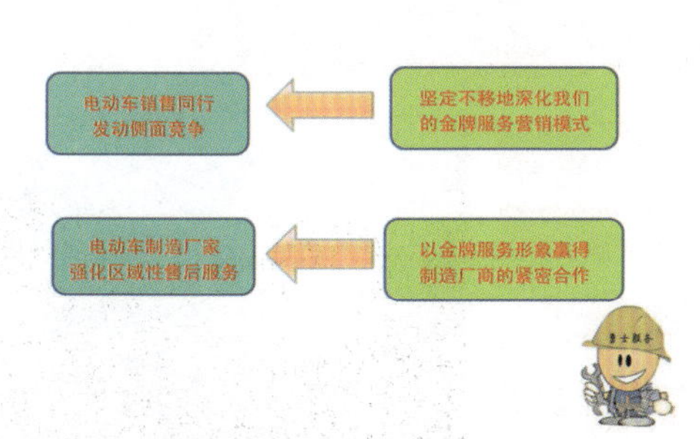

结束语

“金牌服务，勇士打造。”

我们相信：只要我们不断努力、不断创新，就一定能将勇士服务品牌做得更强、更响亮！

4.3 天龙蜈蚣养殖项目

安徽经济管理干部学院

天龙蜈蚣养殖项目

总经理：李林森
技术总监：祖 荣
行政总监：李 娟
指导老师：章 军 潘 松

创业思路

是什么 → 为什么 → 怎么做 → 做得如何

是什么	为什么	怎么做	做得如何
项目选择	项目分析	创业团队 融资方案 生产养殖 销售渠道	财务分析 风险应对 创业规划

目 录

4.3.1 创业项目选择

1）项目简介

蜈蚣养殖

地址 → 肥东县双庙村

2）项目选址

自然环境
经营成本
人脉资源
交通便利

4.3.2 创业项目分析

1）市场分析

政策扶持
市场前景
技术支撑
产品价值
环境适宜

中华人民共和国中央人民政府

关于印发《中药材生产扶持项目管理办法》的通知

中药材生产扶持项目管理办法

关于中药材扶持项目管理办法

第三条：中药材扶植项目的安排对象为中药工商企业、药材专业种植养殖场和直接从事中药产业化科技开发的研究院所。

1）市场分析

政策扶持
市场前景
技术支撑
产品价值
环境适宜

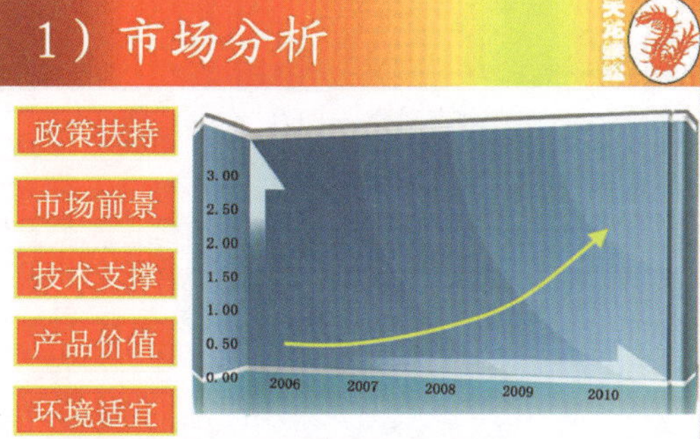

2）对手分析

3）项目优势

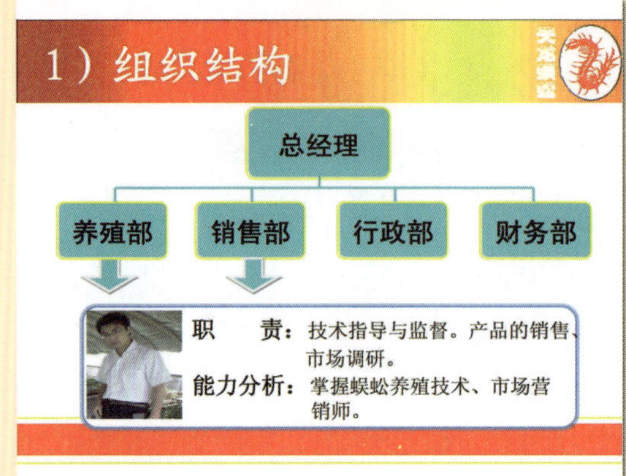
1）组织结构
总经理
养殖部
销售部
行政部
财务部
职　　责：技术指导与监督。产品的销售、市场调研。
能力分析：掌握蜈蚣养殖技术、市场营销师。

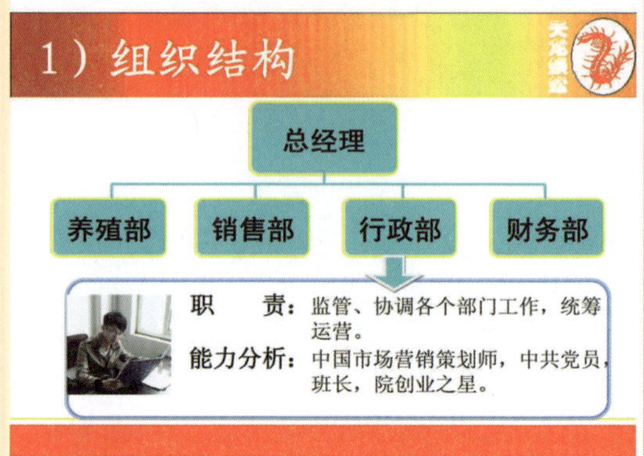
1）组织结构
总经理
养殖部
销售部
行政部
财务部
职　　责：监管、协调各个部门工作，统筹运营。
能力分析：中国市场营销策划师，中共党员，班长，院创业之星。

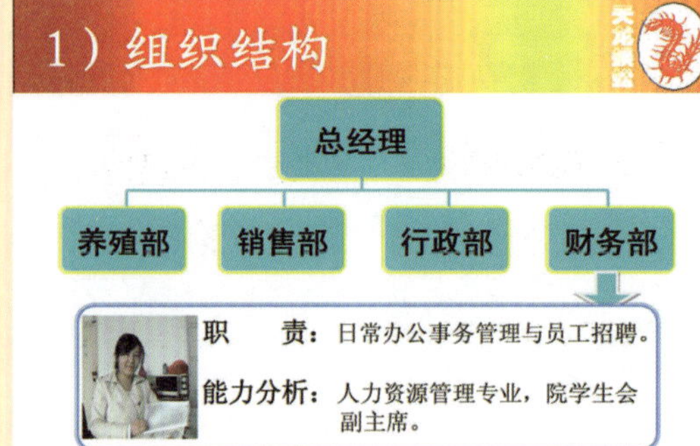
1）组织结构
总经理
养殖部
销售部
行政部
财务部
职　　责：日常办公事务管理与员工招聘。
能力分析：人力资源管理专业，院学生会副主席。

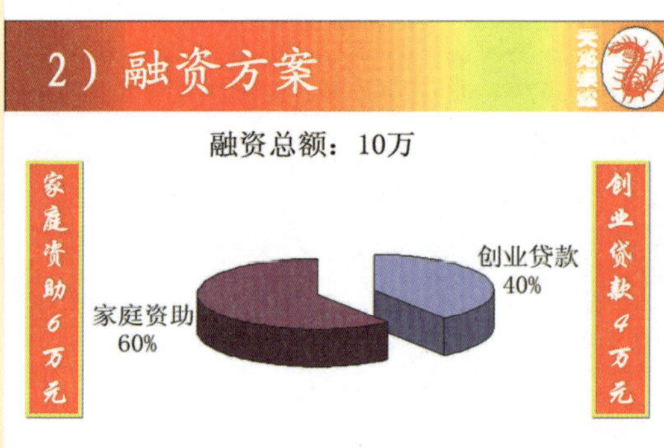
2）融资方案
融资总额：10万
家庭资助6万元
创业贷款4万元
创业贷款
40%
家庭资助
60%

4.4.4　生产管理

1）品种选择
品种选择
正品药用蜈蚣

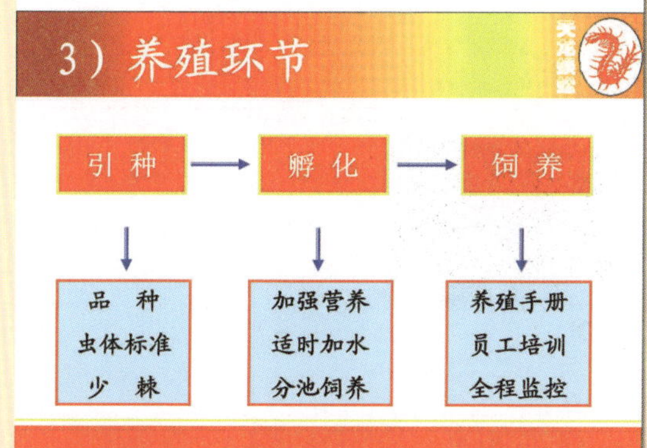

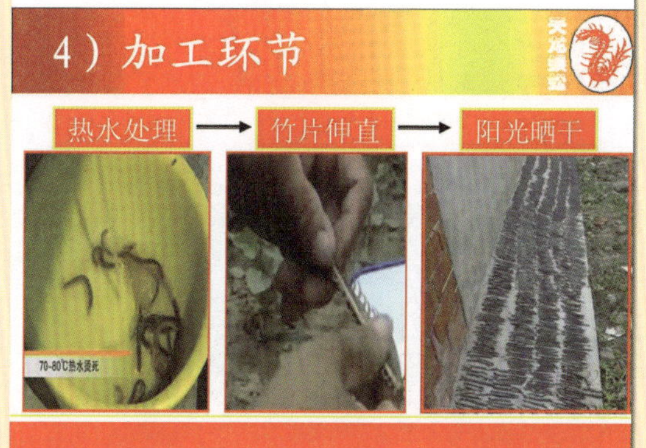

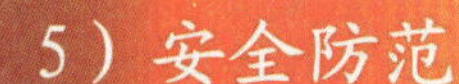

5）安全防范

受伤：

（1）肥皂水清洗
（2）局部冷敷
（3）蒲公英捣烂外敷
（4）医院处理与治疗

防御：

接触蜈蚣时戴手套

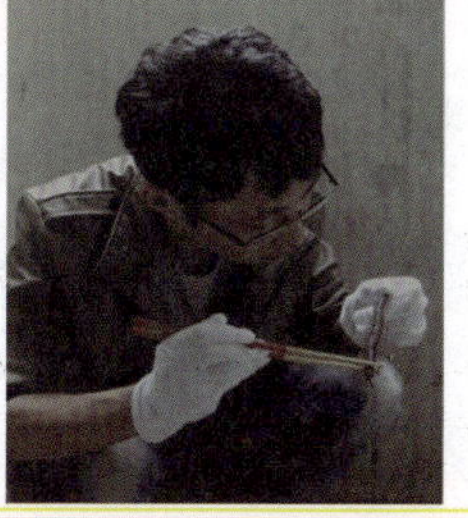

4.3.5 销售管理

1）定价策略

15 cm 以上	3.0元
12～15 cm	2.5元
9～12 cm	1.5元
6～9 cm	1.0元
6 cm以下	0.5元

2）分销策略

直接销售—制药企业

间接销售—安徽省亳州中药材市场

安徽亳州福康药材站　　亳州天宇药用昆虫养殖基地

3）宣传策略

争取媒体报道

网址：www.tlwugonghf.com

3）宣传策略

参加中药材展销会

4.3.6 财务管理

1）成本预算

养殖周期为1年

会计科目	内 容	金 额（人民币元）
营业成本	引种 1 000条×8元/条	8,000.00
	养殖池建设费用(平均)	2,000.00
	饲料（蔬菜:鱼虾=7:3)	4,700.00
	卫生防疫 消毒、药品	2,500.00
管理费用	工资、办公费	12,800.00
销售费用	运输费（物流）	3,500.00
合 计		33,500.00

2）养殖收益

母本1 000条 → 每条繁殖出60条（成活率60%）→ 37 000条（留5 000种苗）

→ 剩32 000条（1.5元/条）

→ 收益=32 000×1.5元/条=48 000元

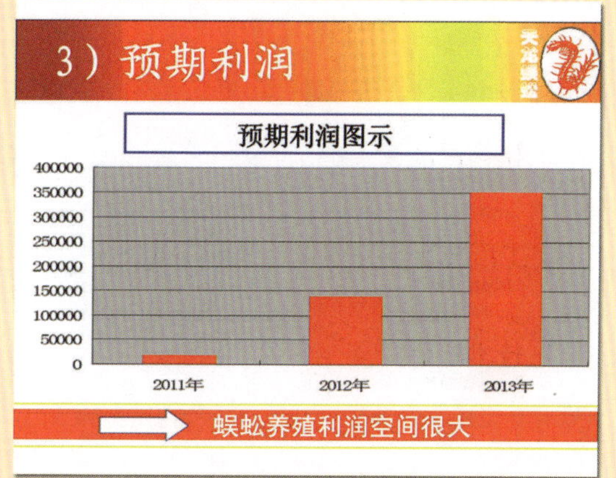

2011-2013年度预期利润表

项目	一期金额	二期金额	三期金额
一、营业收入	48000.00	255000.00	525000.00
减：营业成本	17200.00	30800.00	62000.00
营业税金及附加	0.00	0.00	0.00
管理费用	12800.00	80800.00	108000.00
销售费用	3500.00	2500.00	5000.00
财务费用	0.00	0.00	0.00
资产减值损失	0.00	0.00	0.00
加：公允价值变动收益（损失以“-”号填写）	0.00	0.00	0.00
投资收益	0.00	0.00	0.00
其中：对联营企业和合营企业的投资收益	0.00	0.00	0.00
二、营业利润（亏损以“-”填写）	14500.00	0.00	0.00
加：营业外收入	0.00	0.00	0.00
减：营业外支出	0.00	0.00	0.00
其中：非流动资产处置损失	0.00	0.00	0.00
三、利润总额（亏损以“-”填写）	14500.00	141000.00	350000.00
减：所得税费用	0.00	0.00	0.00
四、净利润（净亏损以“-”填写）	14500.00	141000.00	350000.00
五、每股收益	0.00	0.00	0.00
(一)基本每股收益	0.00	0.00	0.00
(二)稀释每股收益	0.00	0.00	0.00

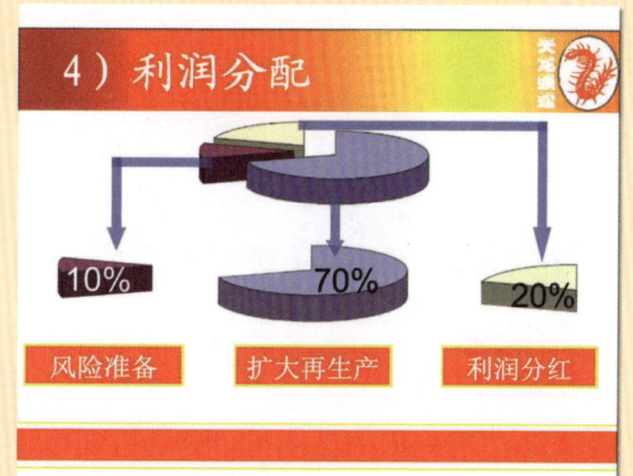

4.3.7 风险管理

1）风险预测

风险种类	规避措施
☹自然风险：自然灾害	☺增加设备 购买保险
☹技术风险：疾病 死亡	☺专人指导 实时监控
☹财务风险：资金周转不畅	☺风险准备金
☹市场风险：价格 需求变化	☺关注行情 紧贴市场

2）退出策略

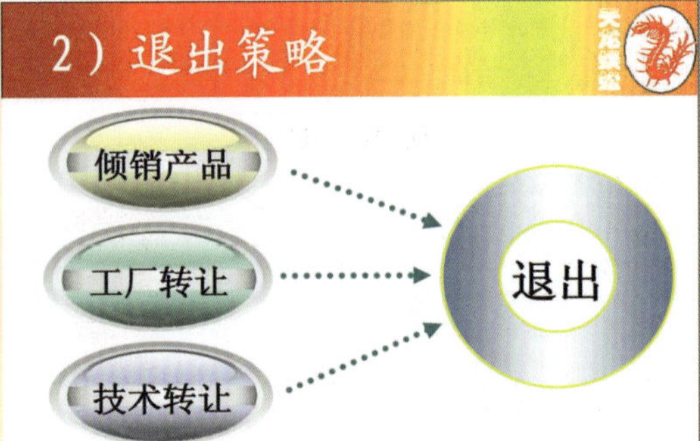

4.3.8 创业规划

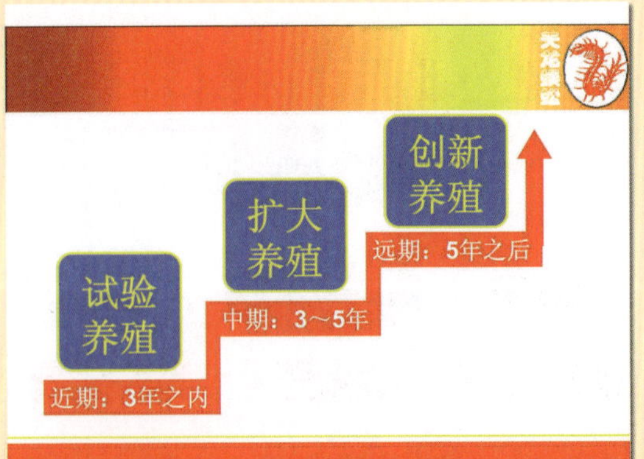

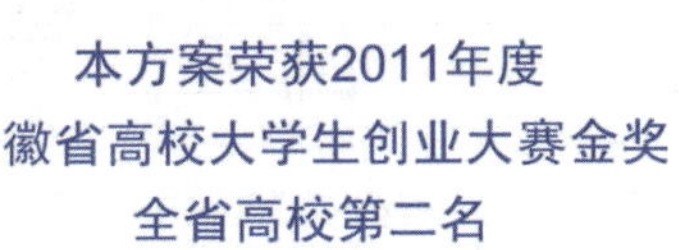

本方案荣获2011年度
安徽省高校大学生创业大赛金奖
全省高校第二名
全省高职院校第一名

第4部分 

借鉴篇

JIEJIAN PIAN

1 澳大利亚职业教育与培训学习体会

1.1 完善的澳大利亚职业教育与培训框架体系

澳大利亚的职业教育与培训(Vocational Education and Training，简称 VET)是继义务教育以后的一种以行业为主导的职业技术教育与培训，主要提供初次就业培训、再就业培训以及工作技能培训等，为行业和企业提供无需工作适应期的高技能劳动力。

澳大利亚职业教育与培训制度体系由三个核心部分组成：一是学历资格证书框架(AQF)，二是质量培训框架(AQTF)，三是培训包。其中，学历资格框架是目标，质量培训框架是保证，而培训包则是整个职业教育的指南。正是通过宏观的目标设定和微观的实施指南，再结合强有力的质量保证体系，最终形成了一个较为完善的澳大利亚职业教育制度体系。

1.1.1 澳大利亚资格框架(Australian Qualifications Framework，简称 AQF)

资格框架从资格证书来讲主要包括证书、文凭和高级文凭三类(见表 4.1)。其中证书分四级：一级和二级属于入门性的证书，获得此类证书的人员可申请相关行业的初级工作；三级证书则属于较高级的证书，获得此类证书的人员可申请从事相关行业的中级管理者；而获得四级证书则可从事经理级别的管理。文凭和高级文凭证书需要在获得四级证书的基础上通过一定时间的学习后方可获得，其从事的则是更高级的管理工作；它涵盖并跨越高中教育和高等教育两个教育阶段的两种教育类型，包括高中教育、职业教育与培训和高等教育三个领域，是一种将两种不同类型的教育即普通教育和职业教育进行有效衔接与沟通的体系。

① 高中教育领域

澳大利亚在普通中学提供的职业教育资格，包括证书Ⅰ级(Certificate Ⅰ)和证书Ⅱ级(Certificate Ⅱ)两个级别。澳大利亚普通中学的学制为 6 年(其中，初中 4 年，高中 2 年)，均为义务教育。因此，在澳大利亚普通中学阶段的第 11 年级和 12 年级，即相当于我国高二、高三年级的学生，可以选择接受职业教育与培训。在学习结束时，学生通过学校评估即可获得Ⅰ级和Ⅱ级资格证书，即职业教育证书（VET 证书）。同时，取得高中毕业证书，被称为“在中学的职业教育与培训”（VET in School）。

2 职业教育与培训领域

澳大利亚在这一领域提供的职业教育与培训所涉及的资格非常广泛，包括Ⅰ级证书、Ⅱ级证书、Ⅲ级证书、Ⅳ级证书、文凭（Diploma）和高级文凭（Advanced Diploma）六个级别。近年来，在上述基础上又增加了职业教育研究生证书（Vocational Graduate Certificate）和职业教育研究生文凭（Vocational Graduate Diploma）两个级别，这两个级别并非研究生的学位级别，而是研究生课程的级别。

3 普通高等学校领域

其涵盖与我国学历层次类似的专科层次、本科（学士）层次、硕士层次和博士层次的教育。目前，在澳大利亚，高等教育领域里共有 38 所大学，均属于联邦政府管辖。在这一领域里，澳大利亚提供的资格教育包括文凭（Diploma）、高级文凭（Advanced Diploma）、学士学位（Bachelor Degree）、研究生证书（Graduate Certificate）、研究生文凭（Graduate Diploma）、硕士学位（Masters Degree）和博士学位（Doctoral Degree）七个级别。

其中，前两个级别属于职业教育与培训性质，一般情况下也在前身为理工学院的大学里实施。但是也有部分普通大学的附属学院或二级学院可提供Ⅳ级证书或文凭课程。当然，在普通大学里提供的其他学位（学士，即本科层次以上）的教育则不属于职业教育与培训范畴。

表 4.1　澳大利亚资格框架（Australian Qualifications Framework，AQF）

高中教育	职业教育与培训	高等教育
		Doctoral Degree 博士
		Masters Degree 硕士
	Vocational Graduate Diploma 职业教育研究生文凭	Graduate Diploma 研究生文凭
	Vocational Graduate Certificate 职业教育研究生证书	Graduate Certificate 研究生证书
	Vocational Degree 职业教育学士	Bachelor Degree 学士
	Advanced Diploma 高级文凭	Advanced Diploma 高级文凭
	Diploma 文凭	Diploma 文凭
	Certificate 4 证书 4	
	Certificate 3 证书 3	

续表

高中教育		职业教育与培训	高等教育
Senior Secondary Cert. of Education 高级中级教育证书	Certificate 2 证书2	Certificate 2 证书2	
	Certificate 1 证书1	Certificate 1 证书1	

在AQF框架下,高中教育、高等职业技术教育和普通高等教育之间以及职业教育和成人教育之间形成互通"立交桥"。学生可从10～12年级(相当于国内的高中二、三年级)进入TAFE学院,在接受义务教育学习的同时,参加非全日制的职业教育的就业资格培训,可获得一级和二级证书。在TAFE学院取得职业教育的文凭或高级文凭后,可以直接进入大学本科二年级学习,学分可以转换。

1.1.2 澳大利亚培训质量框架(Australian Quality Training Framework,简称AQTF)

这是澳大利亚联邦政府联合行业出台的对注册培训机构进行质量认证的标准,目的是建立一个稳定且高质量的职业教育与培训体系的基础。AQTF对注册培训机构(Registered Training Organizations,简称RTO)的师资队伍、培训资源和条件以及机构管理等方面进行严格限定。具体内容包括:注册培训机构要提供高质量的培训与评估的系统,应保证在其运行时遵循联邦、州和领地的法律和规章的要求,要有一个运行有效的财务管理程序,要有一个运行有效的行政和档案管理程序,相互认可成绩,要满足澳大利亚资格框架实施手册和认可的培训包与其注册范围内授权课程的要求等。

培训机构每年都需要向有关认证部门上报相关材料,每三年进行重新登记和认证。认证非常严格,若不能通过认证,即使是政府举办的培训机构,也将被取消其继续开展职业教育与培训的资格。

该框架从培训机构这一源头上保证了培训的有效性和规范性。为确保培训质量提供了必要的制度支持,成为澳大利亚职业教育的核心标准,对高等职业教育院校的办学质量监控指标更加量化,并形成了全国统一的办学质量保障体系。

1.1.3 培训包(Training Package)

"培训包"是由联邦政府组织,由澳大利亚11个行业协会和澳大利亚职业与继续教育机构共同制订的培训内容体系纲要,针对不同类型和等级的职业资格证书出台相应的培训包。培训包是学院开展职业教育和培训的依据,它规定了本行业不同岗位从业人员所应具备的文化知识、技能和素质标准,同时,根据行业不同岗位资格的要求对有关能力进行组合,确认学习合格者可授予相应的资格证书。

每个"培训包"主要包括两部分内容:一是国家认证部分,这是"培训包"的主体,包括国家能力标准、国家资格证书框架体系和鉴定考核指南;二是非国家认证部分,包括学习方法指导、鉴定材料和职业发展资料。"培训包"是由行业技能委员会或企业根据各自不同的需要来进行开发的,开发前首先要在行业或企业内进行广泛的咨询和意见征集,并经多方认可后才能提交到澳大利亚教育科学和培训部所属的国家培训质量委员会(National Training Quality Council,简称 NTQC)进行认证,认证通过后方可正式发行,并在澳大利亚国家培训信息服务中心的网站上发布。

目前,已经批准和公布的"培训包"有 70 个,覆盖了澳大利亚绝大多数的行业。"培训包"在正式发布后,需要每 2～3 年重新修订并更新,以满足因科技发展、产业结构调整产生的岗位职业能力变化的需求。各培训机构在实施具体培训前,需要按照培训包的要求组织相关人员,结合所在地区行业或学生的特点进行培训内容的二次开发,将培训包的框架性要求转化为具体的教学内容。培训包很好地解决了学校与行业需求的结合问题,很好地解决了课程教材开发的依据与标准问题。通过对培训包的二次开发,也很好地将国家标准与地区差异和机构差异结合起来,体现出原则的统一性与实施的灵活性的有机结合。

上述三方面制度的设计,保证了澳大利亚职业教育与培训机构必须按照质量培训框架的要求进行注册,根据"培训包"相关要求开发课程,进行培训,并对学习合格的学生发放资格框架规定的资格证书和文凭。资格证书和文凭在全国范围内得到认可,并可以与大学相应的学科接轨。

1.2　特色鲜明的职业教育与培训(VET)

承担 VET 的主体为注册培训机构(RTO),主要包括公立的技术与继续教育(Technical and Further Education,简称 TAFE)学院,以及具有注册培训机构资格的普通中学、部分大学(特别是前身为理工学院的大学)、私立职业教育与培训机构和企业等。

TAFE 相当于中国的职业中专、技校和高等职业学校、高等专科学校的综合体。国家级的 TAFE 学院都是政府公立学院。目前,全澳大利亚由政府举办的这类机构共有 92 所。北布里斯班科技学院就是其中的一所,拥有大约 3 万多学生。澳大利亚 VET 体系已成为全球成功的、特色鲜明的教育体系之一,并且在澳大利亚的国民经济发展中起着愈发重要的支柱作用。

1.2.1 以能力为基础的教育

澳大利亚将职业教育定位于为社会提供实用型人才,为满足社会发展的需要提供及时且对口的人力资源支持。这样的定位简化了职业教育机构的功能,使澳大利亚的职业教育机构从原来的学历与培训并重的机构转变成为职业培训机构。因此,澳大利亚的职业与继续教育的实质不在于其教育功能,而在于其培训功能;在办学理念上不是以学历教育为主导的办学模式,而是定位于为社会培养和培训其所需要的实用人才;不是以供给为主的办学理念,而是以需求为导向的办学定位。因此,在进行职业与继续教育框架设计时,职业资格框架顺理成章地成为该制度的核心。

TAFE 的教学体系强调"能力本位培训"(Competency-Based Training,简称 CBT),突出强调培训结果,即学生受教育与培训后实际具有的操作性能力。它所关注的是学生能否达到行业中具体的能力标准,而不是同组中其他人的成绩水平;强调加强实践教学环节,使理论教学与实践教学融为一体:教室即实验室,实验室即教室。课堂教学以提高能力为原则,纯理论的课程较少,基础课以够用为度。

TAFE 课程强调学生的动手能力,注重小班教学,平均每班 15～30 名学生,这样便于实施课堂教学和实习操作相结合的教学形式,每位学员都有机会得到教师的精心指导。与偏重理论的本科生相比,TAFE 学生课程具有很强的实用性,从事的是技术工作,属"灰领"而不是"蓝领",有很强的竞争力,其中很多专业(如园艺、珠宝加工、汽车监测与维修等)的收入比本科生还高,例如,操作挖掘机的工人年薪可能有 18 万澳元,而级别较低的白领年薪可能只有 5 万澳元。

通过职业教育后获得岗位能力较低的学生,学校会对其颁发一、二、三级证书进行一线就业,承担"会脏手的工作";当学生获得较高的岗位能力且学习能力又强时,TAFE 学校会对其颁发四级以上证书及文凭,这样的学生可以进入大学或研究机构继续学习,毕业后从事管理工作。这种"分层次教学和分层次就业"的教育体系是该国职业教育的一大特色,而他们的课程体系都是建立在"分层次教学和分层次就业"的基础之上。通过这种课程体系教育才能真正培养出岗位技能突出的人才,这才是真正的职业教育特色。同时,这种课程体系设置对学生毕业后的就业有明确的分层导向作用,以此作为分层依据,才有技能差别,才能使不同能力的学生在技能成才的道路上各尽其才。

1.2.2 TAFE 学院与行业密切合作

TAFE 教育形成了行业参与、市场调节、就业导向的办学机制,成为企业发展的可靠保障。同时,行业参与并发挥主导作用已经成为 TAFE 可持续发展的根本动力。国家和各州管理 TAFE 的组织机构中,以来自行业且代表行业意志的人员为主。通过这些机构,行业主导 TAFE 办学的全过程:① 制订行业职业能力标准,使 TAFE 学院的专业设置、培养目标、课程结构、能力标准、教学模式等方面均以行业需求为向导。② 负责教学质量评估。联邦和各州的行业顾问委员会经常通过行业顾主对 TAFE 满意程度进行调查,企业则积极响应,提供对 TAFE 的看法和建议。③ 直接参与学校管理。所有 TAFE 学院均有董事会,主席和绝大多数成员是来自企业第一线的资深行业专家,董事会负责对学院的办学规模、基建计划、教育产品开发、人事安排、经费筹措等进行研究和作出决策。④ 充实学院的教师队伍。行业鼓励业内人士到学校兼职讲课，以充实学院教师队伍，同时，TAFE 学院的教师每年必须到企业工作两周，行业协会也会吸收教师为其会员，以保证学院教师的教学不脱离企业实际。⑤ 支持学院实训基地建设。行业通过接待学生实习，并负责实训基地中各种设备的不断更新，为学生的实习质量提供保障。

可以说，TAFE 课程以实用为主，以市场需求为导向，与行业关系紧密，他们通过与行业协会密切合作，使得学生在学习期间，提前熟悉自己将来从事的职业，因此，学生备受雇主青睐，就业前景和薪金待遇非常可观。

1.2.3 承认先前学习或工作经历

由于全国建立了统一的证书、文凭和学位模块，澳大利亚对各种形式的先前学习或工作经历，可采用不同的规定予以认定或折算，主要有以下三种类型。

1 先前学习认定(RPL-Recognition of Prior Learning)

这是一种对个人通过正规或非正规的教育与培训、工作经历、生活经验所获得的技能与知识予以认定的机制。例如，在国外学习的成绩(如在中国)以及在企业工作的经历，都可通过认定并折算为学习时间，从而可减少后续学习年限。

2 学分转换办法(Credit Transfer)

在统一的学历资格证书框架(AQF)下，职业教育的文凭资格可与高等教育进行学分转换。按照澳大利亚的有关教育规定，学士学位学习需 3 年。但是，若学生已有 2 年的文凭证书，则可相当于已经完成学士学习 1 年，再读 2 年即可完成学士学习；若学生已有高级文凭证书，则可相当于已经完成学士学习 1 年半，再读 1 年半即可获学士学位。因此，技术与继续教育机构就具有两大优点：一是学习费用比较便宜，低于大学，而其所获得的文凭或高级文凭可分别折算为大学学习时间，一般为 1 年或 1 年半，这就可缩短学士学习的时间；二是学生通过职业教育与培训获得职业技能，毕业后找到工作位置的机会比只有单纯大学学士学历者要多得多。

3 基于认定的减免(Exemption-based RPL)

这是一种建立在先前学习认定基础上而由注册培训机构(RTO)对其先前学习、工作或生活经历进行的等值认定或高出认定，从而可以减免后续学习时间的机制。

在 AQF 框架下，“培训包”对学习时间、学习对象没有任何限制，各级证书和文凭之间的连续关系全国认可，不受机构或地域的限制。这种灵活多级的培训模式，有利于学生根据自身需要和能力条件选择不同等级的技术技能培训，有利于学生分层次、分阶段地进行学习深造。既可以职前接受教育，又可以职后接受教育；既可以全日制参加学习，也可半日制或利用业余时间逐步完成学业;既有参加一贯制学历教育,也可分阶段实施,分步完成。从17岁的高中毕业生到年届花甲的老人都可能成为TAFE的学生。这种多样化、灵活的教学形式,真正建立了"学习—工作—再学习—再工作"的终身教育模式,为学员参加职业教育与培训提供了极大的便利,也有效地增强了学校对社会上职业教育与培训需求的适应能力与满足程度。

此外,澳大利亚政府规定,只有取得TAFE证书,才能从事相关专业的产业的需要国家资格证书的授予和认可按照能力标准评估培训结果技术性工作,也就是说,证书是就业的必备条件。因此,许多本科生、研究生,甚至博士生毕业后,为了找到更适合的工作,纷纷到TAFE学院攻读专业证书。许多在职人员,为了提高技术技能,也进入TAFE学院接受与岗位要求一致的在职继续教育。

1.2.4 注重教师职业技能的当前性

从事职业教育与培训的教师,其最低要求是获得Ⅳ级证书,即获得与Ⅳ级证书(Certificate Ⅳ)同一级别中的"教师资格培训及评估Ⅳ级证书"(TAA-Training and Assessment Ⅳ)。教师的学历要求则根据各个教师的具体情况而有所不同:一部分教师具有教育学士以上的学历,或者是读完一种专业本科后再获得一个教育学士或以上学历;另一部分教师则具有丰富的企业工作经历并获得教师资格培训及评估证书Ⅳ(TAA Ⅳ)。但是实际上在职业教育与培训领域,85%以上的教师都具有学士以上的学位。

由于TAFE学院专业设置与市场结合紧密,"双师型"教师是TAFE学院教师的要求。要取得TAFE专职教师资格,还要至少有最近3年的行业背景或行业相关工作经验,有的TAFE学院还要求教师具有开发新课程的能力,以及掌握课程效果测试(即学生相关能力测试)的手段。教师受聘后,除参加各种新知识讲座和新技术培训外,每年还必须到企业工作两周,而且,要求教师均要进入相关行业或专业委员会,经常参加学校与社会联系的各种活动,从而熟悉掌握企业最新发展动态,获得最新技术,以适应市场对职业教育的新需要。

从社会和企业聘请具有丰富实践经验的专业技术人员做兼职教师,也是TAFE师资的重要组成部分。专、兼职相结合的职业教育师资队伍,较好地解决了因专业转换所导致的职业教育专业教师的不足,并且专任教师和兼职教师根据各自所具有的优势和不足,可以互相交流,取长补短,有利于师资队伍整体水平的提高。

1.3 澳大利亚高等职业教育对我们的启发

1.3.1 在统一国家标准的基础上,保持区域发展的灵活性

澳大利亚职业教育在进行制度设计时逐渐改变了联邦弱、地方强的制度设计思路,由联

邦政府出台职业教育的质量标准和框架体系，通过联邦的质量标准和框架体系来保证不同地区职业教育质量标准的统一，也很好地解决了职业资格证书在全国范围内的互认与流转。同时，“培训包”制度的设计使得在国家统一标准和要求的前提下，各州和各教育机构能够根据自身的实际情况确定相应的培训内容，较好地发挥其主动性和灵活性。

与澳大利亚的职业教育相比，我国高等职业教育管理体制属于以地方为主，地方高职高专院校大多由各厅局主办，因此各地职业教育发展的灵活性相对较为充分，但如何体现国家标准，尤其是如何从职业证书的角度体现国家标准值得进一步探讨。在这一点上，澳大利亚建立职业资格框架和质量框架的做法值得我们借鉴和参考。

1.3.2 在政府统一调动下，推动校、企的密切合作

校、企合作是决定职业教育质量的根本性因素。当前，存在企业和行业参与意愿不高、高等职业教育机构一头热的现象。校、企合作流于形式、水平较低已成为制约我国职业教育健康发展的主要障碍之一，也是我国高等职业教育不可回避且必须解决的问题。

校、企一体化办学是在市场机制作用下各利益相关者长期博弈、合力推动的结果。政府、行业、企业是校、企合作中的重要利益相关者。政府以社会公益为目标，在总体财政投入有限的情况下，通过政策、财政、金融、法律等手段，调动行业、企业、社会参与职业教育办学，以争取更多社会资源的投入。行业参与职业教育办学的动因来自于对行业技术和人才发展的关注，参与办学的程度受到行业自身组织化程度的影响，行业发展越成熟，指导、协调、监督的功能越完备，参与办学的程度也就越高。企业参与职业教育办学程度的高低主要取决于成本—收益关系。在粗放式生产经营阶段，企业对人才、技术的需求并不是很迫切，再加上高等教育大众化的发展为企业提供了一个较大规模的人才“蓄水池”，因而对校、企合作并不是很热情。只有当企业难以从外部市场获得人才和技术时，才会转向寻求与学校合作来培养人才，校、企深度合作办学才能成为可能。

澳大利亚职业教育制度在设计过程中，通过引入行业和企业参与制订资格框架、质量框架和培训包，从源头确保了职业教育与行业需要和社会需要的统一。尤其是由行业牵头制订相关专业的培训包，充分反映了行业的需求，这样就在很大程度上保证了职业教育办学与企业和行业需求的一致性，职业教育机构培养出来的人才不仅符合行业发展的当前需要，也符合未来发展的人才需求。这样有助于解决职业教育对企业和行业发展的有用性问题，从而激发行业参与职业教育人才培养的积极性和主动性。可以说，澳大利亚职业教育制度设计中的行业参与实际上形成了“行业提出要求＋职业教育机构满足要求”的职业教育模式，其实质是一种订单式的人才培养模式。这种培养模式也将职业教育机构从盲目寻求社会需要的困境中解放出来，即职业教育机构不再盲目地通过行业或企业调研来确定自己的办学方向，而只需要严格按照行业制定的培训包实施培训即可。这极大地提高了职业教育的针对性和有效性，减少了职业教育的盲目性，进一步加强了职业教育与行业和企业的联系。由此推动行业关注和重视其人才培养，最终形成良性的互动机制。

1.3.3 明确功能定位，改变教学模式

对中国高等职业教育而言，我们最为紧迫的使命是按照社会发展对人才的需要为社会提供人力资源的支持，但事实上我国高等职业教育又被赋予了知识传递与创新的功能，这样使我国高等职业教育承载了比较多的功能，教育功能、服务功能和研究功能的三位一体导致职业教育为社会发展提供人才服务的功能遭到削弱，从而影响了高等职业教育与社会的衔接，导致高等职业教育实践的诸多困难。

澳大利亚"培训包"将行业技能需求和职业培训的目标有机地结合起来，根据资格证书等级设定学生要达到的能力标准。"培训包"以能力为本位，把考证与课程设置完全结合起来，能确实培养出经济社会和行业所真正需要的技能型人才。我国目前大多数高职院校的课程设置、教学模式都是照搬普通教育，但实际上提供的是学历教育，与职业教育的要求相去甚远。毕业的学生在毕业后还要在工作岗位继续接受学徒式教育。这不仅造成资源的浪费，也制约着职业教育的健康发展。

我们应当将职业教育定位于为社会提供实用型人才，为满足社会发展的需要提供及时且对口的人力资源支持。为此，我们可借鉴澳大利亚经验，开展高等职业教育课程体系改革，把当前的各种认证进行筛选，挑选出能真正代表行业需要的各种专业认证，然后根据认证的要求确定能力标准，课程体系建设则围绕能力标准进行，校、企联合制订以能力培养为本位的教学和考核体系，并根据市场变化进行调整，培养适应就业市场需要的人才。

1.3.4 加强教师队伍建设，保持教师职业技能的当前性

我国高职院校的师资有着浓厚的普通教育背景，由于制度和观念的原因，很少有企业人员兼职职业教育师资。高职师资的认证和评价也是参照普通院校的标准，背离职业教育要求。我国应针对职业教育的特点，强调师资综合实践能力，支持教师多渠道进修和实践。同时，采用灵活的聘用制度，到一线的企事业单位选拔技术与生产管理人员兼职教学，鼓励企业参与教学和师资培训，选拔和培养具有较强实践能力的专职和企业人员兼职师资队伍，从而使职业教育更密切地联系所服务的市场。

（作者：韩光，工作单位：安徽省教育厅人事处）

2 澳大利亚职业教育考察报告

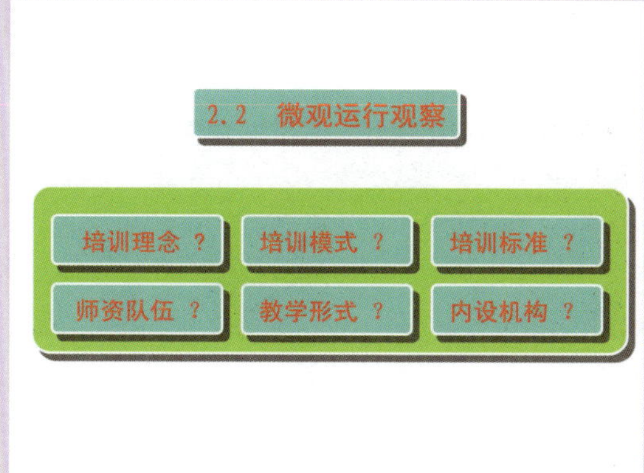

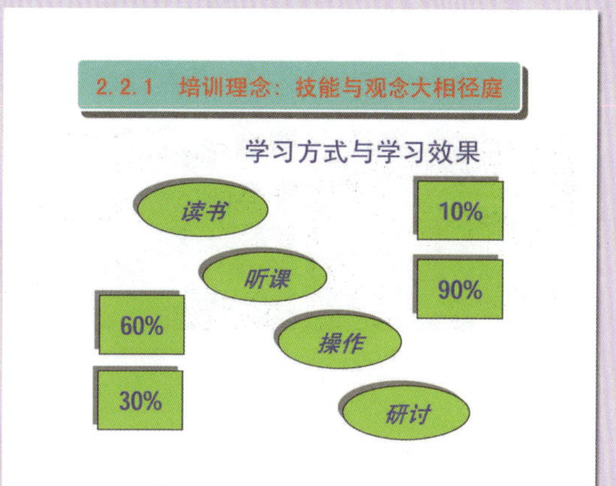

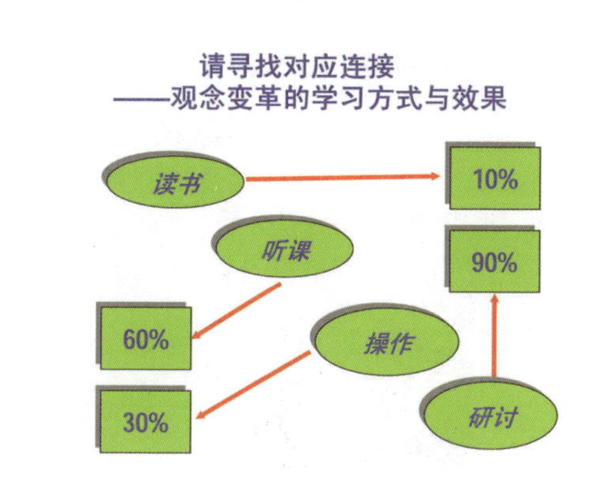

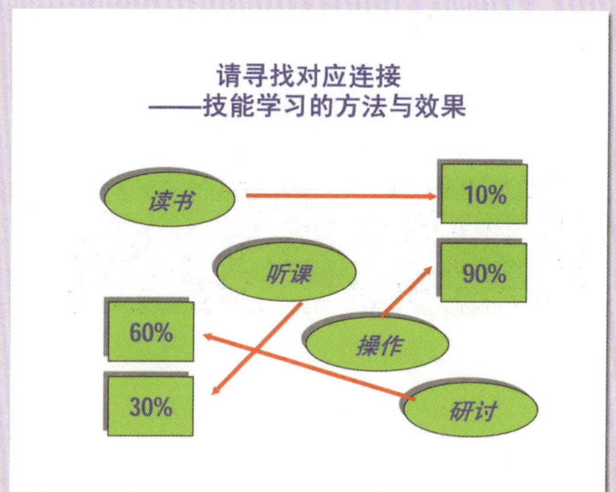

Chinese Proverb

"Tell me and I'll forget;
show me and I may remember;
involve me and I'll understand."

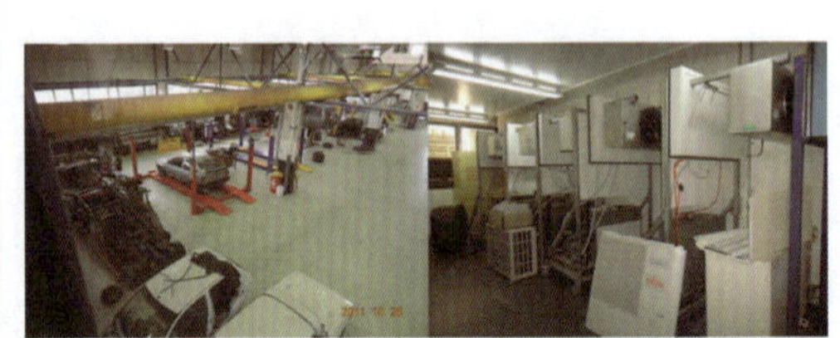

管理专业教学那一天

2.2.3 培训标准：政府与行业共同制定

2.2.4 师资队伍：教学与实践双重要求

Educational: 3年本科学历教育背景
Vocational: 5年直接相关实际工作经历
学历和经历必须是同一专业岗位方向
Currency: 在职教师必须有近期的行业工作经历

有些TAFE学院规定在职教师每2年必须有2周时间在行业（企业）接受现实的和前沿性的实践锻炼。
在职教师必须与企业行业保持密切的联系，甚至是行业协会的主要成员。
在职教师资格还需要接受第三方独立机构的外审，为保证外审不出问题，通常学校会提前进行内审。
所有审核都必须查验企业实践的凭证资料（包括时间、地点、岗位、工作内容和企业评语等），还有可能让教师进行现场操作演示。

2.2.5 教学形式：多元与混合有效衔接

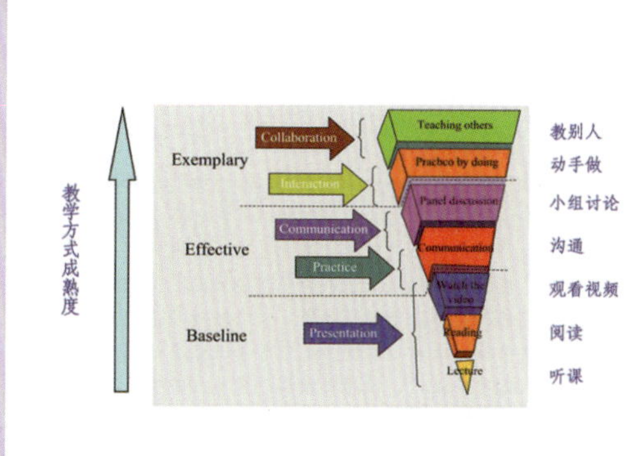

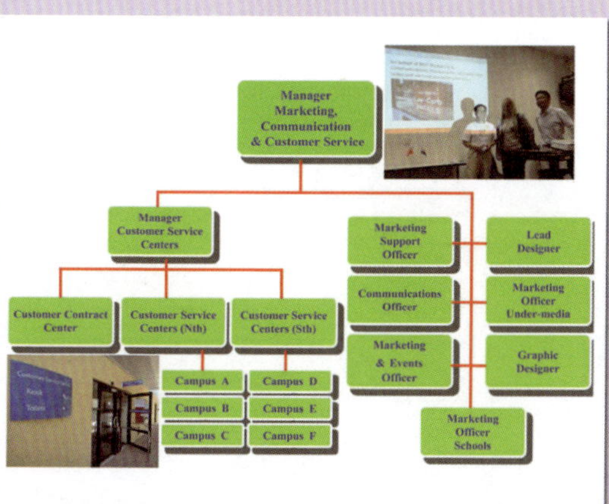

同样有烦恼

教师职业经验当前性的有效性问题：
企业和行业并不太热心于接受职业教师去锻炼和培训，
因为商业机密，教师不能承担企业岗位责任等等。

政府对于企业接受职业技术教师实践培训也没有资金支持，
主要靠学校支持、教师本人的人脉关系并以企业创造价值为前提。

商科师资的企业实践培训就更难，企业难以提供实际岗位给职业教育师资进行实际锻炼，多以助理的形式参与工作，或者是以参观的形式让其了解工作。

这些形式有当然比没有好，但还是不能得到真正的深刻的岗位工作体验和能力锻炼。

校企合作和实训教学做得比较好的主要是手工操作的专业课程，
如酒店服务、美容、幼教、护理、动物美容、园艺、美术等。

市场营销等专业课程校企合作与实训教学同样做得不好，
其实践教学主要有案例教学、计算机模拟和团队作业等方式。
由于商业机密、工作的系统性和复杂性等原因，
难以像个人可以单独操作的手工技术性工作一样开展顶岗实习。
虽然这样的训练效果可能也差一些，但是模拟实训还是有价值的，
比如飞行员培养训练开始阶段的计算机模拟飞行训练非常有意义，
因为飞机的价值昂贵，学生实际飞行的生命风险也非常高。

因此，我们在澳洲看到的实训场地比较具体、复杂，
设备和工具名目繁多的全部是手工操作性项目，
商务课程的实训室也就是计算机、投影仪等这些常见的设备。

动手操作 技能型工作/课程	动脑思维 智能型工作/课程
科学性与标准性	科学性与艺术性
工作场景复杂： 劳动者、劳动对象、 生产资料、生产工具	工作场景简单： 劳动者（大脑思考） 头脑风暴(集体)
标准动作培训 工作场地实训	思维流程训练 社会生活体验
时间动作分析	人际关系学派 行为科学学派 社会管理学派
泰勒制：科学管理	
生产力	生产关系

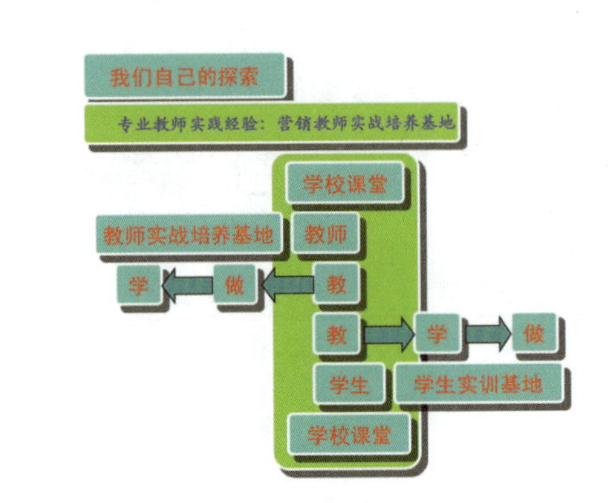

营销专业教师实战培养
2012年项目对接

2012年2月29日下午，安徽经济管理学院贸易经济系营销专业教师实战培养2012年项目对接会在安徽优先营销传播公司召开。院党委委员、巡视员姚维传，教务处周伟良处长、倪东辉副处长，安徽优先营销传播公司徐建国董事长、王守明总经理，贸易经济系领导出席了本次会议。营销策划省级专业负责人朱华锋教授，市场营销教研室主任罗江及教研室部分教师参加了会议。

汇报到此，感谢支持

3 澳洲职业培训小结

为期近一个月的澳大利亚职业教育培训顺利结束了，本人收获与感悟颇多，对澳大利亚职业技术教育的运行机制有了较为系统的了解，现总结如下。

3.1 激励机制：政府与市场双轮驱动

澳大利亚职业技术培训之所以办得比较成功，其原因之一在于具有法律保障与制度约束。澳大利亚规定，一些技术型较强的、与生命安全和财务税收方面的职业岗位必须持证上岗，比如医疗、电工和会计报税等行业岗位，上岗之前必须取得职业技术培训证书。新的移民人员也必须进行英语培训，培训要求与费用在办理移民手续时就锁定了。所以，我们在这里见到了不少昆士兰科技大学研究生毕业的中国留学生、随子女移民到澳大利亚的中国大妈都在 BNIT 培训以便拿到证书。为鼓励开展职业技术培训，对于企业和雇主为职员提供在职培训的，政府还会给予财政补贴。

企业对于持有职业技术培训证书的求职者更为欢迎，提供的岗位更好，工资也会更高。在澳大利亚，学生读 TAFE 的动力机制（TAFE 吸引学生的原因），主要不是政府和法律的规定，而是市场与利益方面的原因，来自中国大陆的昆大翻译专硕以自己在澳洲的生活经历告诉我们，技术工人在这边的收入高于大学毕业生，一个电工年收入可以高达 18 万澳元，远高于大学毕业生 4～5 万元的年收入。

3.2 监督机制：注册与审计双环控制

在澳大利亚开展职业技术培训，需要按照政府要求取得培训机构资格，达到政府要求的机构经审查注册登记后即可开展培训业务。但是注册不是终身制，每三年政府要对在册的培训机构进行一次审核，以确保培训机构的培训能力。审核不达标的培训机构轻则被要求限期整改，整改期结束后再接受审核，重则被取消培训资格，停止培训招生和培训活动。

3.3 办学主体：公立与私立比翼双飞

澳大利亚政府主办公立的职业技术培训学院，同时发展私立的职业培训机构。昆士兰州就有 13 家国有的职业技术培训学院，还有 3 000 多家私立的技术培训学校。公立的职业技术培训学院院长由政府任命，管理人员和教师都是政府的正式公务员，工作稳定，收入和福利有保障，且不能被解雇。

3.4 培训标准：政府与行业共同制订

职业技术培训有标准。政府与行业组织共同制订了各行各业各个层次的职业培训课程体系及课程标准，各培训机构按照职业标准培训，颁发给学生的证书全澳通用，因此用途广泛，能够吸引学生。

对于操作性强的技术性课程，澳洲联邦政府还制订了行业标准，并且形成了规范的课程包，以此作为各地 TAFE 学院培训的主要依据，但是相对来说，既是科学又是艺术的营销策划课程就相对难以标准化和规范化。对于这一点，我现在在理论上找到了根据：操作性强的技术性课程之所以可以标准化，可以追溯到泰勒科学管理的时间动作分析，操作性劳动还必须是劳动者、劳动对象、生产资料和生产工具等生产要素同时在一个完整的工作环境下结合在一起的时候，才能产生出生产成果和生产效率，所以操作性技术课程必须通过动作标准化培训和工作场地实训才能取得实际成效。营销策划的创意生成，主要在策划者个人和策划团队的大脑里产生，并不需要太多的生产设备和工具，一张纸、一支笔即可记录其创意原点，一台电脑、一台投影仪即可呈现其创意成果，其工作场景原本就是这样简单，因此其实训实验场景也就没有什么花样。这样来说，原来我一直坚持的营销策划实训场景、实训场地在市场在消费者和用户工作和生活的地方，应该没错。要从管理学的发展历史和流派方面来寻找依据的话，当归属于上世纪二三十年代出现的人际关系、行为科学与社会管理学派。

3.5 培训理念：技能比理论更受重视

在澳大利亚，劳动者的劳动技能受到政府重视，大量熟练程度高的技术工人和技术人员被看成是经济建设和运行的必须。因此，职业学院的培训理念是基于技能的培训，学生的学习是以获得技能为目标的学习。复杂而深奥的理论传授与学习，在澳大利亚的职业教育与培训中，并不存在。

3.6 内设机构：教学与服务互为支持

澳大利亚职业技术培训机构之间也存在竞争，已经形成竞争机制。因此，职业技术培训必须是面向市场的，并以客户需求为导向。市场客户主要有学生客户、行业客户和政府客户三类，除培训教学执行部门及其领导者叫作系部和主任以外，均称客户服务部门和经理。BNIT 的学生客户服务部门有 50 多人，并设有一个大客户部，专门发展和服务行业客户和政府客户，设经理 1 人，客户服务人员 3 人，另有 3 个行政辅助人员负责培训合同管理等事务。BNIT 还设有国际商务部以开发境外培训市场，由 1 名华人担任高级客户经理。我们这次的培训就是由该部门组织的。

由于生源少、竞争激烈，无论是 UNIVERSITY 还是 TAFE，都有尊重学生选课和选择学习时间的规定，因此没有国内那种成建制的班级，没有严格的政府规定的招生计划指标，发出的录取通知书也不一定会全部按时来注册上学，即使来了也可以申请缓上或者中途停上，TAFE 的很多学生还只学 1～2 门课程，零乱复杂无比，这对于教学组织和管理来说是一个非常大的挑战，因此他们配备的教学辅助管理人员比较多。中国的学校现在还不适应这种教学组织方式，除了实行学分制的领导和教授们都有海外留学经验的名校以外，其他本科院校和高职院校往往会束手无策的。

政府包办公立 TAFE 的机制也在发生改变，政府的拨款预算越来越严格，政府预算会严格限制建造大楼等基础设施投入，更倾向于采用旧房装修，更倾向于采购必要的设备和软件，对于采购的培训课程要求也更具体。布里斯班就有一所公立技术型培训学院，是由一家废弃的矿山改造的，购买这个废弃的矿区和厂房，政府只花了非常便宜的价钱。培训的后期，安排我们参观了这所学校，校舍和办公楼都是由原来的厂房改建的。

在政府投入越来越严格的情况下，公立 TAFE 学院的商业化也就成为必然。而且在市场化的国家，TAFE 学院的市场化发展很迅速很彻底。在 BNIT，有一个负责营销传播的 64 人团队，其中电话呼叫中心就有 30 人，每个校区均设有的每天都营业的客户服务中心、在各校区流动办公的学生客户服务团队(11 人，客户服务中心的固定工作人员不包括在内)，服务行业和政府客户的大客户销售团队 7 人。

3.7 师资队伍：教学与实践相得益彰

在澳大利亚，职业技术培训师资选拔有严格的要求。进入 TAFE 必须具有 3 年本科学历教育背景和5年直接相关的实际工作经历，而且学历和经历必须是同一专业岗位方向。

澳大利亚还讲究职业技术教师职业经验的当前性。因此，有些TAFE学院就规定在职教师每2年必须有2周时间在行业(企业)接受现实的和前沿性的实践锻炼。在职教师必须与企业行业保持密切的联系，甚至是行业协会的主要成员。在职教师的资格还需要接受第三方独立机构的审核(外审)，为保证外审不出问题，通常学校会提前进行内审。所有审核都必须查验企业实践的凭证资料(包括时间、地点、岗位、工作内容和企业评语等)，还有可能让教师进行现场操作演示。

3.8 培训方式：实训与课堂紧密相连

在澳大利亚的职业技术学院，实训教学的工作场地与课堂教学的教室通常是连接在一起的，有的甚至是合为一体的，所以，教学培训方式很容易做到边讲边做，或者先讲后做。

3.9 教学形式：多元与混合有效选择

为最大化地方便学生学习，如方便学生边工作边学习、工作和学习交替轮换、远程学习等等，培训机构会提供多种教学方式。为提高学习效果，培训机构还会采用混合式教学培训方式。

3.10 学生进阶：大学与职校协议衔接

为促进学生成长，同样也是由于生源紧张，TAFE和UNIVERSITY还建立了课程学分互认转换和免修联系，以便吸引学生拓展生源。此外，招收海外学生或留学生来就读也是一个重要的渠道，一般而言海外学生的学费比国内学生要高。但是中国生源紧张的时候想吸引外国的学生就难以行得通了，毕竟中国经济、教育和环境还不具备这样的号召力和吸引力。

澳大利亚的职业技术培训也存在一些问题和挑战，也正在调整变革之中。例如：企业和行业因为商业机密等问题并不太热心于接受职业教师去锻炼和培训，政府对于企业接受职业技术教师实践培训也没有资金支持，主要还是靠学校支持、教师本人的人脉关系及其为企业创造价值来维持；商科师资的企业实践培训就更难，企业难以提供实际岗位给职业教育师资进行实际锻炼，多以助理的形式参与工作，或者是以参观的形式让其了解工作，这些形式有当然比没有好，但还是不能得到真正的深刻的岗位工作体验和能力锻炼。

TAFE服务行业、校企合作和实训教学做得比较好的主要是手工操作的技术项目，例如酒店餐饮服务、美容、幼儿教育、护理、动物美容、园艺、矿业、美术等。我们在培训期间，老师所讲、我们所看的主要就是这些项目。这对于我们这批经管类省级专业带头人来说，当然不是所学之目标，好在我们有一天的时间了解到了市场营销课程的教学内容和教学方式。其实践教学主要有案例教学、计算机模拟教学等形式，由于商业机密、工作的系统性和复杂性等原因，难以像上述个人可以单独操作的手工技术性工作一样开展定岗实习。虽然这样的训练效果可能会差一些，但是模拟实训还是有价值的，比如飞行员的培养训练开始阶段的计算机模拟飞行训练就非常有意义，因为飞机的价值昂贵，学生实际飞行的生命风险也非常高。正因为如此，我们在澳洲看到的实训场地比较具体、复杂，设备和工具名目繁多的往往都是这些操作性项目。

对澳洲职业教育的培训考察主体基本结束后，大家都开始为返程进行准备。具体来说，便是大包小包购物。深层次想开去，教育行业和旅游行业对于经济的拉动确实非常大，而且没有资源枯竭和环境污染方面的问题，可以说，是另一种高尚的优质的无烟工业。澳洲生态环境（中部沙漠地区除外）之所以如此美丽清新，与其不盲目发展工业不无关系。而我们在给国内的亲朋好友选购礼物之时，凡是价廉物美的产品要想避免MADE IN CHINA还真不是一件容易的事，这是我在国外对于“中国制造，世界工厂”的亲身体会。现在看来，中国经济发展方式的转变和产业结构的调整，确实迫在眉睫！

（作者：朱华锋）

4 赴美学习考察报告

2013 年 7 月 28 日至 8 月 25 日，我参加了由教育部批准，安徽师范大学、安徽省高等学校师资培训中心承办的 2013 年度美国高职教育教学课程开发与教学实践国外培训班（培训方案代码：12122302），在美国加州州立大学多明戈斯山分校进行的为期四周的学习考察，获益匪浅。

4.1 培训基本情况

4.1.1 学校概况

加州州立大学多明戈斯山分校是一所四年制的公立大学，学校提供 45 个大学部本科专业，24 个硕士学位专业和多个证书与认证的培训课程，其中排名前三的专业是工商管理、通识教育（师资培育计划）和护理。加州州立大学多明戈斯山分校是美国学生种族最多元的大学之一，移民和外籍学生来自全球 90 个国家。

4.1.2 培训目标

学习美国职业教育理念、实践教学和课程设计及开发技术；学习教学实施与管理；深入了解美国高职教育培养体系及模式、校企结合情况；了解美国职业教育发展趋势，拓宽视野，提升利用优质资源的能力。

4.1.3 培训形式

主要采取两种培训形式：一是集中学习听课。在加州州立大学多明戈斯山分校，由美国专家和华裔学者授课，我们先后学习了美国的教育制度、高校的行政管理、高等教育质量的评估、课程评鉴、美国社区大学的教育体系等课程。培训期间我们认真听、仔细记，积极与授课老师互动交流，取得了很好的学习效果。二是实地参观考察。参观考察了加州州立大学多明戈斯山分校图书馆和洛杉矶港湾学院，对美国的高等教育及社区教育体系有了更加深入的认识和了解。

4.1.4 培训内容

培训时间及内容如表4.2所示。

表4.2 培训时间及内容

时间	培训内容
第一周	1）美国职业教育工作者的职业素质，能力培训与测评； 2）职业培训实施机构； 3）职业资格证书制度； 4）职业培训和技能鉴定特色； 5）职业培训“市场化”运作机制。 周末活动：参观社区。
第二周	1）系统学习大学的金融和预算； 2）教师发展与评估； 3）西部教育机构认证和教师管理； 4）课程设计培训； 5）本周小结。 周末活动：市政参观。
第三周	1）学习美国教育系统； 2）全球视野与教育领导力； 3）学术研究； 4）美国大学实习课程和项目； 5）本周小结。 周末活动：名校参观。
第四周	1）学生服务； 2）中美高等教育比较； 3）职业教育课程和实习设计； 4）国际项目发展； 5）培训成果分享交流与汇报。 毕业典礼。

4.2 体会与感受

4.2.1 经济社会高度发达

美国同中国国土面积大体相当，但人口稀少，自然资源丰富，经济总量始终位居世界首位。信息技术、电子技术、军事科技、航空航天、生物科技、医疗器械等，在世界上均处于领先地位。金融、教育、体育、艺术等领域也位居世界前列。同时，美国大力发展第三产业服务业，推行总部经济，本土主要做品牌、开发、设计、销售、服务等，其加工工厂遍布世界各地。

4.2.2 环保理念深入人心

美国各州、市生态环境保护得相当好。即使是经济发达的洛杉矶，工业污染和水土破坏的现象也比较少见，所到之处大都是蓝天碧水，绿树成荫，一栋栋住房错落有致，掩映在绿树花草中，体现了人与自然的和谐相处。

4.2.3 社会管理高效有序

美国每户均两辆汽车，但无论是交通干线、还是大街小巷，很少看见交通警察马路执勤。特别是在上下班高峰时段，人人遵章守纪，相互礼让，秩序井然。公共设施的规划设计都做到了以人为本，科学合理。大部分公共场合都设有专供残疾人、老人、儿童、孕妇使用的公共设施，公用饮水水龙头随处可见。

4.2.4 各界精英人才汇聚

美国始终将教育、科技、人才、研发、创新等因素作为核心竞争力的有力保障。多年来，美国一直是世界上教育经费投入最多的国家。政府鼓励建立以社区学院为主的高等职业地方教育，4 000 多所高等学校也保证了 70%的美国公民接受高等教育。同时，美国以雄厚的资金、优厚的待遇、一流的科研环境、广阔的发展机会，通过科技移民、发放工作签证、绿卡制、国际交流合作、跨国公司等形式，千方百计引进人才。数以万计的科研院所、开发中心汇聚了全球各界精英人才，为美国创造了无可估量的智力财富。

4.3 借鉴和启示

他山之石，可以攻玉。美国虽然在社会制度、基本国情、文化传统等诸多方面与我们有所不同，但其先进的社会管理、发达的高等教育、一流的创新能力、优美的自然环境等都给我们以深刻的感悟与启迪。

4.3.1 以人为本，灵活多变的教学方式

美国大学具有适应人才市场需求的灵活的教学方式和办学体制、鲜明的教育方法和理

念,与国内的灌输型、学生被动地接受知识的教学方式形成巨大的反差。在美国,课堂上师生互动、学生自主学习讨论和做小型报告的时间占有较大的比例,而教师的任务主要是引导、鼓励学生,教师除了传授教学内容以外,很大的精力和工作在于对教学内容的组织和教学方法的运用。在课堂上,无论是教师还是学生,都会经常性地提问。有些问题是启发思考式,有些问题为随时检验教学效果,而教师极少针对具体问题给出标准答案,他们鼓励学生用批判的眼光去看待他人的理论,倡导学生自由发挥,鼓励学生展现个性,对同一问题,教师鼓励学生给出不同的答案。这不仅有助于培养学生的团队协作意识,调动学生的积极性,同时也让学生获取了更多的除教师教授范围以外的知识和信息。

4.3.2 美国社区大学的办学模式

美国的社区大学与我国的高职高专相类似,因此也就成为我们此次学习培训的主要目标。美国的社区大学属于两年制大学,毕业后颁发副学士学位,最高可颁发学士学位,学生在学完两年课程后,即可直接就业,也可经升学考试进入四年制大学的三年级继续学习,这种初级学院可以说是高中教育的延伸。社区大学致力于对入校学子的专业知识的培训,除此之外还会进行职业培训,而且教学形式和内容灵活多样,并且针对不同需求的学生设置了不同类型的课程,例如你可以选择读两年制副学士,也可以仅进行一年职业教育培训,既可以全职也可以兼职读。主要分为转学教育、职业教育、一般教育、补偿教育、社区教育等。由于社区学院收费低,入学条件不作严格要求,科目实用、多样化,学生毕业后就业率高,吸引了众多大龄青年及转岗培训的工人。

总之,我们应该借鉴美国先进的教学经验,努力办好我国的高职教育,培养出更多更好的应用型人才,为社会经济发展服务。

(作者:郁青)

后 记

在历时五年的“营销与策划”省级特色专业建设过程中，凝集着各级领导的关心和支持，在专业建设成果汇编结集成书之际，作为项目负责人和本书主编，心中的感谢之情难以按捺。

感谢安徽省教育厅、安徽省财政厅的立项资金支持，使得“营销与策划”省级特色专业获得了建设资格和建设资源。

感谢安徽省政府秘书长、学院院长邵国荷亲临特色专业的营销全真训练基地视察，听取特色专业建设汇报，并肯定了特色专业及营销训练基地建设成果。

感谢安徽经济管理学院党委书记、常务副院长吴良仁为我院创造了优异的整体制度环境和良好的外部环境，使得学院专业教师能够全身心地投入到专业建设和专业教学上来；感谢吴书记高屋建瓴的目标要求和细致入微的具体关怀，使得营销与策划省级特色专业建设既有高度层次又有扎实基础。

感谢姚维传巡视员、袁维海副院长、汪刘送副院长在“营销与策划”省级特色专业建设的全过程中与重要节点上，以学院领导和专家教授的双重身份所给予的有力支持与有效指导。

感谢安徽经济管理学院原副院长、现安徽农业大学党委书记赵良庆教授对建设团队和建设项目的一如既往的关心和指导。

感谢安徽经济管理学院原常务副院长、现上海师范大学马克思主义学院院长汪青松教授在项目建设起步阶段的支持和指导。

感谢上海财经大学晁钢令教授、中国科学技术大学刘志迎教授、浙江财经大学校长王俊豪教授对于营销专业课程改革与教材建设的系统指导。

感谢安徽大学商学院 EDP 中心孙国正主任和市场营销系孟扬主任的厚爱与支持，使得“营销与策划”省级特色专业建设成果能够在营销高管培训及更高层次的学历教育中得到运用。

感谢安徽财经大学工商管理学院院长宋思根博士、安徽三联学院教务处蔡文芬处长、工商管理系糜仲春教授和汪建刚老师的支持。

感谢安徽职业技术学院副院长史锋教授、副院长陈行副教授，经济贸易系党总支书记刘玉杰副教授、系主任吕时礼副教授、王洪斌副教授、杜淑琳副教授；安徽工商职业学院原院长程思教授、教务处长李祖武副教授，工商管理系主任胡捍东副教授、副主任范生万副教授；安徽财贸职业学院院长耿金岭教授、副院长胡戴新教授、郭湘如教授；安徽国际商务职业学院商务管理系主任张宽胜副教授；安庆医药高等专科学校教务处长叶中胜副教授；安徽商贸职业技术学院经济贸易系主任秦宗槐副教授；安徽工业经济职业技术学院李平副教授；安庆职业技术学院王似保副教授和芜湖职业技术学院洪俊国老师等兄弟院校领导和专家对于特色专业课程改革和教材建设的支持。

感谢安徽经济管理学院营销专业教师实战培养基地——安徽优先营销传播有限公司徐建国董事长、王守明总经理，营销实习实训基地合肥 TCL 电器销售有限公司裴煜平总经理、吴方作经理、董爱平经理、李伟经理、刘道德经理的大力支持。

感谢安徽省高职高专院校经管类省级专业带头人赴澳大利亚职业教育培训团的韩光团长、蒋永忠教授、郑承志教授、李二敏教授、王辉教授、丁增稳教授、陆影教授、李红梅教授、孙艳副教授、王结贵副教授、徐哈军副教授、桂大鹏翻译等的支持和帮助。

感谢安徽经济管理学院组织人事处处长黄祖岭副教授，财务处处长孟祥学副教授，科研处处长许跃辉教授，总务处汪鹏飞处长、王宝丽调研员、王怀平副处长，教务处原处长、现管理学教研部主任周伟良博士，教务处处长刁李副教授、质量管理科朱盛毅科长的大力支持。

感谢安徽经济管理学院部分资源整合后新组建的国际贸易系总支书记王珏和系副主任潘诚的支持。

感谢“营销与策划”省级特色专业建设团队所有成员五年来的倾力支持与全力合作。

朱华锋

2014 年 1 月 4 日